다시 후쿠시마를
마주한다는 것

서경식
정주하 외

형진의 옮김

다시 후쿠시마를
마주한다는 것

반비

사진 1

사진 2

사진 3

사진 4

사진 5

사진 6

사진 7

사진 8

사진 9

사진 10

사진 11

사진 12

사진 13

사진 14

사진 15

사진 16

사진 17

사진 18

사진 19

사진 20

사진 21

사진 22

후쿠시마 이후, 한국 독자에게 보내는 유리병 편지

이 책이 태어나게 된 계기는 한국의 사진가 정주하 선생님이 일본의 후쿠시마원전사고를 주제로 제작하신 작품의 전시회다. 이 사진전은 일본 국내의 여섯 곳을 순회하며 진행되었고, 각각의 장소에서 참가자들에 의한 다채로운 대화가 펼쳐졌다. 이야기는 다방면에 걸치는데, 그 내용은 모두 현대라는 시대를 사는 우리들의 분노, 슬픔, 고뇌, 그리고 희미한 희망을 반영하는 진지한 것이었다. 이것을 기록으로 남겨 보다 많은 분들에게 전해야 한다는 생각에서 일본에서 먼저 『빼앗긴 들에도 봄은 오는가-정주하사진전의 기록』이라는 책으로 간행했다(高文硏, 2015년 8월). 이 책은 그것의 한국어판이다.

2011년 3월 11일, 일본의 도호쿠(東北) 지방을 천 년에 한 번 온다는 대 지진과 쓰나미가 덮쳤고, 다음 날, 후쿠시마 현에 있는 도쿄전력 제1원자력발전소에서 수소폭발이 일어났다. 그 후 노심용융(meltdown)이라는 '대참사'가 일어났고, 십 수만 명이 고향을 버리고 피난하게 되었다. 그로부터 5년이 경과한 현재도 10만 명 가까운 사람들이 방사능에 오염된 고향으로 돌아가지 못한 채 피난생활을 계속하고 있다.

나는 사고 3개월 후인 2011년 6월, 피해지역을 처음으로 방문했다. 그리고 11월에는 한홍구 교수와 다카하시 데쓰야 교수와 함께 후쿠

시마 현의 원전사고 피해지역을 돌아보았다. 그 여행에 사진작가 정주
하 작가도 동행했다. 이때부터 정 작가는 여러 차례 현지를 방문해 촬영
한 작품을 한 권의 사진집으로 묶고, 2012년 3월에는 서울의 평화박물
관에서 전시회도 가졌다. 그 제목은 식민지시대의 시인 이상화의 시에
서 따서 '빼앗긴 들에도 봄은 오는가'로 붙였다. 이상화의 시대, 조선의
토지를 빼앗은 것은 일본제국주의였다. 지금 후쿠시마 사람들은 자국의
정부와 기업에 의해 토지를 빼앗겼다. 과연 이 비유는 가능할까? 이것은
일본인과 조선인에게 던져진 엄중한 물음이다.

　　이 심오한 물음에 응답하여, 일본에서도 작품전을 열어야 한다는
기운이 2012년 봄부터 일었고, 다카하시 데쓰야 선생님을 대표로 나도
그 일원이 되어 실행위원회가 만들어졌다. 실행위원회라고는 하나, 자금,
경험, 인력 모든 면에서 부족한 아마추어 집단이다. 그런 우리가 일본 국
내의 여러 장소에서 전시회와 갤러리 좌담을 진행한다는 것은 무모하다
할 수 있는 도전이었지만, 다행히 많은 분들의 협조를 얻어 아래 여섯 곳
에서 실현시킬 수 있었다.

　　후쿠시마 현 미나미소마 시립중앙도서관(2013년 3월 8일~10일)
　　사이타마 현 히가시마쓰야마 시.마루키미술관(2013년 4월 16일~5월 5
　　일)
　　도쿄 도 신주쿠 구 갤러리 세션하우스가든(2013년 5월 7일~6월 16일)
　　오키나와 현 기노완 시 사키마미술관(2013년 7월 24일~8월 26일)
　　나가노 현 우에다 시 시나노데생관 별관(2013년 10월 27일~11월 24일)

교토 부 교토 시 리쓰메이칸대학 국제평화뮤지엄(2014년 5월 3일~7월 19일)

실행위원회는 전시 중에 반드시 갤러리 좌담을 열기로 했다. 단순한 사진전에 머물지 않고 많은 사람들과 문제의식을 공유하고, 가능한 깊은 이야기를 나누고 싶다는 바람이 있었기 때문이다. 정주하 작가는 한국에서 매번 찾아와 참여해 주었다. 단지 후쿠시마 제1원전 사고를 어떻게 보는가 하는 문제를 넘어 '희망', '식민지주의', '연대', '예술' 등의 문제를 둘러싼 진지한 성찰이었다고 생각한다. 정주하 작가가 작품을 통해 던진 물음에, 다른 발언자나 청중이 전력을 다해 응답하고자 한 결과이다.

이 책은 그 좌담의 기록을 가능한 한 충실히 남겨 현장에 올 수 없었던 사람은 물론, 그 밖의 많은 사람들, 현재뿐 아니라 미래의 사람들과도 공유할 것을 의도하여 엮은 것이다. 또 좌담의 기록과 함께, 오키나와 전시회에 참가하여 예정에도 없던 통역을 기꺼이 맡아 주신 치넌 우시 씨의 글, 실행위원 중 한 명인 하야오 다카노리(早尾貴紀) 씨의 글, 그리고 정주하 작가의 「미나미소마 일기」도 함께 담았다.

일본의 아베 수상은 2013년 9월 7일 부에노스아이레스에서 열린 국제올림픽위원회 총회에서 도쿄대회 유치 연설을 하며 전 세계를 향해 당당히 원전사고는 완전하게 통제되고 있다고 허언을 늘어놓았고, 많은 일본 국민이 이 명명백백한 허언을 환영했다. 그 후 작년에는 가고시마 현의 센다이(川内) 원전이 많은 항의의 목소리를 무시한 채 재가동되었고, 그 밖에도 일본 각지에서 원전이 재가동을 향해 착착 절차를 진행하고 있다. 사고의 기억은 점점 은폐 또는 왜곡되고, 피해자의 고뇌는 무시 또는 부인되고 있다.

나는 이 순회전이 시작된 2013년 2월에 이렇게 썼다.

"지진 재해와 원전사고로부터 벌써 2년, 시간은 틀림없이 흘러 다시 봄은 온다. 그토록 엄청난 일을 경험했는데, 벌써 망각의 조짐이 짙게 드리우기 시작한다. 정주하 작가의 작품과 이상화의 시에 이끌려 한 사람 한 사람의 고통과 고뇌에 다시금 상상을 펼쳐볼 때다."

사고로부터 5년 가까운 세월이 흐른 지금, 죄 많은 망각의 기운은 더욱 짙어간다.

좌담에서 떠오른 다양한 논점 중 하나는, 식민지지배라는 것을 어떻게 볼 것인가였다. 굳이 일제 식민지시대 저항 시인의 시를 제목으로 한 사진전이니 그것은 애초부터 뚜렷하게 의식하고 있던 주제였다.

또 하나는 그와 같은 대참사를 표상하는 것은 가능한가, 가능하다면 어떻게 가능한가 하는 문제였다. 예술 표현의 본질과 연관되는 논점이다.

더욱이 일본의 현재 정치상황, 근현대의 정치적인 구조 속에서, 또는 동아시아의 정치상황 속에서 원전사고를 어떻게 보는가 하는 문제도 당연히 있었다.

나는 사고 직후인 2011년 4월부터 한국의 매체에 글을 발표하며 상당히 과감한 의견을 밝혔는데, 그중 하나는, 이 사태가 일본이 다시 파시즘으로 회귀하는 전기가 될 거라는 예측이었다. 「과거 그대로인 일본」이라는 글도 썼다. 공교롭게도 아베 신조 수상은 '일본을 되돌린다!'라는 슬로건으로 선거에서 승리하고 정권에 복귀했다. 따라서 '과거 그대로'라는 것은 '3·11' 이전의 짧은 시간만을 염두에 둔 것이 아니다. 메이지 이후의 일본이 조금도 변하지 않았다는 의미이다. 그런 경향이 다시 한 번 증명되었다고 생각한다.

'원전 세력'(한국의 '원전 마피아')과 정치권의 유착, 그리고 무책임의 구조. 누구도 책임지지 않으리라고 당초부터 예감은 했지만 5년이 지나고 보니 역시 누구도 책임지지 않았다. 이런 구조는 지금 더욱 공고해지고 있다.

일본의 우경화, 파시즘화라는 위기는 2015년 이후 명백하게 표면화했다. 그동안 일본에서는 비밀보호법이 제정되었고, 집단적 자위권 용인으로 헌법 해석을 바꾸는 법제의 강행에 의한 미국과의 군사동맹화 강화로, 전후(戰後) 정치의 대전환이 진행되었다. 교전권을 금지하는 일본의 이른바 '평화헌법'은 이미 예전부터 진정한 '평화헌법'이 아니다. 그것은 미일동맹에 의해 미국으로부터 핵우산을 제공받고, 자위대라는 이름의 세계 유수의 군사력을 갖추고, 메이지 초기에 식민지화했던 오키나와에 기지부담의 대부분을 떠넘기고 성립한 허구의 '평화헌법'이다. 이렇게 반쪽짜리임에도 불구하고 '평화헌법'은 동시에 일본인 자신이 쟁취한 것이라기보다, 중국, 조선, 동남아시아 등 여러 민족의 완강한 저항과 엄청난 희생에 의해 얻어진 성과이기도 하다. 일본의 교전권을 금하는 '평화헌법'은 그들의 것 이상으로 우리들의 것이기도 하다. 그것이 지금 내팽개쳐지려는 참이다.

'3·11' 직후에 느낀 어두운 예감은 나의 예상을 훨씬 뛰어넘어 적중하고 있다. 1923년 관동대지진 때, 약 6000명의 조선인 동포가 일본의 군인, 경찰, 민간인에게 학살당했다. 일본정부는 지금도 이 학살사건에 대해 공식 조사조차 하지 않고 있다. 이 재해를 계기로 1925년에 치안유지법이 발포되어 일본의 좌익이 대탄압을 당했는데, 이 법은 조선 독립운동 탄압에도 맹위를 떨쳤다. 지진 재해를 계기로 아시아·태평양전쟁에 이르는 파시즘으로의 가속화한 것이다. 그러나 그 역사의 교훈을 지금 상기하는 사람은 일본에는 거의 없다.

'3·11' 후 아무도 책임지지 않는 것은, 실은 일본 패전 때와 똑같은 구조가 반복된 것이다. 그런 끔찍한 재해가 있었다는 것만이 아니라, 발생 방식도 수습 방식도 통제되고 있다는 허언도, 그 허언에 국민 다수가 따라가는 상황도, 모두 일본 패전 때의 이른바 전후 부흥 신화 구조를 반복하고 있다. 즉 1945년과 2011년에 일어난 일은 기본적으로 연속선상에 있다.

알기 쉬운 공통점은 일이 일어난 직후에 타자에 대한 책임 표명 또는 사죄가 한마디도 없었다는 점이다. 일본 패전 당시에는 전쟁 중에 피해를 입힌 대상, 죽인 대상에 대해 잘못했다, 미안하다는 자세로 재출발해야 했지만, 그러지 못했다. 현재에 이를 것도 없다. '3·11'도 마찬가지다. 원자력발전소는 국책에 의해 추진되어, 도쿄전력 같은 기업과 이른바 '원전 세력'이 자기들의 이윤을 목적으로 추진했다. 그 결과 자국민과 타자에게 커다란 피해를 입혔다. '타자'란 타 국민, 타 민족만이 아니다.

지구 환경과 미래의 인류에게까지, 수백 년 어쩌면 수만 년간 회복할 수 없는 피해를 입혔다. 그러나 그에 대해 미안하다고, 잘못했다고 인류와 타자에 사죄하는 발상은 전혀 찾아볼 수 없다. 정부나 기업은 물론 일본 국민 대다수 역시 자신들이 입은 재해라는 발상 외에, 자신들의 국가가 타자에게 해를 입혔다는 발상은 거의 하지 못할 것이다. 이렇게 생각하면 역시 일본은 변하지 않았다. 일본이라는 국가의 부정적인 면만이 '3·11' 이후 오히려 강화되었음을 느낀다. 실은 그런 병든 부분을 도려내고 어떻게 극복하는가 하는 것이 사고를 수습하고 부흥할 수 있을까 하는 것 이상으로 우리가 답해야 할 물음이었다.

돌이켜보면 남겨진 과제는 물론 많지만, 이 자리에서는 작지만 이뤘다고 생각되는 성과를 확인하고자 한다.

1. 보도사진에 의한 정보제공이라는 차원을 넘어서서, 사진예술이라는 행위를 통해 후쿠시마 원전사고의 의미를 더 깊이 고찰할 기회를 제공했다.
2. 한국의 평화운동가·사진 작가의 문제제기를 통해 원전사고 문제에 식민지주의 비판이라는 관점을 도입했다.
3. 순회 사진전 활동에 일본, 한국, 오키나와, 재일조선인 등 다양한 시민이 참여함으로써, 연대의 어려움과 필요성에 대해 더 진지하게 생각해볼 기회를 만들었다.

물론 사진예술이나 전시활동 자체에 원전을 정지시키고 탈원전을 실현할 즉각적인 효력은 없을 것이다. 일본 사회에서는 '3·11' 이후의 퇴폐가 위험수위를 훌쩍 넘어서고 있다.

그러나 이 사진전과 그에 이어진 좌담들은 비유적으로 말하자면, 발터 벤야민이 말하는 '유리병 편지' 같은 것이 아니었나 생각한다. 외딴 섬에 표착한 사람이 누군가에게 도달하리라는 기대 없이 유리병에 넣어 바다에 흘려보내는 편지. 동아시아의 한편에서 많다고는 할 수 없을지언정 여러 시민들이 모여 함께 허무한 바다로 흘려보낸 '유리병 편지'. 그것을 어딘가 다른 장소에서, 언제일지 모르지만 다른 때에, 누군가가 주우리라. 그리고 이 시대에도 '바른 마음'을 지키고자 애쓴 이들이 존재했음을 알 것이다. 그것이 몇 년 후일지, 아니면 핵폐기물이 무해화한다는 10만 년 후일지는 누구도 알 수 없으리라. 내가 흘려보낸 이 작은 유리병이 한국의 독자들에게 도달하기를 간절히 기대한다.

이 사진전의 의의에 공감하고 헌신해준 자원봉사 실행위원 여러분, 이익을 생각하지 않고 과감하게 전시를 열어준 각 전시장 주최자 여러분, 통역, 번역, 홍보 등 여러 방면에 걸쳐 최선을 다해 도와준 많은 분들, 한국에서의 출판을 실현시켜준 반비출판사와 번역을 맡아준 형진의 교수님께 깊이 감사드린다.

2016년 2월
사진전 실행위원의 한 사람으로
서경식

익숙해지지 않으려는 몸부림

내가 후쿠시마를 오가기 시작한 지도 벌써 5년이 되어간다. 그동안 후쿠시마라는 단어는 일본의 어느 한 지명이 아니라 인류에게 닥친 재앙을 드러내는 특수명사가 되었다.

알베르 카뮈는 『페스트』에서 "절망에 익숙해져버린다는 것은 절망 그 자체보다 더 나쁜 것"이라고 단언하였다. 내가 후쿠시마를 오가며 간절히 바라는 것 또한 나와 우리가 이 절망스런 상황에 익숙해지지 않았으면 하는 것이다. 이제 미나미소마 시에는 한국 식당 여섯 개가 다시 문을 열었다. 그렇게 반가울 수 없는 그곳을 스쳐 지나가며 내가 읊조린 것은 바로 카뮈가 오랑에서 시도하였던 절망으로부터의 저항과 비슷하였다. 익숙해지지 않으려는 몸부림!

사진과 장소와의 관계는 너무도 근본적이고 본질적이다. 나아가 사진가와 장소성과의 관계 역시도 근본적일 터, '그곳에 있었음으로만' 표현이 가능한 '사진'은 그래서 작가의 뒤에서만 비로소 존재가 가능하다. 사진을 생산하는 일 자체는 그 사진에 떠밀려 그곳에 가닿았다는 것인즉, 내가 후쿠시마에서 작업을 하였다는 것은 그곳에서 만든 사진의 탄생이 나를 이미 그곳으로 떠밀어 가능했다는 것이기도 할 것이다.

여섯 번의 전시와 여섯 번의 토론과 여섯 번의 일본 여행은 모두 후쿠시마가 나와 우리'에게' 익숙해지지 않아야 한다는 이유로 이루어진 일이었다. 함께해주신 모든 분들의 염원 역시도 그러하였을 것이다. 그러나 이미 과거가 되어가는 후쿠시마의 지금은 내게 새로운 작업의 동력이 된다. 이 또한 모순이 아닐 수 없으나, 모순이 역동적일 때 나는 다시금 카메라 뒤에서 눈을 부라릴 수밖에 없다. 모순이 합리화되는 똑같은 방식으로 파인더와 나는 동일한 대상을 향해 고개를 조아린다. 그리고 이제는 어쩔 수 없다.

2016년 2월
사진전 실행위원의 한 사람으로
정주하

차례

사진의 아름다움이 이야기하는 것

'빼앗긴 들에도 봄은 오는가' 순회 사진전은 후쿠시마 제1원전 사고 발생 2주년을 기하여, 사고 현장의 북쪽 25킬로미터에 인접한 미나미소마 시의 시립중앙도서관에서부터 시작되었다. 갤러리 좌담은 그야말로 원전의 재앙 현장에서 이루어졌다고 할 수 있다. 사사키 다카시는 미나미소마 시에 사는 스페인사상 연구자. 사사키 선생은 돌봄이 필요한 부인과 함께 지진 직후에도 미나미소마 시에서 움직이지 않고, 그 혼란스러운 일상의 관찰 기록을 자신의 블로그 '모노디아로고스'를 통해 발신하고 있다. 이 귀중한 기록은 『원전의 재앙 속에서 살다』(사사키 다카시 지음, 형진의 옮김, 돌베개, 2013년)로 간행되었다. 미나미소마 시에서 사진전을 실현시키기 위해서도 중심이 되어 힘썼다. 사진작가 정주하도 한국에서 참가했다. 실행위원회의 서경식이 사회를 담당했다.

2013 · 3 · 10

정주하 + 사사키 다카시(佐々木孝) + 서경식
통역 이령경

후쿠시마 현 미나미소마 시립중앙도서관

서경식 '빼앗긴 들에도 봄은 오는가'라는 제목으로 한국의 사진가인 정주하 선생의 사진전을 이곳 미나미소마를 시작으로 일본 곳곳에서 열게 되었습니다. 사회를 맡은 저는 일본에서 태어난 재일조선인으로, 이 사진전의 실행위원을 맡고 있습니다. 평소에는 도쿄케이자이대학에서 인권문제에 관해 가르치고 있습니다.

우선 2년 전의 지진으로 소중한 분을 잃었거나, 집이나 귀중한 재산을 잃었거나, 혹은 그 외의 다양한 의미에서 마음과 몸에 상처를 입으신 분들에게 진심으로 머리 숙여 인사드립니다.

이 사진전은 제가 2011년 6월, 지진이 있고 3개월 후에 이곳 미나미소마를 방문해 여기 계신 사사키 선생님을 찾아뵙고, 그 장면을 포함한 다큐멘터리 방송(「후쿠시마를 걷다―디아스포라의 시선으로」, NHK교육방송, 2011년 8월 14일 방송)을 만든 것이 발단이 되었습니다.

그 후, 저의 미나미소마 방문을 알게 된 한국의 지인이나 친구들로부터, 자신들도 꼭 그곳을 방문하고 싶다는 요청을 받았습니다. 외국이

기도 하고 지리도 모르고, 아는 사람도 없고 말도 통하지 않으니 안내해
달라는 것이었습니다. 그때 친구의 소개로 여기 계신 사진가 정주하 선
생을 만났습니다. 정 선생도 그곳에 가서 사진을 찍고 싶다고 했습니다.

　2011년 11월에 정 선생을 포함한 한국의 친구들과 미나미소마를
방문했습니다. 저는 두 번째, 정 선생은 첫 번째 후쿠시마 방문입니다.
나중에 본인이 직접 설명하겠지만, 정 선생도 상당히 생각이 많으신 것
같았고, 이후 지금까지 미나미소마 및 후쿠시마 각지를 촬영하여 작품
을 만들었습니다. 이 사진전은 한국에서는 이미 여러 차례 개최되었는
데, 시작은 2012년 3월에 서울 시내에 있는 평화박물관이라는 곳에서
였습니다.

　그 후, 정주하 선생의 작품을 한국에서 한국인만을 대상으로 전시
해서 되는가, 일본 사람들, 후쿠시마 사람들에게도 보여줄 수는 없을까
하는 이야기가 한국의 친구들 사이에서 나왔습니다. 저는 약간 주저하
는 마음도 있었습니다. 왜냐하면 외부에 있는 사람이 보는 시선과, 내부
에서 매일 괴로운 마음을 품고 살고 있는 분들이 보는 시선과는 차이가
있기 때문입니다. 후쿠시마에 들어가 작품을 전시한다는 것이 상당히
용기가 필요하다는 것은 물론 알고 있었지만 그에 앞서 가능하기는 한
일인가 한동안 고민했습니다. 그래서 사사키 선생에게 의논했더니 '합
시다.'라고 흔쾌히 허락하셨습니다. 실행위원인 저는 물론, 사진가 본인
도 매우 기뻐하였습니다.

　다만 작품을 어떻게 보는가, 어떻게 받아들이는가는 여러분 안에
각자 생각이 있으니, 괴로운 내용, 엄혹한 내용으로 받아들여질 수 있는

것이 당연합니다. 나중에 서로 솔직히 의견을 나눌 수 있으면 좋겠습니다.

　진행을 맡은 제가 먼저 시간을 사용해서 죄송합니다만, 이번 좌담 시작에 앞서 꼭 소개하고 싶은 시가 있어서 먼저 소개하겠습니다. 그 후에 정주하 선생 말씀을 듣겠습니다.

시인이 포착한 '징후'

지금 소개하려는 것은 사이토 미쓰구(齋藤貢)라는 분이 쓰신 시입니다. 사이토 선생은 미나미소마 시 오다카(小高) 구의 현립 오다카상업고등학교 교장선생님이었던 분입니다. 현재는 전근을 가서 고리야마(郡山) 시에 계시는데, 저희는 2011년 11월에 후쿠시마 시에서 사이토 선생을 만났습니다. 학교가 있는 오다카 구는 피난지시가 내려져 경계지역이 되었기 때문에 학교 전체가 이사를 가서 후쿠시마 시의 고등학교에서 교실을 일부 빌려 수업을 하고 계셨습니다.

　사이토 선생은 교장이면서 동시에 국어 선생님이었는데, 만났을 때 여러 가지 말씀을 나누고, 선생의 작품도 볼 수 있었습니다. 저 자신이 매우 깊은 인상을 받았기 때문에 이 시를 우선 소개하고 싶습니다.

너는 먼지이니

부모처럼
생기를 불어넣었으니
나와 그대는 죽을 때까지 이 땅을 일구게 될 것이다.
설령, 그곳이 저주받은 땅이라 할지라도
일구어가며 나날의 양식을 얻을 것이다.

가시와 엉겅퀴여.
괴로움은 나누는 것입니까?
견딜 수 없는 고통은 나눠 가질 수 있는 것입니까?

아닙니다.
그대와 나는 땅에 뿌려진 한 톨의 씨앗.
땅의 고통이 싹을 틔우는
목숨의 괴로움 바로 그것이니.

기쁨을 멀리하고.
열락(悅樂)을 멀리하고.
들풀을 뜯어가며 질박한 나날에 감사를 드리자.
"너는 먼지이니 먼지로 돌아갈지니라"*

옛적 부모처럼

나와 그대는 낙원을 꿈꾸면서

오순도순 한 톨의 씨앗이 되어 흙에 잠드는 것입니다.

나도. 그대도.

우리는 먼지이니. 먼지에 지나지 않으니.

부모가 그러하였듯이

마침내 언젠가는 흙으로 돌아가는 것이니.

낙원은 까마득한 옛날에 잃어버렸고

잘못은 결코 용서받지 못한다.

들에는 눈이 내리고, 마음에도 눈은 내려 쌓인다.

땅끝까지 떠돌 수밖에 없는 그대와 나일지니

이 갈증은 언제나 채워질 것인가?

✳ 구약성서 『창세기』 제3장 '낙원 추방' 중에서

매우 놀랍게도 이 시는 지진 전에 쓰셨다고 합니다. 그야말로 지진의 '조짐'이랄까 '징후'를 느끼고 쓰셨다고 생각되는, 시인이기에 가능한 감성이라고 생각합니다.

사이토 선생의 말씀에 의하면, 오다카상업고등학교가 있는 오다카 구는 쓰나미가 덮쳐서 아주 많은 사람들이 휩쓸려갔다고 합니다. 그 중에 24시간 동안 바다를 표류하다가 만 하루가 지나 살아돌아온 학생이 한 명 있었다고 합니다. 이 학생은 다행히도 피난지시 구역 밖의 바닷가로 떠밀려왔기 때문에 살 수 있었던 것입니다. 그러나 여러분도 잘 아시겠지만, 실은 그때 출입금지 구역이었던 곳 안쪽으로 떠밀려온 사람들은 아직 살아있는데도 구할 수 없었습니다. 구하러 들어갈 수가 없었기 때문입니다. 사이토 선생은 그 사실에 대해 가눌 수 없는 분노를 품고 계셨습니다. 자신이 가르친 제자나 지역 사람들에 대해 애정을 가지고, 교사로서의 임무를 정력적으로 다하시는 분이니까요.

그런 분이 지진 전에 이와 같은 시를 쓰셨다는 것을 저는 매우 충격과 감동으로 받아들여, 이 기회에 사이토 선생에게 직접 이 시를 소개해주십사 부탁을 드렸습니다. 좌담 전에 잠시 오셨는데 업무 때문에 가셨습니다. 고작해야 10분, 15분 저를 만나기 위해 고리야마에서 일부러 와주신 것입니다. 직접 낭독은 못 하셨지만 감사드립니다.

사이토 선생의 이 시를 여러분은 어떻게 들으셨는지 모르겠습니다만, 저는 이 도호쿠라는 장소, 후쿠시마라는 장소, 오다카라는 장소에 뿌리내린 사람들이, 이미 사태 이전부터 느끼고 있던 '징조', 그리고 지금 감당하고 있는 고통이라는 것을 이렇게 깊이 전하는 말을 본 적이 없습니다.

그럼 이제 정주하 선생으로부터 사진 작품에 대해 설명을 듣겠습니다.

핵안보정상회의에 저항한다

정주하 제가 하는 일 중 가장 중요한 것은 사진을 찍는 일이고, 한국 전라북도 완주군에 있는 백제예술대학교에서 사진을 가르치고 있습니다. 오늘까지 여섯 차례 미나미소마를 방문했고, 드디어 중앙도서관에서 전시를 하게 되었습니다. 지금까지 제가 이곳에서 가장 많이 받은 질문은, "왜 후쿠시마 현 미나미소마라는 곳을 반복해서 방문하고 사진 작업을 하게 됐느냐?" 하는 질문이었습니다. 짧게 그 부분에 대한 설명을 드리고, 사진을 보면서 제 생각을 말씀드리겠습니다.

　모든 시각매체를 다루는 예술가들은 두 가지 지점에 관심이 있을 것입니다. 하나는 기술적인 것을 포함한 예술로서의 부분이고, 다른 하나는 무엇을 다룰 것이냐는 주제에 관한 부분이라고 생각합니다. 저는 1973년부터 사진을 시작해서 지금까지 줄곧 '사람'에 대해서 관심을 두고 작업 해왔습니다. 여기 미나미소마에 와서 작업하기 전, 그러니까 2003년부터 2007년까지 한국에 있는 원자력발전소 주변 사람들의 모습을 촬영하고, 그 작업으로 전시를 하고 책을 낸 적이 있습니다.

　2008년 5월 서울에서 '촛불시위'라고 하는 상당히 커다란 사회적 이슈가 있었을 때, 아트선재센터라는 곳에서 3개월간 전시를 한 적이 있습니다. 그 이후에 많은 사람이 제 사진을 잊었고, 저 또한 지속해서 작업한 것은 없습니다.

하지만 2009년에는 가나자와(金沢) 시, 그리고 2010년 8월에는 원자폭탄 투하 기념일에 맞추어 히로시마와 나가사키에서 열린 평화기념식에 제 가족과 제가 가르치는 학생들과 함께 참여했습니다. 2009년 여행은, 일본 서해 쪽에 있는 원자력발전소를 보기 위해 자전거로 17일간 진행한 것입니다. 다카하마(高浜)라는 자그마한 마을에 원자력발전소가 있는데, 그곳에 며칠 머무르면서 매우 깊은 인상을 받았습니다. 원자력발전소 주변의 상황이 한국과 너무 똑같았습니다. 사람들이 그곳에서 낚시하고, 수영하고, 스킨스쿠버를 하면서 즐겁게 지내는 모습이 매우 충격적이었던 기억이 지금도 생생합니다. 그리고 2011년 3월 11일 텔레비전 방송을 통해서 후쿠시마 제1원전 사고 소식을 듣게 되었습니다. 당연히 제가 깊이 관심을 두고 있던 주제였기 때문에 한걸음에 달려와 보고 싶기는 했습니다. 하지만 제 작업의 주된 관심은 일어난 사건에 있는 것이 아니라, 그것이 포함되어 있는 '징후'입니다. 그래서 계속 긴 시간 동안 슬픈 마음으로 미디어에서 전달해주는 내용을 관찰하고 있었습니다. 그러던 중 2012년 3월 26일과 27일 양일간에 걸쳐 서울에서 핵안보정상회의가 열린다는 소식을 들었습니다. 여러분들이 잘 아시는 것처럼 한국은 남북으로 갈라져 있으며, 지금 북한은 바로 핵문제를 통해서 자신들의 국제적인 위상을 좀 더 의미 있게 쟁취하려 노력하고 있습니다. 그것을 바라보는 세계 정상들이 한국에 모여서 미국과 한국을 중심으로 제2회 핵안보정상회의를 서울에서 연다는 소식이었습니다.

저는 정치적으로 힘도 없고 아무것도 할 수 없는 보잘것없는 사진가에 불과합니다. 하지만 핵에너지에 대해 관심을 갖고 작업해온 예술가로서 그 소식을 접한 후, 그것에 대항하여 뭔가 해야겠다고 결심하게 되었습니다. 한편으로는 부산에 있는 고은사진미술관에서, 저를 비롯하여 독일 작가 위르겐 네프쯔거, 일본인 작가 코다마 후사코 3명의 작품을 묶어서 원자력을 주제로 하는 전시회를 계획하였고('하얀 미래, 핵을 생각하다'), 그리고 다른 한편으로는 이곳 미나미소마에 와서 제 눈으로 일어난 일을 바라보면서 느낀 점들을 작업해서, 핵안보정상회의가 진행되고 있는 서울에서 전시하고 싶었습니다. 하지만 마음만 먹었을 뿐 어떻게 해야 할지 모르던 차에, 서경식 선생이 2011년 6월에 NHK와 함께 이곳에 와서 다큐멘터리를 만들었다는 소식을 들었습니다.

저는 그때부터 서경식 선생이 놓아주신 징검다리를 같이 밟으면서 제 나름대로 작업을 진행해올 수 있었습니다. 이것이 제가 이곳 미나미소마에서 여러분이 보고 계시는 사진들을 작업하게 된 경위입니다. 결론적으로 2012년 3월 16일부터 한 달간 평화박물관에서 이 사진으로 전시를 했고, 한국 국립현대미술관과 협력하여 세계 핵안보정상회의가 열리는 장소(코엑스)에서 핵 문제를 가지고 일본, 한국을 포함한 여러 작가와 함께 전시(핵아트 프로젝트 '교감')할 수 있었습니다. 그리고 그해 8월에는 '한국의 히로시마'라고 불리는 합천에서 히로시마 원폭투하에 대한 기념 세미나를 했는데, 마찬가지로 미나미소마에서 작업한 사진들을 전시할 수 있었습니다.

제가 작업한 사진들에 대해 소개해보겠습니다.

처음 미나미소마에 왔을 때에는, 사실 아무것도 생각할 수 없었고, 마음속에 갖고 있었던 한국에서의 불안과 공포를 이곳에서는 느낄 수 없었습니다. 한국에서 가지고 온 마스크도, 장갑도, 모자도, 실제로는 사용할 수 없었습니다. 그때 함께 온 서경식 선생도, 선생의 사모님도, 한홍구 선생도, 아무도 사용하지 않았기 때문입니다. 커다란 충격을 마주하면서 우리가 할 수 있는 것은 그저 담담해지려는 노력뿐이었다고 생각합니다.

먼저 같이 보고 싶은 것은 일하시는 할머니들의 사진(사진 5)입니다만, 이 사진을 사진집에 넣은 이유는, 이분들이 지니고 있는 긍정성 때문입니다. 외국에서 온 낯선 사람이 카메라를 들고 왔다 갔다 해도, 다가가도, 전혀 경계하지 않고 너무도 친절하게 대해주셨습니다.

서경식 선생이 6월에 돌아봤던 장소들을 다시 버스를 타고 함께 지나오면서, 제가 마음속에 품었던 생각은, 이곳이 너무도 아름다운 곳이고, 이 아름다운 풍경들을 반드시 여기 사는 분들께 되돌려드리고 싶다는 것이었습니다. 저희 여정에서 가장 먼저 다다른 곳은 '료젠(靈山)'이라는 산입니다(별지화보 사진 1). 우리의 여정에서 처음 마주친 가장 아름다운 풍경이 료젠이었습니다.

또 다른 사진은 후쿠시마 시내의 호텔에 묵었던 어느 날 아침, 식사를 마치고 밖에 나갔다가 찍은 것입니다.(72쪽 사진) 한 할머니께서 거리에 떨어진 낙엽을 쓸고 계셨는데, 그 낙엽을 쓸어 투명한 비닐봉지에 담았습니다. 자세히는 모르겠지만 방사능이 묻어 있는 낙엽은 보통 다른 쓰레기들과 달리 그렇게 투명한 봉지에 담아야 하는 모양인가 봅니다. 하지만 제가 이 작업을 하는 순간에 느낀 감상은 저 나이 드신 할머니께서 거리의 낙엽을 쓸어 담는 행위 자체가, 방사능에 오염된 것을 투명하게 보이고 있다, 투명한 비닐 안에 오염이 비쳐 보이고 있다는 감각이었습니다.

겨울의 시작입니다. 제가 사는 한국 전라북도 완주군 경천면 가천리도 이곳처럼 감이 유명합니다. 이 사진에서는 잘 안 보입니다만, 감나무에 매달려 홍시가 된 감이 얼어서 도저히 살아있는 생물체 같지 않게 느껴집니다(사진 6).

이것이 마지막 사진인데요(사진 22), 미나미소마 해변에서 찍은 사진입니다. 누군가가 해변에 있는 방파제 위에 저 조그마한 장난감 같은 것들을 올려놓았겠지요. 저것은 분명히 3·11 사태 이후 누군가가 한 것으로 생각됩니다. 저 곰의 시선과 표정이 제 마음을 무척 아련하고 아프게 눌렀습니다. 태평양 너머 먼 영원의 바다로부터 무엇인가를 기다리고 있는 모습이었습니다. 저는 그것이 여러분들에게 다가올 봄이기를 간절히 기원합니다.

서경식 감사합니다. 그럼 이곳에서 사시는 사사키 선생에게 작품을 보신 감상을 듣겠습니다.

절망의 어둠 속에서 서광을 보다

사사키 다카시 우리는 원전사고 후 많은 보도를 통해—사진이든 텔레비전 영상이든—비참한 현장 사진이나, 흰 방호복을 입은 사람들의 모습을 질리도록 보아왔습니다. 또 일본인은 마조히스틱하지 않나 싶을 정도로 그런 잡지나 사진집이 잘 팔립니다. 정주하 선생의 사진집을 보았을 때, 맨 처음 느낀 것은 그런 사진이 거의 없다는 점이었습니다. 익숙한 미나미소마의 전원 풍경, 산 등 자연을 담은 사진이었습니다. 그런데 거기에는 사람의 그림자가 없습니다. 그리고 슬픈 사고의 후라는 것이, 보고 있노라면 서서히 보이게 되는 것입니다. 저는 그것에 매우 감명 받았습니다. 즉 사진가 정주하의 '따스함'이랄까, 그것을 느꼈습니다.

원전사고를 통해 우리는 여러 가지를 느끼고 생각하게 되는데, 저는 정주하 선생의 사진에서 희망을 봅니다. 어리석은 인간의 소행에도 불구하고, 자연은 매년 꽃을 피우고 감을 주렁주렁 열리게 하는데, 원전 사고 이전에도, 지금도 변함없이 감은 열립니다. 즉 우리가 자연을 함부로 대한 것이지요. 그래도 자연은 지치지 않고, 이번 사고 같은 인간의 배은망덕에도 불구하고, 꽃을 피우고 싹을 틔웁니다. 그것이 우리 입장에서는 희망인 것입니다.

물론 원전사고 후 절망적인 현실은 영상으로 방영되었습니다. 지금도 피해지역 사람들 중 상당수는 피난생활을 하고 있습니다. 돌아가고 싶어도 돌아갈 수 없는 사람들이지요. 비참한 일들은 많이 있습니다만, 그런 가운데 희망을 갖는 것이 얼마나 소중한가를 정주하 선생의 사진을 보고 느꼈습니다. 우리는 '절망'이라는 말을 너무 가볍게 사용하고 있는지도 모릅니다. 진정한 '희망'은 진정한 '절망' 속에서 비로소 보이는 것이 아닐까 생각합니다. 지금 마음에 떠오르는 것은 루쉰의 말입니다. '절망'과 '희망'의 관계에 대해 루쉰은 이상한 말을 합니다. '절망은 허망하다', 즉 절망이 허위이니 '희망과 같다'라고요. 이에 대해서는 여러 가지 해석이 있을 수 있다고 생각합니다.

그러나 제가 루쉰의 그 말에서 떠올리는 생각은, 사안의 본질을 응시한 절망 속에 진정한 희망이 보인다는 것입니다. 우리들은 피해지역에 살고 있고, 거창하게 말하면 '나락의 밑바닥'에 있습니다. 그곳에서 볼 수 있는 것은 빛밖에 없습니다. 어떤 하늘의 지시인지는 모르지만 우리는 희망 없이 살 수 없는 존재입니다.

정주하 선생 사진의 첫인상은, 사람의 흔적이 없는 비참한 상황으로 보일지 모릅니다. 그러나 저는 창작자, 작가로서 '왜 셔터를 누르는가'

가 관심사입니다. 아까 사이토 선생 시의 경우에도 '왜 시를 쓰는가'가 관심사입니다. 그것은 희망 때문입니다. 만일 절망밖에 없다면 셔터를 누르는 일도, 시를 쓰는 일도 없을 것입니다. 다시 말해 절망의 어둠 속에서 서광을 보는 것이지요. 빛을 보기 때문에 인간은 살아가는 것입니다. 정주하 선생의 사진집을 보고 '희망'을 보았다고 말한 것은 그런 의미입니다.

저는 피해지역 분들이 꼭 정주하 선생의 작품을 보았으면 합니다. 그래서 서경식 선생이 '다른 장소에서는 사진전을 열 수 있는 가능성이 있는데, 미나미소마에서는 어떤가요?'라고 상의했을 때, '꼭 미나미소마를 출발점으로 하여 사진전을 열어주십시오.'라고 무리하게 부탁했습니다. 그것이 매우 의미 있는 일이라고 생각했기 때문입니다.

방사능 재해를 되묻는 표현 활동

서경식 감사합니다. 그럼 사진에 대해 정주하 선생님에게 제가 조금 여쭙 겠습니다.

아까 말씀은 사건 그 자체가 아니고 '징후'를 찍는다는, 어떤 의미에서는 매우 어려운 이야기였다고 생각합니다만, 지금 사사키 선생도 말씀하신 것처럼 비참한 현장을 찍거나 인간을 찍지 않고 후쿠시마에서 일어난 원전사고를 찍는 것, 찍어서 표상하는 것, 표현해서 전하는 것은 과연 가능한 일일까요? 사진가로서 이 일이 어떤 식으로 가능하다고 생각하십니까?

정주하 예술이 가진 한계는, 예술은 그 예술에 동조하는 사람들에게만 내포된 의미를 전달할 수 있다는 점입니다. 피카소가 그린 「게르니카」라는 그림이 매우 유명합니다만, 사실 지구상에 있는 사람 중에 과연 몇 퍼센트가 이 그림을 통해서 감동 받고, 그림이 표현한 폭력에 저항하려고 노력할 수 있을까 궁금합니다. 그것이 명백한 예술의 한계이기는 하지만, 어쩌면 그 한계 속에 예술이 넓게 확장되어야 하는 이유가 들어 있지 않을까 생각합니다.

　이 점을 받아들인다면 예술가는 보이는 현상만 표상하는 것이 아니라, 그 현상 너머 혹은 현상 앞에 무엇이 있는가를 자기가 서 있는 지점에서 자주적으로 판단해야 한다고 생각합니다. 그 때문에 제 역할은 이곳 미나미소마에서 사진을 찍어 여러분께 보여드리면서 감동을 드리는 것보다는, 한 인간으로서, 사진을 하는 예술가로서 이곳에서 제가 확인하고 보고자 하는 부분을 여러분께 제시하는 일이라고 생각합니다. 사사키 선생께서 제 사진을 통해 희망을 보셨다면, 어쩌면 이곳에서 희망을 보고자 했던 저의 바람이 사사키 선생께 투영된 게 아닐까 생각합니다.

서경식 감사합니다. 방금 전 질문의 연장선에서 하나만 더 여쭤면, 저 자신은 이 방사능 재해가 여러 의미에서 인간 개인의 척도를 넘는 현상이라고 생각합니다. 한 사람의 인생이 80년이라 치면, 방사능 재해가 미치는 시간의 척도는 수백 년, 경우에 따라서는 수만 년입니다. 또 방사능은 눈에 보이지 않고, 이곳 후쿠시마에서 일어난 사고의 영향이 후쿠시마에 한정되지 않고, 인근은 물론 전 세계에 이르고 있습니다. 그런 의미에서 공간적으로도 시간적으로도 인간의 척도를 넘는 현상입니다. 이 점이 교통사고 등과는 다릅니다.

그런데도 이것을 표현해야 합니다. 아까 예술의 한계라고 말씀하셨습니다만, 이것을 표현하는 것은 예술가에게 매우 심각하고 중대한 도전입니다. 사진가뿐 아니라 화가, 혹은 글을 쓰는 사람도 척도를 넘는 현실을 상대하는 가운데, 표현이라는 행위 자체에 관해서도 새로운 방법을 고안해내고, 새로운 도전을 하지 않으면 안 됩니다. 방사능 재해란 그같은 내용을 품고 있는 것입니다. 정주하 선생은 이번 후쿠시마를 계기로 기법상 새로운 국면이나 새로운 도전 같은 변화가 있었습니까? 그것이 앞으로의 작업에는 또 어떤 영향을 미칠까요?

정주하 사진이라는 매체 자체의 기술적 조건에는 커다란 변화가 없습니다. 하지만 그것을 지탱하는 주제의 문제라면 저를 더 공고하게 해주는 커다란 계기가 이번 작업을 통해 주어졌다고 생각합니다. 아마 사진작가라면 누구나 다 그런 생각을 하겠지만, 저 역시도 제가 사진으로 표현해서 보여줘야만 남들이 볼 수 있는 그런 순간을 찾아내고 싶습니다. 인문학 학습과 충분한 경험을 겸비하지 않는다면 세상으로 조금도 들어갈 수 없을 것이라고 믿습니다. 예술가는 비교적 자유로운 직업입니다만, 한 가지 의무가 있다면 바로 이것이 아닐까 생각합니다.

사사키 다카시 어려운 질문입니다. 답이 될는지 모르겠고 사진에 대해 잘 모르기 때문에 문학을 말씀드리겠습니다. 지진 후, 어떤 출판사로부터 도호쿠(東北)문학사전을 만드니 협력해주기 바란다는 요청이 있었습니다. 실은 그 기획은 지진 전부터 있었던 것이고, 그러던 중에 대지진과 원전사고가 일어났습니다. 도호쿠의 문학을 이야기하려면, 기획 단계 이전에, '왜 문학이란 표현이 있는가'라는 지점까지 돌아가서 다시 한 번 생각해야 합니다. 그러나 출판사 담당자는—출판사뿐 아니라 어디든 그렇지만—다시 생각하지 않아요. 제가 의뢰받은 항목은 시마오 도시오(島尾敏雄)에 관한 것이었는데, 그 시마오 도시오의 묘지도, 그리고 하니야 유타카(埴谷雄高)의 묘지도 오다카의 경계구역에 있다는 사실을 편집자는 개의치 않습니다. 이번 원전사고로 드러나게 된 도호쿠의 역사, 즉 중앙으로부터의 끊임없는 수탈의 역사를 다시 생각하지 않고는, 도호쿠의 문학을 이야기할 수 없다고 생각했습니다. 결국 집필을 거절했습니다.

물론 근원부터 다시 묻는다는 것은 근본적으로 무리한 이야기입니다. 그렇지만 적어도 문학표현이 성립하는 장(場)에 대해 재고해야 하며, 거창한 표현인지 모르겠습니다만, 발단과 종말을 꿰뚫는 관점에서 재차 다시 물어야 하는 것이 아닌가 생각합니다. 아까 원자력 문제를 생각할 때에는 몇만 년이라는 방대한 인간의 척도를 넘는 경우가 있다고서 선생이 말씀하셨는데, 그렇지 않더라도 인간 역사의 방대한 시간에서 보면 인간의 여러 가지 생업, 표현, 국가의 모습 등은 정말 지속기간이 짧습니다. 그것을 우리는 매우 고정적으로, 예를 들면 '이것밖에 없다'는 식의 사고에 묶여 살고 있는 것은 아닐까요?

문학적 표현에 대해서도 다시 한 번 근원으로 돌아가 생각할 좋은 기회가 아닌가 생각합니다. 작가뿐 아니라 다양한 사람들이 스스로에게 그런 질문을 해야 합니다. 제 자신도 예외가 아니기 때문에 남들에게 뭐라 할 수 없습니다만, 그런 일들이 흐지부지되었고, 정치권은 쓴웃음이 날 만큼 반성이 없습니다. 그러나 이번 피해를 체험하면서 문학이나 예술에 관해서도 특별한 메시지가 발신되고 있다고 생각합니다. 3·11을 스스로에 대한 도전으로 받아들이는 재고찰이 필요하지 않나 생각합니다.

서경식 저도 매우 공감합니다. 2년 전, 지진이 일어난 후에 '3·11 이후'라든지 '포스트 3·11'이라는 말이 나돌았습니다. 그러나 유감스럽게도 한 순간의 유행처럼 매우 표면적이었던 것 같습니다. '3·11 이후'란 방금 사사키 선생이 말씀하신 것처럼, 국가든 사회든 문학이든, 기존의 개념 도구를 근본적으로 재고하는 것이었어야 합니다. 그런데 국가를 비롯해 '포스트 3·11'로 바뀌어야 할 것이 조금도 바뀌지 않았을 뿐 아니라, 오히려 과거로 회귀하는 현실을 통감하고 있습니다.

이 이야기는 나중에 다시 하기로 하지요. 마찬가지로 지금껏 만들어온 예술적 수단이나 예술론을 어떤 하나의 대상으로부터 원전이라는 대상으로 그대로 옮기는 것이 아니고, 지금까지의 발상이나 수단 자체를 어느 정도까지 문제 삼을 수 있는지가 중요하다고 생각합니다.

마침 이 사진(사진 22)이 있으니 말씀드리겠습니다. 아까 정주하 선생과 사사키 선생이 나눈 '희망'에 대해 알 수 있으리라 생각합니다. 이 사진의 내용을 간단히 설명하자면 '해안의 방파제에 곰 조형물이 있습니다.'라고 할 수 있습니다. 그러나 그것은 단지 찍혀 있는 대상에 대한 설명일 뿐입니다. 사진을 찍고 있는 사람은 어떤 식으로 찍으려고 하는지를 생각해봐야 합니다. 여러 사물 중에서도 특히 여기에 시선이 머문 것입니다. 이 곰 조형물은 아마 우연히 이곳에 있었던 것일 텐데, 겁먹은 듯한 시선이라든지 시선의 방향이 정 선생에게 보인 것입니다.

즉 여기에는 곰 조형물이 찍혀 있는 것이 아니고, 사진을 찍고 있는 정주하 선생의 시선이 찍혀 있는 것이고, 이 점은 희망도 마찬가지입니다. 희망이 있는가 없는가 하는 이야기는, 그 희망의 알맹이가 무엇인가를 논의하지 않는다면 표면적인 이야기로 소비되어버리곤 합니다. 하지만 정주하 선생이 보려는 것이 희망이라면, 그것은 사사키 선생이 보고자 하는 희망과 공명할 수 있다는 말입니다.

그래서 '이 사진에는 무엇이 찍혀 있습니까?'라는 물음에 대하여, '바다입니다.', '곰입니다.'는 답이 되지 않습니다. 사물에서 무엇인가를 보고자 하는 인간 쪽이 소중한 것입니다. 그런 작품을 위해서 예술가는 열심히 생각하고, 열심히 공부해야 합니다. 오늘날 일본사회에서는 그다지 환영받지 못하는 사고방식인데, 이런 말씀이었다고 생각합니다. 맞습니까?

정주하 맞습니다. 제 사진을 보면서 일반인들은 이 속에 담겨 있는 이미지만 생각하지요. 시각 훈련을 한 사람들은 그 속에 담겨 있는 톤과 거리감 또는 화각, 앵글, 카메라의 높낮이 등등을 함께 보게 됩니다. 현재 세계의 사진계는 소위 포스트모더니즘 이후 '진짜와 가짜의 경계'를 다루는 작업에 몰두해왔습니다. 의미 간의 경계를 확산시키거나 혹은 해체하고자 하는 프랑스 문학에서 시작한 포스트모더니즘은, 미국에서 꽃을 피우고 난 후 전 세계로 급속히 퍼져나갔습니다. 그것이 시뮬라크르라는 개념과 만나면서 사진이야말로 시뮬라크르를 잘 표현하는 도구라는 인식을 갖게 되었습니다. 또 사실적으로 찍어서 사실인 것처럼 보여주고자 하는 시뮬라크르 개념을 등에 업은 작업들이 세계 사진계를 지배하고 있는 것이지요. 그런 관점에서 바라본다면, 제 사진은 한낱 르포르타주 정도의 의미밖에는 얻어낼 수 없을 것입니다. 양쪽 측면을 잘 알고 있는 저로서는 결단을 내려야만 했습니다. 하지만 제가 끝끝내 나아가고 싶은 것은 사람 속으로입니다. 한국에 있는 어느 미술관에 이 사진을 전시하려고 했을 때, '우리는 사회운동(social movement)을 하는 기관이 아닙니다.'라는 대답을 들었습니다. 그러나 저는 단지 '운동'을 하기 위해 이 작업을 한 것이 아닙니다.

'들을 빼앗긴' 우리들은 역사와 마주할 수 있을까

서경식 이 사진전의 제목은 '빼앗긴 들에도 봄은 오는가'입니다. 이것은 실은 조선의 시인 이상화의 시 제목입니다. 그 시를 소개하겠습니다.

빼앗긴 들에도 봄은 오는가

지금은 남의 땅 – 빼앗긴 들에도 봄은 오는가?

나는 온몸에 햇살을 받고,
푸른 하늘 푸른 들이 맞붙은 곳으로,
가르마 같은 논길을 따라 꿈속을 가듯 걸어만 간다.
입술을 다문 하늘아, 들아,
내 맘에는 나 혼자 온 것 같지를 않구나!
네가 끌었느냐, 누가 부르더냐. 답답워라. 말을 해 다오.

바람은 내 귀에 속삭이며,
한 자국도 섰지 마라, 옷자락을 흔들고.
종다리는 울타리 너머 아씨같이 구름 뒤에서 반갑다 웃네.

고맙게 잘 자란 보리밭아,
간밤 자정이 넘어 내리던 고운 비로
너는 삼단 같은 머리를 감았구나. 내 머리조차 가뿐하다.

혼자라도 가쁘게나 가자.
마른 논을 안고 도는 착한 도랑이
젖먹이 달래는 노래를 하고, 제 혼자 어깨춤만 추고 가네.

나비, 제비야, 깝치지 마라.

맨드라미, 들마꽃에도 인사를 해야지.

아주까리 기름을 바른 이가 지심 매던 그 들이라 다 보고 싶다.

내 손에 호미를 쥐어 다오.

살진 젖가슴과 같은 부드러운 이 흙을

발목이 시도록 밟아도 보고, 좋은 땀조차 흘리고 싶다.

강가에 나온 아이와 같이,

짬도 모르고 끝도 없이 닫는 내 혼아,

무엇을 찾느냐, 어디로 가느냐, 웃어웁다, 답을 하려무나.

나는 온몸에 풋내를 띠고,

푸른 웃음, 푸른 설움이 어우러진 사이로,

다리를 절며 하루를 걷는다. 아마도 봄 신령이 지폈나 보다.

그러나 지금은 – 들을 빼앗겨 봄조차 빼앗기겠네.

이 시는 한국에서는 모르는 사람이 없을 정도로 유명합니다. 그러나 한
국도 군사정권 시절에는 시인이 좌익이라는 이유로, 오랜 기간 금기였습
니다. 시인의 생가는 대구에 있고 지금 그곳은 기념관이 되었는데, 기념
관이 된 지 20년이 될까 말까 합니다. 슬프게도 조선이 분단 상태에 있
기 때문에 한국에서 한동안 읽히지 못했던 것입니다. 그러나 북한 주민
들이나 저 같은 재일조선인 사이에서는 널리 알려진 시입니다.

이 시인은 1920년대, 즉 조선이 일본에게 식민지배를 받던 시절에 일본의 제국주의에 의해 들을 빼앗긴 조선인의 슬픔을 노래했습니다. 저의 조부는 1928년에 일본으로 건너왔는데, 바로 그 시절의 이야기입니다. 들을 빼앗긴 결과 농사를 지을 수 없게 되고, 살 길을 찾아 일본으로, 혹은 만주로 건너간 사람이 1920년대에만 각각 수십만 명씩 있었습니다. 그 자손 중 한 사람으로서 제가 지금 여기에 있습니다.

이 시를 정주하 작가 사진집의 제목으로 정한 것은 잘한 일인가, 잘못한 일인가 하는 것은 매우 중요한 문제입니다. 여러분은 어떻게 생각하시는지 의견을 듣고 싶습니다. 이 제목은 저의 친구이며 정주하 선생도 잘 아는 한홍구라는 한국 역사학자가 제안한 것입니다. 저는 절반은 찬성하고 절반은 반대했습니다. 반대하는 사람도 제 주변에 꽤 있었습니다. 왜 반대했는지에 대해서는 길게 말씀드리지 않겠지만, 저는 반대하는 사람들에게도 일리는 있다고 생각했습니다.

저는 반신반의하면서도 찬성하는 입장이었습니다. '이것은 해볼 가치가 있다, 보람 있는 일이다.'라고 생각했습니다. 재해가 있고 원전사고가 있었는데, 명백하게 일본 국민만의 이야기가 아닙니다. 즉 일본이 근대 역사를 통해 다른 나라를 침략하고, 다른 나라를 식민지배하고, 패전 후 소위 말하는 '전후 부흥'이라는 이름으로 행해온 국책의 결과가 여기에 있는 것입니다. 따라서 이것을 자신들의 이야기, 일본 내부의 일로만 치부하는 것은 문제가 아닌가, 나아가 위험한 것이 아닌가 하는 마음입니다.

그리고 정주하 선생의 사진 중에도 나오는데, 고리야마(郡山) 시에 조선학교가 있습니다. 그곳도 방사능으로 오염되어, 운동장을 사용할수 없어서 니가타(新潟)로 피난을 갔는데, 재정적인 이유로 더 이상 꾸려나갈 수 없다고 합니다. 조선학교라는 이유로, 보통의 일본 공립학교라면 받을 수 있는 원조도 못 받기 때문입니다. 또 료젠의 낙농가가 자살해서 주목을 받았습니다. 그분의 부인은 필리핀 분입니다. 일본 사람조차 손해배상을 청구하거나 보상을 요구하는 것이 여간 복잡한 일이 아닌데, 필리핀 사람이 할 수 있을까, 한다고 해도 얼마나 힘들까 하는 생각이 들었습니다. '일본은 잘 할 수 있다.', '일본은 자랑스럽다.'라는 이야기만 하고 있어서 되겠는가 하는 것이 저의 걱정거리였습니다.

방사능 재해는 일본이 국책으로 도쿄전력과 함께 전 세계에 끼친가해입니다. 전 세계의 바다를 더럽혔습니다. 공기도 더럽혔습니다. 그래서 사실은 전 세계를 향해 사죄하고, 두 번 다시 하지 않겠다고 약속하고, 그 약속을 지켜야 하는, 그런 사안입니다. 그런데 일본에서는 일본국민의 피해만을 이야기하고 있고, 게다가 일본 국민의 피해조차 제대로 다루지 않은 채 시간이 지나고 있습니다. 때문에 이 사고를 시간적으로 공간적으로 더욱 넓게, 국경을 넘어 바라보는 것이 필요하지 않나 생각했습니다. 그러한 문제제기를 실마리로 이 시의 제목을 사진집에 붙이는 것이 잘못이 아니라고 보았습니다. 이 점에 대해 사사키 선생님으로부터 한 말씀 듣겠습니다.

사사키 다카시 먼저 이상화의 시에 대해 이야기하겠습니다. 이 시를 읽었을 때도 정주하 선생의 사진집을 봤을 때와 같은 느낌이었습니다. 일본 식민지시대를 겪는 매우 고통스러운 조선 사람들의 심정을 노래하고 마지막에 '빼앗긴 들에도 봄은 오는가?'라고 묻고 있습니다. 저에게는 시 전체에서 밭두렁을 걷는 시인의 춤추는 듯한 언어와 표현이 매우 인상적이었습니다. 국토를 빼앗겨 비참한 상황이지만 자연은 배신하지 않는다는 점에서 시인은 희망을 보았다고 생각합니다. 그 희망은 모든 것을 그 순간의 행복감으로 채우는 것이 아니라, 절망이라든지 비참함 가운데 있기에 보이는 빛이라고 이해했습니다.

그리고 이 시와 이번 원전사고에서 저는 같은 구조를 봅니다. 즉 국책사업인 원전에 의해 들을 빼앗긴 것입니다. 저의 친척 중에도 더 이상 농업을 할 수 없어 집을 떠나 피난생활을 하는 사람이 많습니다. 과거 조선인들처럼 국가정책에 의해 토지를 빼앗긴 슬픔이라는 의식이 있습니다. 단순히 지금의 일만이 아니고, 역사적인 사실부터 다시 돌아볼 필요가 있는 것입니다.

저는 미나미소마 시 하라마치(原町) 구 사람인데, 이 마을에 높이 200미터의 무선탑이 있었습니다. 어린 시절에는 멀리 떠났다 돌아왔을 때, 기차 창밖으로, 혹은 도로에서 무선탑이 보이면 안심이 되었습니다. 상징적인 존재였지요. 그러나 무선탑은 노후화되어 철거되었고 지금은 20미터짜리 미니어처로 남아있습니다. 이 탑은 관동대지진(1923년) 2년 전에 완성되었습니다. 단순한 비교라서 이상할지 모르지만, 무선탑은 지금으로 치면 도쿄스카이트리입니다. 물론 무선탑과 관동대지진, 도쿄스카이트리와 원전사고는 약간의 시간적인 차이가 있지만, 무선탑은 국위를 나타내기 위한 거대한 프로젝트였던 것입니다. 무선탑은 철근콘크리트였습니다. 스카이트리를 만드는 것보다 훨씬 어려웠을 거라고 생각합니다.

이 내용은 공적 문서에는 기록되지 않은 것 같습니다만, 그 200미터의 무선탑을 세우기 위해 사형수와 조선인이 위험한 작업에 동원되었습니다. 과거를 폭로하기 위해 하는 말이 아닙니다. 그러한 역사가 이 지역에서도 있었다는 것을 잊지 말고 명심해야 한다고 생각하기 때문에 말씀드립니다.

지진 후, 서경식 선생과 NHK 다큐멘터리 팀이 왔을 때, 서 선생이 원전사고 후에 대해 걱정한 것은 관동대지진 때에 몇천 명에 이르는 조선반도 출신들이 일본인들에게 학살당한 역사가 있었기 때문입니다. 유언비어를 그대로 믿은 소방단이나 경찰 등이 가담해서 일어난 일입니다. 원전사고 후 그 일을 떠올린 일본인이 얼마나 있었을까요? 그 상처의 깊이를 역시 알아야 합니다. 역사적 사실을 속여서는 안 됩니다.

한일관계, 일본의 대외관계에는 여러 가지 어려운 문제가 있습니다. 하나는 '종군위안부' 문제입니다. 저는 '일본인이여, 진정한 긍지를 가져라.'라고 생각합니다. 사죄 이전에 그런 마음가짐이 필요합니다. 마음으로 깊이 느껴야 합니다. 우리는 이번 재해로 많은 것을 생각하게 되었고, 아까도 말한 것처럼 '나락'의 밑바닥에서 조선뿐 아니라 중국 등을 포함한 동아시아 사람들에게 준 고통, 슬픔, 굴욕감을 겨우 알 수 있는 상황에 처했다고 생각합니다. 너무 늦었다고 해도 앞으로 분발하겠습니다. 사죄를 하고 안 하고의 문제가 아닙니다.

사람 사이에서도 그렇지요. 진정으로 깊이 반성한 친구가 있다고 한다면 사죄하라고 다그칠 필요가 없을 겁니다. '됐어, 됐어, 이젠 됐으니 함께 힘내자.'라고 하겠지요. 그런데 '나는 하지 않았다.'라거나 이상한 변명들을 늘어놓으니 문제가 해결되지 않는 거겠지요. 저는 일본인의 긍지를 갖고 명심해야 한다고 생각합니다. 이런 생각은 아베 총리에게는 통하지 않겠지만요. 들을 귀가 없는 사람이니까요.

미나미소마를 포함해 피해지역에 있는 우리들은 이번 일을 단순히 일본만의 문제가 아니라 동아시아의 문제로 생각해야 합니다. 원전은 전 세계적인 문제니까요. 폐기물 처리가 불가능한데도 계속해서 원전을 만드는 일이 얼마나 우스운지 등의 메시지를 세계를 대상으로 발신해야 한다고 생각합니다. 그것이야말로 지루하고 오랜 싸움이 되겠지만 이렇게 하지 않으면 원전사고로 우리가 이토록 힘든 상황에 놓이게 된 의미가 없습니다.

내일이 꼭 2주년이어서 여러 곳에서 여러 행사가 있습니다. 1주년 행사 때, 저는 '매듭 따위 짓지 마라!'라고 블로그에 썼습니다. 아무한테도 진의가 전달되지 않았을지도 모르겠습니다. 생각을 미래로 이어가지 않으면 의미가 없습니다. 이곳 미나미소마에서 정주하 선생의 사진전이 열려서 지금 이렇게 조촐한 모임이 이루어지고 있는데, 매우 의미 있게 2주년을 맞이하고 있다고 진심으로 생각합니다. 여러분도 아마 같은 생각이시겠지요.

역사와 마주하는 단서는 미나미소마에

서경식 감사합니다. 그럼 정주하 선생께 여쭙겠습니다. 한국의 원전에 관해서도 많은 사진을 찍으셨고 사정을 잘 아시리라 생각합니다. 한국은 원전 의존도도 높고, 종종 사고도 일어납니다. 그럼에도 불구하고 계속 원전 건설을 추진하고, 수출까지 하는 방향을 강화하고 있습니다. 상황은 어떻고, 어떻게 보고 계시는지요?

정주하 우선 한반도 남부의 이야기를 하겠습니다. 현재 한국 인구는 5000만여 명입니다. 그리고 삼면이 바다로 둘러싸인 국토에 원자력발전소가 네 곳 있습니다. 그 네 군데 발전소에서 지금까지 총 21기의 발전기가 가동되고 있습니다. 올해 상반기 안에 2기가 더 완성되면 곧 23기가 될 것입니다(2016년 1월 현재 총 24기가 가동 중이다.—옮긴이). 그 네 개의 발전소 중 세 개가 한국의 동해, 즉 일본의 서해 쪽을 향하고 있습니다. 일본과 한국의 거리는 가까운 곳이 200~300킬로미터이고, 먼 곳이 1000킬로미터 정도 떨어져 있습니다. 일본과 한국은 땅덩어리만 놓고 보면 거의 같은 나라가 아닐까 생각합니다. 한국의 핵발전은 1970년대에 시작해서 1978년에 첫 가동을 시작했습니다. 고리에서 시작했는데, 부산광역시에서 불과 20여 킬로미터 떨어진 곳입니다. 가동 시작 후 이미 30년을 훌쩍 넘었습니다. 여러분도 잘 아시겠지만, 원자력발전은 30년이 지나면 법적으로 완전히 폐기하도록 되어 있습니다. 그러나 일본도 그렇지만, 한국에서도 핵안전위원회의 허가를 받아 노후화된 원자로를 재가동하고 있습니다. 한국 국민은 이미 일본에서 일어났던 3·11을 거의 잊어 버렸습니다. 오히려 일부 정치인들은 후쿠시마에서 일어났던 3·11 재앙을 한국에 좋은 기회라고 생각하기도 했습니다. 보도를 통해서 들으셨겠지만, 한국이 원자력발전을 수출하는 나라가 되었기 때문입니다. 한국 국민에게 굉장한 자랑과 긍지처럼 포장되어 보도되기도 했습니다.

바로 이 점이 고리에서, 울진에서, 영광에서, 핵 발전소 사고가 생겨서 문제가 발생해도 국민이 침묵하는 이유이기도 합니다. 제가 사는 곳으로부터 80여 킬로미터 떨어져 있는 영광 원자력발전소는 2300개가 넘는 불합격 부품을 써서 내부에서 일하는 사람들이 검찰에 고발당하기도 했습니다. 자동차 공장에 불이 나는 것과는 차원이 다르지 않겠습니까? 이것이 한국 원자력발전소의 현실입니다.

서경식 간단히 보충하겠습니다. 눈에 보이지 않는 경계선이 있는 것 같습니다. 예를 들어 최근의 신문보도를 보면 후쿠시마 분들은 재가동에 반대하는 사람도 있어요, 오히려 높은 비율입니다. 그런데 후쿠시마 밖으로 나가면 비율이 역전됩니다. 후쿠시마의 안인가 밖인가 하는 구분에 큰 의미가 있다는 것이지요. 미나미소마와 나미에(浪江) 사이에도 보이지 않는 선이 있다는 것인데, 그런 식으로 후쿠시마니까, 혹은 도쿄니까, 큐슈니까 하는 식으로 멀어져 가면 점점 남의 일이 되어, 불편한 생활을 감내하기보다는 편리한 생활이나 경제적인 이윤, 혹은 지금까지의 구조를 그대로 유지하려고 합니다.

상상 속의 경계선 구분으로 위험을 '남의 일'로 만들어서 현상을 그대로 유지하려고 하는 이런 발상이 아직도 일본에 남아 있습니다. 이것을 한국, 중국으로 확대시켜도 같은 구조가 보입니다. 한국은 원전 의존도가 높고 게다가 위험한 원전을 가동하고 있지만, 일본 사람들은 그것을 한국의 일로만 보고 있습니다. 한국에서는 일본의 후쿠시마에서 사고가 나도 '일본에서 일어난 일이고 우리는 안심해도 된다.'는 식으로 보려 합니다. 즉 우리의 척도를 넘어서는 원자력 재해의 실태가 기만적인 상상의 경계선이라는 발상에 의해 감추어지고 있다고 생각합니다.

사사키 선생도 말씀하셨지만, 적어도 동아시아라는 범위에서 생각해 볼 필요가 있습니다. 중국에 관해서 오늘은 그다지 발언이 없었는데요, 현재 중국은 무서운 기세로 원전이 증가하고 있습니다. 중국, 한국, 일본 지역은 전 세계적으로 엄청난 원전이 집중되어 있습니다. 게다가 일본에서 사고가 일어났습니다. 이 사고를 계기로 일본은 물론이고, 동아시아 전체가 나서서 이 방향을 어떻게든 바꾸기 위한 교훈으로 삼아야 합니다.

이런 일을 어렵게 만드는 가장 큰 원인이 '이윤 추구'입니다. 그 이윤에 몰려 있는 '원자력 세력', 한국 식으로는 '원전 마피아', 정치, 관료, 학계 인사들이 지금까지의 구조에서 얻고 있는 이익을 잃고 싶지 않아하기 때문입니다.

동시에 저는 또 한 가지, 아까부터 언급된 역사 문제가 있다고 생각합니다. 동아시아 전체가 지역의 안전이나 평화를 위해 흉금을 터놓고 함께 이야기하는 것이 불가능해졌는데, 그 큰 이유 중 하나는 역사 문제라고 생각합니다. 동아시아 지역은 아시아의 동쪽이라는 뜻에 앞서, 일본이 근대 100년의 역사 속에서 침략하거나 식민지지배를 했던 지역이라는 뜻을 지닙니다. 이 지역을 평화롭게 하기 위해서는 그러한 역사에서 누가 어떤 역할을 해왔는가 하는 현실을 직시하고, 거기서부터 이야기를 시작하지 않으면 안 되는 것입니다.

그런 의미에서 일본이 주도권을 쥐지 않으면 동아시아 지역이 지금 빠져 있는 위험한 사이클에서 빠져나올 수 없습니다. 그리고 그 전환의 실마리라고 할까, 단서는 미나미소마에 있다고 생각합니다. 물론 부당한 이야기이지요. 피해자이자 증언자인데 무거운 짐을 짊어져야 하다니요. 하지만 이것은 인류사에서 보편적으로 볼 수 있는 현상입니다. 그렇기 때문에 사사키 선생께는 대단히 죄송하지만 앞으로도 증언자로서 짐을 지어주셨으면 합니다.

사사키 다카시 조금 보충하겠습니다. 분명히 원전사고, 혹은 과거 동아시아에 대한 죄는 인간의 어리석음으로 저질러졌습니다. 그러나 일본이 그 죄의 의미를 역전시키는 것도 가능하다고 생각합니다. 성 아우구스티누스는 '펠릭스 쿨파(Felix Culpa)'라는 표현을 썼습니다. 라틴어인데요, 간단히 풀이하면 '복된 죄'라는 의미입니다. 여기에는 '조상의 죄'도 포함되는데, 지금은 신학적인 해석은 생각하지 않겠습니다. 다만 '죄나 불행의 의미를 플러스로 바꾸는 것도 인간'이라는 뜻이 있다는 것만 말씀드리겠습니다.

쉽게 말하면 저 개인적으로는 원전사고를 경험한 덕분에 여러 사람들과 인연이 생겼습니다. 지금 여기서 이렇게 정주하 선생의 사진전이

가능한 것은 제 입장에서 보면 하나의 '실을 엮는' 행위로, 연결 고리가 조금씩 넓어지는 일입니다.

지금까지의 경위를 간단히 말하자면, 제 이야기를 처음 낸 것은 《도쿄신문》의 사토 나오코(佐藤直子) 기자로, 그 신문에 우리 부부의 사진이 실린 기사가 게재되었습니다. 그것을 읽은 《마이니치신문》의 논설위원인 하마다 요타로(浜田陽太郎) 선생이 미나미소마에 와주신 겁니다. 그리고 「창(窓)」이라는 칼럼에 제가 말한 '영혼의 중심(重心)'이라는 말을 소개했고, 그 '영혼의 중심'이라는 말을 이번에는 서 선생이 읽은 것입니다. 이렇게 해서 그 연결고리가 이어진 것입니다. 자랑을 하고 있는 것이 아닙니다. 제가 강조하려는 것은 영혼과 영혼의 연결입니다.

지진 후에 여러 말들이 난무하는 와중에 진절머리가 날 만큼 '인연'이라는 말을 들어서 실은 식상했습니다. 그렇지만 하마다 선생이 그런 사람과 사람의 연결을 "실을 엮는 것과 같은 의미"라고 했습니다. 저는 이런 연결을 아까 서 선생 말씀처럼 미나미소마를 하나의 기점으로 해서 확대해가고 싶습니다. 한국 사람들이나 동남아시아 사람들과 함께 앞으로 어떻게 하면 바람직한 세계상에 다가갈 수 있는지에 대해 이야기해야 한다고 생각합니다. 그렇기 때문에 '펠릭스 쿨파'를 아까 말한 것처럼 해석해서 희망을 갖고 싶은 것입니다.

덧붙여 말하자면, 하마다 요타로 선생이 이 모임을 위해 부인과 함께 도쿄에서 일부러 와주셨습니다. 처음부터 큰 물결을 생각하기는 매우 어려울지도 모릅니다. 그렇지만 서 선생이 말씀하셨듯이, 하나하나의 연결 속에서 에너지를 끌어내 조금씩 운동을 해가는 길밖에 없지 않나 생각합니다.

얼마 전 치과병원 대기실에서 잡지를 보니, 작가이며 연출가인 구라모토 사토시(倉元聰) 감독이 어느 공연에서 청중에게 물었답니다. 2층 객석은 대부분 젊은이들, 1층은 장년층인 객석을 향해, 양자택일의 질문을 던진 것입니다. "편리한 생활을 계속하기 위해 원전 재가동을 선택할지, 아니면 10년이나 15년 전으로 편리함은 되돌리지만 안전한 에너지를 사용하며 생활할지, 어느 쪽을 선택하겠습니까?"라고요. 여러분은 어떻게 답하시겠습니까? 1층의 장년층은 90퍼센트가 15년 정도 되돌려도 상관없다고 답했다고 합니다. 그것은 희망입니다. '아! 역시 나이 드신 분들이 생각이 깊구나.'라고 느꼈습니다.

다만 아쉬운 점은 2층 객석의 젊은이들 70퍼센트는 휴대폰이 없는 생활은 생각할 수 없기 때문에 원전 재가동을 선택한다고 했답니다. 정말 슬픕니다. 그러나 그런 자식을 키운 것은 우리들입니다. 저는 초등학교 1학년 때 일본이 전쟁에서 졌기 때문에, 전쟁 시기와 패전 후 아무것도 없던 때를 기억합니다. 당장 오늘 저녁에 먹을 것조차 없던 시절입니다. 그렇지만 그 시절 사람들은 더 악착같이 살았습니다.

요전에 정주하 선생과 오다카의 한 마을에 갔습니다. 저의 외가 쪽 친척 대부분이 오다카에 살고 있었습니다. 자동차로 오다카를 지나면서 억누르기 힘든 분노를 느꼈습니다. 거리에 아무도 없었어요. 저의 친척 집도 훌륭한 집인데, 쥐죽은 듯 조용했습니다. 이 분노는 복잡합니다. 친척들에게 돌아오라고 말할 수는 없습니다. 그렇지만 전기도 들어오고 물은 급수차로 운반해올 수 있고, 시장을 보는 것은 자동차로 출입이 제한되지 않은 지역의 슈퍼마켓까지 가면 됩니다. 저는 그때 생각했습니다. '패전 직후의 일본인이라면 틀림없이 살고 있을 것이다.'라고요.

뉴스로 알았는데, 누군가 이발소를 하시는 분이 피난소에서 물을 길어나르며 오다카에서 영업을 하고 있다고 합니다. 그런 하나하나의 '점'에서부터 부흥이 시작됩니다. 그러나 대부분의 사람들은 보조금을 기다리고, 행정으로부터의 지시를 기다립니다. 왜 일본인은 그토록 의존적이 되었나요? 친척을 원망할 수는 없지만 지금 느끼고 있는 분노는 그런 것입니다.

물론 행정이라든지 원전이라든지 도쿄전력 등에도 분노하고 있지만, 같은 주민에 대해서도 그런 복잡한 심정을 가지고 있습니다. 더 힘내자, 아무튼 살아보자, 제가 이렇게 생각하는 것은 치매를 앓는 아내가 있기 때문입니다. 매일 아내를 돌보는 생활을 하면서, 무서울 것이 없어졌습니다. 아마 사는 일에 대해 전보다 탐욕스러워졌다고 생각합니다. 그냥 탐욕스러운 게 아니라, 이대로 순순히 죽고 싶지 않아요. 젊은 사람들에게 정말로 좋은 일본을 남기고 죽고 싶습니다. 미력하여 아무것도 할 수 없을지도 모르지만, 진심으로 그렇게 바라고 있습니다. 그리고 동아시아와 우선은 바로 이웃인 한국 사람들과 우호의 고리, 진정한 화해의 길을 찾고 싶습니다.

프리모 레비의 상상력

서경식 감사합니다. 그럼 끝으로 프리모 레비의 시를 소개하겠습니다. 프리모 레비라는 인물에 대해 먼저 설명드리면, 레비는 1919년 이탈리아 토리노의 유대계 가정에서 태어났습니다. 반파시즘 저항운동으로 체포되어 아우슈비츠로 보내졌고요. 가혹한 강제노동에서 살아남아 집으로 귀환, 과학자로 활동하며 많은 저작을 발표하여 전후 이탈리아를 대표하는 문학자 중 한 사람이 되었지만 1987년 자택에서 자살합니다. 아우슈비츠에서 살아남은 생존자였지요. 이런 프리모 레비가 1978년에 쓴 시가 최근에 발견되어 리쓰메이칸대학(立命館大学)의 다케야마 히로히데(竹山博英) 선생의 번역으로 2012년 리쓰메이칸대학 국제평화뮤지엄에 전시되었습니다.

폼페이의 소녀

인간의 고뇌란 모두 나의 것이니
아직도 생생하게 체험할 수 있다, 너의 고뇌를,
말라빠진 소녀여,
너는 부들부들 떨며 어머니에게 매달려 있구나
다시 그 몸속으로 들어가버리고 싶다는 듯이
한낮에 하늘이 암흑이 되었던 때 말이다.
기막힌 일이었어, 공기가 독으로 변하더니

닫아건 창에서 너를 찾아내, 스며들었지

단단한 벽으로 둘러싸인 너의 조용한 집으로

네 노랫소리 울리고, 수줍은 웃음으로 넘치던 그 집으로

기나긴 세월이 흐르고 화산재는 돌이 되고

너의 어여쁜 사지는 영원히 갇혀버렸다.

이렇게 너는 여기 있다, 비틀린 석고 주형이 되어

끝이 없는 단말마의 고통, 우리들의 자랑스러운 씨앗이

신들에겐 아무런 가치도 없다고 하는, 끔찍한 증언이 되어.

그러나 너의 먼 누이동생 것은 아무것도 남아 있지 않구나

네덜란드의 소녀란다, 벽 속에 갇혀버렸으나

그래도 내일 없는 청춘을 적어 남겼다.

그녀의 말없는 재는 바람에 흩날리고

그 짧은 목숨은 먼지투성이 노트에 갇혀 있다.

히로시마의 여학생 것도 아무것도 없다.

천 개의 태양 빛이 벽에 아로새긴 그림자, 공포의 제단에 바쳐진 희생자.

지상의 유력자들이여, 새로운 독(毒)의 주인이여,

치명적인 천둥의, 은폐되고 방자한 관리인들이여,

하늘의 재앙만으로 충분하다.

손가락을 누르기 전에 멈추어 생각하는 것이 좋을 거야.

프리모 레비가 화산 분화로 파괴된 도시인 폼페이—그곳은 지금도 희생
자들이 화석이 되어 남아 있습니다—에 가서 죽은 소녀의 화석을 보며

느낌을 쓴 시입니다. '먼 여동생'은 안네 프랑크를 가리킵니다. 홀로코스트의 희생자로 네덜란드 암스테르담의 은신처에 있다가 결국 강제수용소로 연행되어 그곳에서 목숨을 잃은 소녀이지요. 그리고 '히로시마의 여학생'이란 원폭자료관에 그 흔적이 사진으로 남아 있는데, 원폭 섬광에 타버려서 모습이 완전히 사라지고 돌바닥에 흔적만 남은 사람입니다.

즉 프리모 레비는 본인이 아우슈비츠를 경험했을 뿐 아니라, 2000년 전 화석을 보며 홀로코스트와 연결짓고, 홀로코스트를 히로시마와 연결지을 수 있는 사람이었습니다. 그같은 상상력의 확대 속에서 고통을 함께 나누려는 것입니다. 그런 사람이 '지상의 유력자들이여, 새로운 독의 주인이여.'라고 말합니다, 이들은 핵무기 소유자들이지요. 그리고 '하늘의 재앙만으로 충분하다.'라고도 합니다. 말 그대로 지진, 쓰나미만으로도 이미 차고 넘친다, 왜 그 이상의 짓을 하는가 묻는 것입니다. 프리모 레비는 이번 일이 있기 훨씬 전에 스스로 목숨을 끊었습니다만, 그의 상상력은 오늘날의 후쿠시마에까지 미치고 있는 것 같습니다.

이 시가 우리에게 묻고 있는 것은 바로 그 상상력이라고 생각합니다. 앞서 말한 것처럼 '일본의 일', '도쿄의 일' 혹은 '과거의 일과 무관한 지금의 일'이라는 한정된 상상력이야말로 우리 자신을 작게 만들고 '은밀하고 사악한 관리들'을 더욱 만연케 합니다. 그 상상력을 함양하기 위한 중요한 근본 수단은 예술이고, 또한 타자와의 대화입니다. 자신들과는 다른 문맥에서 다른 감수성을 가지고 있지만 같은 위험에 노출된 사람들과 만나서 이야기함으로써, 위축된 상상력이 자극을 받고 열려가는 것입니다. 물론 도중에 너무 힘들어지는 경우도 있습니다. 그런 대화가 괴롭거나 싫기도 합니다. 그럼에도 그것을 해야 하는데 사람들이 점점 내향적이 되는 것이 아닌가 생각합니다.

작품과의 대화와 작품을 둘러싼 대화 시도

청중 A 정주하 선생님의 작품은 정주하 선생님과 제가 대화할 수 있는 내용을 담고 있습니다. 그것이 예술이겠지요. 제가 처음 이 사진을 대했을 때에는 서경식 선생님이 말씀하신 방향과는 다른 방향으로 생각했습니다. 예를 들어 사사키 선생님도 따스함을 강조하셨는데 그런 느낌도 받았고, 정주하 선생님이 사진에 담은 의미는 더욱 깊은 곳에 있다는 느낌도 들었는데, 서 선생님 말씀으로 조금 혼란스러워진 것 같습니다. 하나의 방향에 제한시키지 않고 여러 가지 상상력을 가지고 정주하 선생님 작품을 대하고 싶습니다.

서경식 제 생각도 말씀드리겠습니다만, 우선 정주하 선생에게 여쭙고 싶습니다. 지금 의견에 대해 어떻게 생각하시는지요?

정주하 이 사진 작업의 제목은 촬영이 끝나고 난 다음에 붙인 것이 아닙니다. 서 선생을 2011년 8월에 서울에서 뵈었습니다. 서울에 오셨을 때, 한홍구 선생과 같이 만났습니다. 이미 후쿠시마의 3·11은 한국에도 현상과 사건으로서는 잘 알려졌고, 물론 저도 잘 알고 있었습니다. 그러나 제가 사진가로서 무엇을 어떻게 볼 것인가에 대한 결정은 당시에 전혀 이루어진 것이 없었어요. 제가 작업을 하면서 갖는 관심은 '사건의 현상'이 아니라 그 이면의 '징후'입니다. 이는 제가 현장에서 무엇을, 어떻게 볼 것인가를 결정하는 데 중요한 부분입니다. 이런 생각도 포함해서 한홍구 선생과 서경식 선생께 이곳에서 제가 무엇을 어떻게 봐야 하는가에 대해 의논드렸습니다.

한홍구 선생은 후쿠시마에서 보게 될 끔찍한 상황보다는 여전히 그곳이 아름다운 곳임을 보여주면 좋겠다고 의견을 주셨습니다. 아마도 한홍구 선생은 이곳이 가을에 무척 아름답다는 것을 알고 계셨던 것 같아요. 그러니까 인간의 그릇된 결정 때문에, 이곳에 무엇인가가 설치되었고, 또 자연재해로 여기에 사는 사람들이 엄청나게 공격을 당했을 때에도, 이 자연이 여전히 아름다움을 보여줌으로써, 사람들에게 '보라, 여전히 아름답지 않은가!'라고 나타내보려는 것이었습니다.

그 당시 이야기를 나누며 「빼앗긴 들에도 봄은 오는가」라는 시에서 제목을 따온 것도, 사실은 시 전체의 내용을 고려해서 그렇게 했다기보다는, '빼앗긴 들에 봄은 올 것인가?' 하는 의문을, 이곳에 계신 분들과 제가 함께 공유하고 싶은 마음으로 결정한 것입니다.

서경식 사사키 선생님은 방금 이야기에 덧붙일 의견이 있으십니까?

사사키 다카시 조금 빗나간 이야기일 수도 있습니다만, 저는 이렇게 생각합니다. 정주하 선생이 전적으로 동의해서 자신의 사진을 그 시와 결합하는 데서 의미를 찾은 것은 매우 바람직합니다. 저는 현대인은 저작권이나 오리지널리티를 너무 좁게 생각한다고 봅니다. 인류의 긴 역사에서 보면 설령 어떤 독창적인 시인이든 소설가든 각주나 노트 같은 것이라고 생각해요. 인류 역사에서 축적된 여러 생각과 말들을 후세에 우리가 그저 이용할 뿐이지요.

예를 들어 제가 사용한 '영혼의 중심'이란 말도, '영혼'이라든지 '중심' 같은 말은 누구의 말도 아니에요. 아주 조금 조립한 것이지요. 오리지널리티는 작은 부분에 지나지 않습니다. 진정으로 겸허한 예술가라면 인류의 커다란 역사, 유산에 편승한 티끌 같은 자신을 의식할 것입니다. 구체적으로 이야기하자면, 이상화의 시는 일본의 식민지 시절에 쓰인 것인데 '아, 나의 지금 사진과 매우 비슷하구나.'라고 생각하고, 그 시에 비유해보는 것으로 콜라보레이션이 실현된 겁니다.

아주 사적인 이야기입니다만, 저의 책(『원전의 재앙 속에서 살다』)이 한국에서 출판되었습니다. 그 책을 사흘 전에 정주하 선생이 가져다주었습니다. 정주하 선생의 사진이 6장이나 양면 펼친 크기로 들어 있었습니다. 정말 감동했어요. 이것이 바로 콜라보레이션입니다. 두 사람의 다른 세계가 상승효과를 내어, 별도의 더욱 훌륭한 것으로 완성된 것이지요. 그러니까 만일 이상화 시인이 살아 있다면, 정주하 선생의 사진에 자신의 시구를 사용한 것을 매우 기뻐할 거라고 생각합니다.

서경식 저도 한 말씀 드리겠습니다. 조금 전 의견에서 오리지널리티가 주된 문제인가요? 혹은 정주하 선생의 사진 해석이 문제라는 말씀인가요? 거기서 무엇을 느껴야 하는지에 대해 제가 어떤 방향성을 강요하고 있다는 말씀을 하시는 건지요? 구별이 되지 않습니다만, 후자의 의미도 있는 것처럼 들었습니다.

청중 A 네, 약간은 후자의 의미도 있습니다.

서경식 강요할 생각은 없지만, 다소 안 맞아 보이더라도, 이런 해석이 있다, 혹은 이런 해석으로 이 사진가와 콜라보레이션하고 있는 저 같은 사람이 있다는 사실은 꼭 알아주셨으면 합니다. 저도 처음에는 그 제목에 소극적이었어요. 한홍구 선생이 제안했을 때 바로 지금 말씀하신 것과 같은 약간 버거운 논쟁이 있겠지만 그래도 해볼 만한 가치가 있다고 생각했습니다.

예술작품은 완성된 독립물이기 때문에, 무엇을 느끼는가는 물론 보는 사람의 자유입니다. 그러나 정주하 선생은 한홍구 선생과 저, 또 그 뒤에 있는 예전에 죽은 시인의 제안을 받아들여서 현재의 문맥에 맞는 작품으로 만들었습니다. 그렇기 때문에 거기에는 1920년대 시인의 사상이 흘러들고, 조선인의 역사가 흘러들고, 현재 살아 있는 한국 역사가의 사상이 흘러들고, 재일조선인인 저의 사상이 불가피하게 흘러드는 것입니다. 제가 직접 '그것을 찍으세요.'라든지 '여기서 셔터를 누르세요.'라고 말한 것이 아닙니다. 콜라보레이션이라고 해도 작품을 보는 사람을 포함해 작품에 참가한 사람들 전원이 전적으로 같지는 않습니다.

103

그러니 그곳에서 들리는 대화에 꼭 함께해주세요. '나는 이렇게 읽는다. 너의 방식과는 다르다.'라는 것은 정말 상관없으니 함께하자는 이야기입니다.

사사키 선생님도 본인은 '희망'을 읽는다고 말씀하셨습니다. 대화를 계속 확대하는 것은 좋은 일이라고 생각합니다.

자유로운 마음을 빼앗기고 싶지 않다

청중 B 딱 한 장 인물이 나오는 사진이 있지요(사진 5). 그 사진 속에 제가 아는 분이 계셨습니다. 얼굴은 사진으로 봐서는 모르지만 입고 있는 옷으로 아는 분이라고 알 수 있었어요. 그분과 2개월간 함께 일을 했습니다. 이곳 미나미소마에 와서 맨처음 함께 일했고, 미나미소마에서 처음으로 사랑한 분입니다. 그분은 입버릇처럼 '자유로워지고 싶다'고 말했습니다. 그분은 2년 전 지진으로 집도 떠내려가고 모든 것을 잃었습니다. 그리고 이번에 새로 토지를 사서 집을 짓는 중에도 '자유로워지고 싶다'는 말을 몇 번이고 되풀이하셨습니다.

정주하 선생님의 사진을 보고, 거기에 적혀 있던 이상화의 시를 읽었을 때, '진정 자유로운 마음으로 나는 봄을 즐기고 싶다.'라는 시인의 목소리가 생생하게 제 마음에 울려퍼졌습니다. 물론 이상화가 일본의 식민지시대에 살았던 분이라는 것은 전혀 몰랐습니다. 저는 이번에 처음으로 이상화의 시를 알았습니다. 그러나 시를 읽고서 정말 자유로운 마음으로 봄을 느끼고 싶다고 생각했습니다. 시를 쓴 당시도 그랬겠지만, 지금 후쿠시마에서 일어난 일도 자유로운 마음을 빼앗아갑니다. 그래서 저는 여러 가지 일을 통해 인간으로서 나의 자유로운 마음을 빼앗기고 싶지 않다는, 원점 같은 곳에서 출발하고 싶습니다. 그리고 평화에 대해서도 생각하고 싶고, 원전에 대해서도 생각하고 싶어요. 이건 어디까지나 개인적 의견입니다.

서경식 감사합니다. 개인적인 의견일수록 말씀해주시면 감사하겠습니다. 다음 분 말씀도 듣겠습니다.

청중 C 소마 시에서 중학교 교사를 하고 있습니다. 이번에 서 선생님의 책을 흥미롭게 읽고 여쭙습니다. 아까 사사키 선생님이 '3·11 후에도 생활을 바꾸지 않는, 자기만 생각하는 젊은 세대가 많다.'고 하셔서요. 저는 그렇게 해석했습니다만. 저도 아마 그 세대겠지요. 어째서 일본의 젊은 세대가 그렇게 되었는가 생각해보면 재일조선인이나 원전 문제 등을 학교 현장에서 가르치지 않기 때문에 학생들이 대학교에 가기 전까지는 전혀 그런 역사를 배울 기회가 없다는 점을 이유로 들 수 있습니다. 그렇기 때문에 오늘 이 자리에서 더욱더 이웃 한국, 조선반도, 중국의 역사나 대일관계를 알아야 한다고 강하게 느꼈습니다.

서경식 사사키 선생 말씀은 저도 대학에서 가르치는 사람 입장에서 한편으로는 매우 공감합니다. 예를 들어 저희들 같으면 15년 전이나 30년

전 생활이 어땠는지 체험적으로 알고 있지만, 그 생활을 모르는 사람들에게는 완전히 미지의 세계이고, 생활을 바꾸는 것에 대한 두려움도 있을 테고, 또는 상상력의 범위 밖에 있기 때문에 어떻게 생각해야 할지 모를 수도 있겠지요. 그 이외에도 여러 이유가 있다고 생각합니다.

한편, 요전 선거결과(2012년 12월 중의원 의원 총선거)로 고령자가 어떤 투표 행위를 했는지 보면, 세대로만 설명할 수 없는 문제도 있습니다. 많은 사람이 '일본 사회가 이대로는 안 된다.'고 생각하면서도 그 생각을 실행에 옮길 수가 없습니다. 어째서 시스템의 파탄이랄까 피로에 빠져들어 버렸는지, 여러분도 좀 더 진지하게 성찰해야 합니다.

그리고 한국도 어떤 의미에서는 더 심각한 세대 간의 갈등이 있고, 젊은 세대가 사회적인 관심을 갖는 것 자체가 힘들 정도로 생활에 쫓기고 경쟁 사회에 쫓기는 현실이 있습니다. 원전 문제라는 공통점이 있는 것처럼 청년들이 경쟁 사회에 쫓기고 사회가 양극화되고 각자가 타인에 대해 관심을 가질 수 없게 되는 상황도 매우 흡사하다고 생각합니다.

청중 D 출장으로 일 년에 네다섯 번 조반센(常磐線)으로 우에노(上野)에 가면 귀가는 대개 막차를 탑니다. 불야성을 이루는 도쿄에서 돌아오면 전력을 공급하는 이곳은 암흑입니다. 원전과는 별개로 마음의 문제인지도 모르겠습니다. 나 자신의 풍요로움을 찾지 않으면 안 된다고 느낍니다.

서경식 저도 강연이나 연구로 한국에 가면 어째서 이렇게 전기를 많이

사용하고 있는가 생각합니다. 24시간 온 나라가 유원지로 착각될 정도
에요. 이게 대체 어떻게 된 일인가 싶습니다. 3·11 전에도 바뀌어야 한다
고 여러 번 한국 신문에 썼습니다. 하지만 3·11 후에도 전혀 바뀌지 않
아요. 일본은 그토록 밝던 도쿄도 조금 어두워졌습니다. 독일 정도의 밝
기라면 충분하다고 생각하는데, 아직은 독일이 일본보다 훨씬 어둡습니
다. 그런데 한국에 가면 그보다도 훨씬 밝습니다.

'사는 기쁨'이라든지 '사는 가치'를 주어진 조건 안에서밖에 생각
할 수 없는 속박으로부터, 어떻게 자유로워지는가의 문제라고 생각합니
다. 우리가 자유로워진다는 것은 자신의 즐거움의 주인이 되는 일이기
때문입니다.

그럼 제 얘기는 이쯤 하고, 두 분께 마무리 말씀을 듣겠습니다.

정주하 지금까지 사진가로서 여러 번 전시를 했습니다만, 이번 전시가
가장 아름다운 전시라고 생각합니다. 한 외국인 사진가가 방문해 여러
분을 바라보고, 그것을 표현해서 전시를 할 때, 여러분이 그것을 받아주
시고, 사진으로서 인정해주시고, 함께 대화해 주셔서 진심으로 감사합
니다. 아까도 말씀드린 것처럼 미나미소마에 대한 관심은 3·11 때문에
갑자기 생겨난 것이 아니라, 제가 이미 한국에서도 원자력에너지에 관심
을 두고 있었습니다. 앞으로 3·11은 사람들의 뇌리에서 점점 사라져가
겠지만, 여러분이 허락하신다면 적어도 1년에 한 번 정도는 죽을 때까지
미나미소마를 찾아와 계속 작업하고 싶습니다.

사사키 다카시 모처럼의 자리인 만큼 미나미소마를 선전하고 싶습니다. 미나미소마는 원전사고 재해를 입은 마을로 일본에도 세계에도 아마 그렇게 비춰지고 있겠지만, 우리 마을은 하니야 유타카, 시마오 도시오, 헌법학자인 스즈키 야스조(鈴木安蔵)나 「싸우는 병사(戰う兵隊)」라는 영화를 만든 가메이 후미오(龜井文夫), 혜성을 발견한 하네다 도시오(羽根田利夫)를 배출했습니다. 미나미소마는 원전 피해 마을로서만이 아니라 세계를 향해 새로운 일본의 모습을 보여주는 발신 기지가 될 수 있는 마을입니다. 우리 지역 사람들이 긍지를 가졌으면 합니다. 또 외국인들, 특히 정주하 선생을 비롯한 여러 분들과 교류를 할 수 있게 되었으니 그 긍지를 더 널리 알릴 수 있으면 좋겠습니다.

저는 노인이니 젊은 세대에게 기대가 큽니다. 그래서 일본의 젊은 세대, 한국의 젊은 세대, 중국의 젊은 세대, 동아시아의 젊은 세대와 진정으로 교류할 수 있게 되기를 바랍니다. 원전사고라는 불행한 사건을 통해 미나미소마라는 이름이 알려졌지만, 다른 면도 있다는 것을 앞으로 여러분과 함께 전하고 싶습니다.

자신의 약함을 수용하는 것

마루키미술관은 1967년에 개관하여, 마루키 이리(丸木位里, 1901~1995년), 마루키 도시(丸木俊, 1912~2000년) 부부의 작품인 '원폭도' 연작과 「미나마타도(水俣の図)」, 「난징대학살」 등을 상설 전시하고 있다. 미술관 앞뜰에는 관동대지진 때의 조선인학살을 기억하기 위해 마루키 화백이 휘호한 '통한의 비'가 서있다. 이 뜻깊은 장소인 '원폭도'의 옆 공간에서 제2회 정주하 순회 사진전이 열렸다. 오랜 기간 한일연대운동이나 반원전운동에 헌신하신 쇼지 쓰토무 목사가 대화에 참여해주었고 실행위원회의 하야오 다카노리가 사회를 맡았다.

2013 · 4 · 16

정주하 + 쇼지 쓰토무(東海林勤) + 하야오 다카노리

통역 조기은

사이타마 현 히가시마쓰야마 시 마루키미술관

하야오 다카노리　저는 후쿠시마 현 고리야마 시에서 태어났고, 2011년 3월에는 미야기(宮城) 현 센다이(仙台) 시에서 재해를 입었습니다. 지진으로 센다이 시는 전기, 가스, 수도 등의 인프라가 기능을 멈췄고, 시외로부터의 물류도 멈춰 고립되었습니다. 그런 중에 후쿠시마 제1원전의 사고를 알고, 방사능의 위험을 느껴 어린아이를 데리고 간사이(関西)로 긴급히 피난했습니다. 그리고 눈에 보이지 않는 오염, 영향이 미치는 기간을 생각하여 귀환하지 않고, 방사능 오염이 없을 것 같다는 이유로 야마나시(山梨) 현 고후(甲府) 시로 이주했습니다.

　　그 후에는 후쿠시마 현 및 그 주변인 미야기 현, 도치기(栃木) 현, 이바라키(茨城) 현 등 오염이 심한 지역으로부터의 피난 이주, 또는 '보양(保養, 어린이들을 피폭으로부터 보호하는 활동)'이라고 하는 활동을 시작했습니다. 여름방학, 겨울방학만이라도 어린이들이 밖에서 마음껏 지낼 수 있는 기회를 만드는 활동입니다. 또 전국적으로 비슷한 활동을 하는 단체의 네트워크인 '311 피해자를 돕는 전국협의회'라는 단체를 만들어 공동

대표를 맡고 있습니다. 이런 입장에서 이번 '빼앗긴 들에도 봄은 오는가' 라는 사진전의 주제, 즉 고향을 잃거나 억울하게 빼앗긴 경험에 대해서는 당사자로서 강한 관심을 갖고 있고, 이번 전시의 실행위원회에도 참가하고 있습니다.

정주하 선생은 도쿄전력의 원전사고가 일어나기 전부터 한국의 원전 문제에 강한 관심을 가지고, 한국의 원전 주변 사진을 찍어 『불안, 불-안』(정주하 지음, 눈빛, 2008년)이라는 사진집을 내셨습니다. 3·11 직후부터 원전사고에 큰 관심을 가지고, 여러 차례 피해지역을 방문해 많은 사진을 찍고 계시지요. 그리고 이곳 마루키미술관 전에는 후쿠시마 현 미나미소마 시라는, 원전에서 매우 가까운 곳에서 사진전이 개최되었습니다.

도쿄전력 후쿠시마 제1원전 북쪽에 위치하는 미나미소마 시는 일부가 20킬로미터 권내인 강제 피난에 해당하는 '경계구역'이 되었고, 그 주변에는 30킬로미터 권인 '피난준비구역'도 있고요, 또 그 밖의 지역도 포함하고 있어서 원전사고가 가져온 고향 상실이나 분단이라는 경험에서는 매우 상징적인 장소입니다.

오늘 좌담을 함께해주실 쇼지 쓰토무 선생은 목사님이십니다. 오랜 기간 반전, 반원전, 다양한 차별에 반대하는 시민활동을 기독교 종교지도자 입장에서 해오셨습니다. 베트남전쟁의 반전활동이나 반인종차별 활동, 그리고 후쿠시마 사고가 일어나기 훨씬 전부터 반원전활동을 해오셨습니다.

한국에는 기독교 신자들이 주축이 된 '민중신학'이라는 사상운동

이 있는데, 정치적 탄압에 민중이 어떻게 저항할 것인가 하는 문제의식
을 바탕으로 저항운동의 정신적 거점으로 매우 큰 역할을 했습니다. 쇼
지 선생은 한국의 민중신학 운동과도 연대해오셨고 일본 내 재일조선인
의 인권옹호 활동에도 관여하고 계십니다. 도쿄의 오쿠보(大久保)에 있
는 고려박물관에서도 활동하시고요. 선생도 어린 손주가 있기 때문에
2011년 원전사고 때, 즉시 가족들의 피폭 영향을 걱정해 간사이 쪽으로
긴급 피난한 경험을 갖고 계십니다. 오늘은 이런 다양한 배경을 가진 쇼
지 선생께 말씀을 들어보고 싶습니다.

그럼 정주하 선생의 작품 소개를 듣겠습니다.

'내재된 불안'

정주하 2013년 3월에 미나미소마 중앙도서관에서 전시회를 했는데, 그
때도 이런 공개 좌담이 있었습니다. 그때 많은 분들이 왜 한국인인 제가
미나미소마에 와서 사진을 찍고 있는지에 대해 관심을 보였습니다. 그래
서 이번에는 두 가지를 말씀드리려고 합니다. 전반부는 제가 한국에서
어떠한 작업을 해왔는가에 대해서이고, 후반부는 책으로 출간한 99점
의 사진을 소개하면서, 작업 당시 느꼈던 감정을 이야기해 보겠습니다.

저는 1958년에 태어나 1987년에 결혼을 했고, 1988년에 아들을
낳고, 1990년에 딸을 낳았습니다. 사진은 1973년도부터 시작했고, 여전
히 좋은 사진작가가 되려 노력하고 있습니다. 아직 유명하고 돈을 잘 버

는 사진작가가 되지는 못했지만, 이렇게 사진을 통해서 여러분을 만나고 제 생각을 전할 수 있어서 매우 영광스럽게 생각합니다.

이 사진은 「불안, 불(火)-안(內)」이라는 작품으로, 불안한 마음과 불 안쪽에 있다는 뜻의 중의적인 제목의 사진입니다.

2003년부터 2007년까지 5년에 걸쳐 한국의 원전 주변에서 살아 가는 사람들의 모습을 작업했습니다. 그 당시 제가 주목한 것은 원자력 발전소 주변에 살면서도 원자력발전에 대한 불안을 겉으로는 전혀 갖고 있지 않은 듯한 사람들의 일상입니다. 당시 저는 그들이 보여주는 현상 을 '내재된 불안'이라고 불렀습니다.

원자력발전소 주변의 바닷물은 다른 데보다 조금 따뜻합니다. 물론 정 부에서는 안전하다고 하지만, 그렇다고 해도 물고기를 잡아먹는 사람들 의 마음을 저는 이해할 수 없었습니다. 원전이 보이는 바닷가에서 사람 들이 놀고 있는 풍경은 한국에서 쉽게 볼 수 있습니다. 세계에서 원자력발전소에 저렇게 가까이 갈 수 있는 나라는 한국밖에 없지 않나 생각합니다.

2008년에 서울 아트선재센터에서 원자력발전소 주변을 촬영한 작품들을 전시했습니다. 그 후 원자력에너지에 대해 관심을 갖게 되어 2009년에는 자전거를 타고 오사카를 거쳐 가나자와까지 가면서 다카하마에 있는 일본의 원자력발전소를 구경하기도 했습니다. 또 2010년 8월에는 제가 가르치는 학생들과 함께 히로시마와 나가사키를 자전거로 여행하기도 했습니다. 그러던 중에 2011년 3월 11일 후쿠시마 제1원전의 소식을 듣게 됐습니다.

저는 일어난 사건에 관심 있는 사진가는 아닙니다. 제가 사진으로 세상을 볼 때 관심을 두는 것은 주로 사건이 아니라 '징후'입니다. 따라서 후쿠시마 제1원전 소식을 텔레비전으로 매일매일 보면서 안타까운 마음은 있었지만, 그런 어려운 상황을 사진으로 작업하겠다는 생각은 없었습니다.

그러던 중에 2012년 3월 서울에서 핵안보정상회의가 열린다는 소식을 듣게 되었습니다. 워싱턴DC에서 1차 회의를 하고 한국에서 2차 회의를 하는 건데, 2년마다 한 번씩 열립니다. 여러분들이 아시는 것처럼 한국은 남과 북으로 나뉘어 있으며, 여러 나라에서 북한의 핵에너지에 많은 관심을 보이고 있습니다.

그 회의가 서울에서 열린다는 뉴스를 접한 후에 저는 다시 한 번 미나미소마를 생각하게 되었습니다. 그 후 2011년 11월부터 2012년 2월 사이 미나미소마를 세 차례 방문했습니다. 제가 관심을 가졌던 것은 쓰나미와 발전소에서 새어나오는 방사능에 의해 피해를 입은 무참한 상황이 아닙니다. 그런 사건이 있었음에도 불구하고 너무나도 아름다운 자연과 그곳에서 변함없이 살아가야 하는 사람들이었습니다.

한국 속담에 '소 잃고 외양간 고친다.'라는 표현이 있습니다. 어떤 일이 일어난 다음에야 비로소 그 일에 관심 갖는 것을 비웃는 말인데요. 하지만 저는 '소를 잃었으면 외양간을 고쳐야 한다.'고 생각합니다. 그보다 소를 왜 잃어버렸는지에 대해 진실을 탐구하는 일은 더욱 중요하고요. 제가 후쿠시마에 가서 사진을 찍으면서 내내 마음에 가지고 있던 생각은 바로 이러한 것이었습니다. 그래서 제가 작업한 후쿠시마 사진에 '빼앗긴 들에도 봄은 오는가'라는 제목을 붙이게 되었지요.

후쿠시마 시에서 미나미소마까지는 직선거리로 약 60~80킬로미터 정도 됩니다. 그 사이에 료젠이라는 아름다운 산이 있고요, 료젠을 넘어가는 동안에는 사람이 전혀 살고 있지 않았습니다. 모두 소개(疏開)된 것이지요. 하지만 가을이 너무도 아름다운 산이어서 저는 흠뻑 취했습니다. (사진 1~3)

다음 사진(사진 7)은 고리야마에 있는 조선학교입니다. 안쪽에 보이는 파란색 비닐 덮인 것은 이 운동장에서 긁어낸 흙입니다.

다음 사진(사진 20)은 제가 미나미소마 시 카시마(鹿島) 해변으로 렌터카를 몰고 가서 하루 묵었는데, 새벽 2시에서 3시 사이에 하늘을 찍은 사진입니다.

해안가를 따라 촬영하던 어느 날, 바닷가의 방파제 쪽으로 가다가 누군가 나무인형을 방파제 위에 올려놓은 것을 발견했습니다. 나무로 된 조그마한 곰 인형의 시선이 태평양 너머 바다로부터 무언가를 애절하게 기다리는 듯한 느낌을 받았습니다. 그래서 후쿠시마 사진을 모아서 낸 사진집의 마지막으로 이 사진(사진 22)을 택했습니다.

하야오 다카노리 이어서 쇼지 선생님의 말씀을 듣겠습니다.

자신의 약함을 수용하다

쇼지 쓰토무 능력이 부족합니다만, 다양한 이야기들을 이끌어내는 계기가 되기를 바라며 제 생각을 이야기하겠습니다. 저는 1970년대 말부터 원전 문제에 관여하게 되었습니다.

　원전지역 스님들은 결코 공개적으로 밝히지는 않지만, 불교의 스님들은 원래 자기 제자나 신자들이 어떻게 죽었는지 알고 있습니다. 그 지역에 줄곧 절이 있었던 터라 민중들과 관계가 깊기 때문입니다. 물론 관계가 복잡하게 얽혀 자유롭지 않은 경우도 있습니다. 그럼에도 불구하고 분명하게 발언하는 스님도 있고요, 사실을 밝혀서 원전의 위험을 계속 경고하고 계세요. 이번에도 그런 스님을 만나뵙고 매우 감명을 받았고 도쿄에서 어떤 지원이 가능할까 하는 마음에서 왔습니다. 후쿠이(福井) 현의 다카하마, 오오이(大飯), 미하마(美浜), 쓰루가(敦賀) 부근은 '원전 긴자(銀座)'로 불리는데, 좁은 면적에 원자로가 13기나 집중해 있습니다.

게다가 쓰루가에 끔찍한 우라늄·플루토늄 혼합산화물(MOX) 연료를 사용하는 고속증식로 '몬주'*가 세워졌습니다.

그곳 스님들을 통해 원전 노동자를 만날 수 있었습니다. 그분들 이야기를 직접 듣고, 얼마나 무서운 일을 하고 있는지 알고 나니 마음이 요동쳤습니다. 그런 마음으로 일하는 분들이 만든 전기를 90퍼센트 이상 소비하는 측에 있으면서도, 내가 살고 있는 도시로 돌아오면 다시 그들의 고생에 관한 기억이 흐려집니다. 즉 남의 일이 되어버립니다. 그 점을 점점 각성하게 되었습니다. 정신을 차렸지만 어떻게도 할 수 없는 그런 상태였지요.

그런데 3·11 후, 원전사고가 일어났는데 '나는 왜 이렇게 멍청히 있었나?' 하고 매우 충격을 받았습니다. 원전에 관해 정부나 전력회사가 말하는 대로 '안전하다'는 정도로만 생각했던 사람들은 깜짝 놀랐겠지만, 저는 어느 정도 관여하고 있었기 때문에 그 큰 사고가 얼마나 무서운 일인지 즉시 알았습니다. 그래서 함께 살던 한 살과 세 살의 손주와 그 부모와 즉시 도쿄를 떠나 가능한 서쪽으로 갔습니다. 허둥지둥 열심히 갔어요. 그런데 저의 딸과 사위는 그런 위급한 상황일수록 회사에 가지 않으면 직장이 없어집니다. 해고당하지 않으려면 돌아와야 했습니다. 그래서 저희들도 언제까지나 피난처에 있을 수는 없었습니다. 한 살과 세 살짜리 손주가 갑작스럽게 바뀐 환경에 처해지고, 늘 함께 놀던 보육

● 일본 후쿠이 현 쓰루가 시에 있는 일본이 독자 개발한 고속증식로로 일본이 독자개발하여 1995년 8월 29일에 최초 송전을 실시하였으나 그해 12월에 나트륨 누출사고로 가동 중지되었다. 2010년 5월 6일에 운전을 재개했으나 같은 날 방사능 가스 검지기의 오작동 등 문제가 끊이지 않았고, 8월부터 재차 가동을 멈췄다. 2012년에 재가동할 예정이었으나 현재까지 미정이다.—옮긴이

원 친구들도 없게 되자 이상해지더군요. 그래서 데리고 돌아왔습니다.

그런데 피난 간 날이 3월 16일이었습니다. 무슨 말이냐면 방사선을 이미 실컷 뒤집어쓰면서 간 것이지요. 오히려 집에 가만히 있는 것이 좋았을지도 모르겠습니다. 그런 것을 나중에 알게 된 후에는, 이 정부가 목숨 갖고 장난을 치니 큰 범죄라고 생각했습니다.

'아차' 싶었던 것은 제 자신은 원전이 위험한 줄 알면서도 그 위험을 줄이거나 제거하는 일을 제 책임으로 받아들이지 않았었다는 사실입니다. 엄청나게 세게 머리를 한 대 얻어맞은 것 같았습니다. 1~3호기가 수소폭발을 일으키는 장면을 텔레비전으로 볼 때마다 '너는 무엇을 하고 있었나?'라며 제 머리를 때리는 것 같았습니다. 그래도 어떻게든 정신을 차리고 보니 원전 문제를 대하는 접근 방식이 달라졌습니다. 그렇다고 해도 역시 매일매일 위험에 노출된 사람들과 100퍼센트 같은 기분이 되는 것은 불가능합니다. 역시 한계가 있음을 느끼면서 활동하고 있습니다.

저는 목사이기 때문에 저와 제 종교, 제가 속한 교파(일본그리스도교단)의 책임에 대해 반성하자면, 우리 교파가 국가 정책에 따라 침략전쟁, 식민지지배에 가담한 사실을 전후에 제대로 되돌아보지 못했어요. 제 자신과 교파의 책임을 제대로 묻지 않았습니다. '역사는 생략을 허용하지 않는다.'라는 말이 있습니다만, 적당히 얼버무린 일들은 언젠가 반드시 책임을 지게 됩니다. 게다가 그것은 헤아릴 수 없이 많은 생명과 죽음에 관한 책임입니다.

여러분은 '목숨은 무엇과도 바꿀 수 없는 보물이다.'라는 오키나와에 전해 내려오는 말을 아시지요? 그런데 '너희들은 전쟁 때, 그리고 전후에 무슨 일을 했지?'라고 누가 묻는다면 정말 부끄러울 것입니다. 그런 과오를 직시하자, 즉 자신을 되돌아보자는 것입니다. 그리고 남의 목숨, 내 목숨이 소중하다면 원전도 원폭도 있어서는 안 된다는 것이 전부입니다. 여러 전제가 있어도 기본은 움직이지 않는다는 점을 서로 약속하고 함께해온 것입니다.

성경에도 '사람이 온 세상을 얻고도 제 목숨을 잃으면 무슨 소용이 있느냐'라는 구절이 있습니다(「마르코복음」8장 36절). 이 구절은 '누구든지 내 뒤를 따르려면 자신을 버리고 제 십자가를 지고 나를 따라야 한다'는 구절과 조화를 이룹니다(「마르코복음」8장 34절). 이번 전시를 위해 수고하시는 서경식 선생 가족과는 1970년 이래 많은 교제를 해왔기 때문에 그 동안에 제가 배운 것을 조금 말씀드리겠습니다. 일본의 천황제에 관한 이야기입니다.

제가 초등학교 2학년이었을 때, 국가총동원령이 발효되어 전시체제 일색이었던 무렵이었을 거에요. 방과 후 학교에 남아 놀거나 공부하는 사람은 국기 하강 때 종소리에 맞춰 전원 직립 부동자세로 국기를 주목하고 기미가요에 맞춰 경례하는 의식이 있었습니다. 그런데 저는 의식 시작 종이 울렸는데도 친구를 쫓아가다가 그만 두세 발짝 더 달렸습니다. 그 순간 '지금 달린 놈은 누구냐? 이름을 말해!'라며 엄청난 고함소리가 들렸습니다. '아차' 했지만 이미 늦었어요. 넓은 교정의 대각선이라서 상대의 모습은 보이지 않고, 그런 만큼 더욱 무서웠고, 네 번이나 반복된 '이름을 말해!'에는 무슨 일이 있어도 굴복시키겠다는 무서운 의지가 느껴졌습니다. 저의 이름에 반역자의 꼬리표를 붙이려던 것이니 인격을 부정한 것입니다.

그런데 문제는 그 후에 있었습니다. 저는 어리지만 본능적으로 '안전하게' 사는 길을 선택했습니다. 반발심과 공포가 완전히 없었던 것처럼 마음 깊숙이 밀어 넣고 태연하게 봉안전(奉安殿, 천황 사진과 교육칙어 등을 봉안하기 위해 학교 안에 만든 시설—옮긴이)에 절을 하고, 다른 아이들과 같은 학교생활로 돌아갔습니다. 학교에는 친구들이 있고, '좋은' 선생님도 있어서 즐겁게 놀고 공부할 수 있다. 그래서 '착한 학생' 노릇만 하면 아무 문제가 없다……. 이것이 얼마나 기만적인 생각인지는 더 다양한 만남을 통해, 제 삶의 방식을 엄격하게 성찰하고 나서야 알게 되었습니다.

하나만 더 말씀드리겠습니다. 저는 서경식 선생과 그 가족을 만나면서, 어려움에 부딪혔을 때 '나는 잘못된 일을 한 것이 아니야.'라는 태도의 중요함을 배웠습니다.

'패권을 다툰다'는 말이 있는데, 누가 가장 강한지 힘을 겨루는 것이지요. 일본 근대사는 내내 패권주의였습니다. 연이은 침략, 연이은 전쟁. 그렇게 일본은 뻗어 올라갔습니다. 패전 후에는 경제 침략입니다. 경제적 침략, 식민지주의를 국내외로 최대로 펼친 것이 바로 원전입니다. 이 일을 바탕으로 우리는 스스로에게 근본부터 되물어야 합니다.

그리고 진정 내 목숨이 소중하다면 남의 목숨도 소중하다는 생각으로 힘을 합쳐나가지 않으면 안 됩니다. 이 말씀을 전하고 싶어서 이 자리에 왔습니다.

저는 여든두 살입니다만, 나이를 먹으면 스스로의 약함을 받아들이는 것이 중요합니다. '약자' 입장이 되면, 사회의 비인간성이 보여요. 그래서 '약하다, 강하다'로 사람을 판단하고 구분하는 일 자체가 옳지 않습니다. 약자 입장에서 보면 한 명 한 명이 둘도 없이 소중한 사람이니까, 자신이 아무리 약하고 힘이 없어도 진심으로 자기자신을 받아들일 수 있습니다. 그리고 다른 사람도 모두 소중하다는 것을 알게 됩니다.

'나는 강하고 너는 게을러.'라든지 '자기 책임'이라든지 그런 형태의 압박에 추종해서, 강해지지 않으면 안 된다, 똑바로 하지 않으면 안 된다, 힘을 키워야 한다는 풍조가 있는데 이는 잘못된 것입니다. 우리는 오히려 그러한 틀 자체를 뛰어넘어야 해요. 그리고 이는 국가와 국가 사이에서도 마찬가지입니다. 국가와 국가가 싸워서 약한 나라를 쳐부수지요. 그렇게 되면 내몰린 쪽도 가만히 있을 수는 없으니, 마침내 무기를 들고 반격에 나서든지 핵무장을 하든지 합니다. 그러면 강한 나라는 합세해서 약한 나라를 쳐부숩니다. 이렇게 가면 언제까지라도 평화는 오지 않습니다. 그러면서 '국익'이나 '안전'을 위해서라고 합니다. 실은 그것이 가장 위험합니다. 지금 조선반도의 남쪽과 북쪽이 그런 위험을 품고 서로 노려보고 있습니다.

자신의 약함을 알고, 그런 약한 자신을 진정으로 수용하고, 그리고 우선 자기 주변에 있는 약한 사람들을 중심으로, 약한 사람들이 진정으로 잘 살 수 있는 사회를 만들기 위해 서로 연대해가는 것이 행복입니다. 현재 일본은 이와 반대로 가고 있고, 엄청난 불의가 지배하는 사회입니다. 그래서 매우 위험한 지점까지 왔어요. 이 위험에서 벗어나기 위해 가장 필요한 것은 무엇일까요? 그것은 당장 원전을 멈추는 일입니다.

정주하 선생의 사진, 예를 들면 료젠의 아름다운 산은 우아하고 기
품이 있어 정말 대단하지요. 정말 품이 넓어요. 자연의 아름다움에 감동
해서 큰 힘을 얻었습니다. 그러나 한편으로는 그 아름다운 자연을 인간
이 살 수 없는 장소로 만들고 있다는 문제—고향을 지워버리고 잃게 만
드는, 인간을 고향 없는 존재로 만들어버리는, 미래가 없는 인간으로, 미
래가 없는 세계로 만들어버리는 끔찍함이라는 문제를 제기합니다. 저는
그런 두 가지 메시지를 받았습니다. 양쪽 모두 매우 강한 메시지이기 때
문에, 어떻게 보면 좋을지, 약하고 작은 존재로서 어떻게 살아가야 하는
지 생각하고 있습니다.

경계가 없는 방사능 오염으로 흡수되는 경계선

하야오 다카노리 감사합니다. 지금부터 객석에 계신 여러분의 의견이나
감상을 듣겠습니다만, 그 전에 사회자 겸 당사자로서 세 가지만 보충하
겠습니다.

먼저, 이 사진전의 '빼앗긴 들에도 봄은 오는가'라는 제목의 유래
에 대해서는 한국의 저명한 역사학자인 한홍구 선생과 미나미소마부터
시작된 사진전을 기획하신 재일조선인 작가 서경식 선생이 같은 제목의
사진집에 설명을 하셨습니다. 일본의 식민지지배 시절 조선의 시인 이상
화가 쓴 시에서 이 제목을 따온 경위에 관해 쓰셨지요. 물론 이 시의 '빼
앗긴 들'은 일본의 식민지지배로 빼앗긴 조선반도의 토지를 가리킵니다.

식민지지배로 빼앗긴 들을 읊은 시를 원전에 의해 빼앗긴 토지에 빗대어도 되는가, 즉 일본이 다른 나라를 식민지로 한 것과 일본 국내의 토지를 일본 정부나 기업이 빼앗은 것은 대비 가능한 일인가 하는, 매우 어려운 문제가 남아 있습니다.

분명히 도쿄전력이 도호쿠 지방에 건설한 원전이기 때문에 중앙과 주변이라는 국내 식민지적인 문제도 포함됩니다. 하지만 그것이 일본에 의한 조선반도의 식민지지배라는 것에 해당되는가 하면 당장에 대비할 수 있는 문제는 아니지요. 그러나 메이지유신 이후, 도호쿠제압(東北制圧)의 연장선상에서 류큐처분(琉球処分)과 해외 침략이 있었던 것을 생각하면 깊이 통하는 문제는 있다고 생각합니다. 도호쿠에서 나고 자란 한 사람으로서 이 제목은 많은 것을 생각나게 합니다. 이것이 우선 첫 번째입니다.

두 번째는 매우 인상적이어서 조금 보충 설명을 하는 것이 좋겠다고 생각한 사진이 있는데요, 후쿠시마 현 고리야마 시에 있는 조선학교 교정을 찍은 사진 7입니다. 뒤편에 보이는 파란 비닐 아래에는 교정의 오염된 흙을 긁어모아 놓은 것이 있습니다. 후쿠시마 현 내에 있는 학교의 제염에는 공적 비용을 지불하고 있는데, 이곳 조선학교에는 지불하지 않았습니다. 그 후 다양한 교섭 과정을 거쳐 반액을 지불하게 되었습니다. 제염은 일방적으로 입은 공해 피해에 대한 회복 조치이고, 어린이들의 건강에 관한 문제입니다. 그런데도 비용의 반액을 지불하고 만다는 것은 인명의 무게를 절반으로 생각한다고 말할 수밖에요. 이런 곳에도 분단선이 그어져 있습니다.

고리야마의 조선학교 어린이들은 지진 직후부터 2011년 내내 니가타의 조선학교로 집단 소개(疏開)했는데, 피난구역 이외에서 학교 단위로 집단 소개를 실시한 것은 이 조선학교와 일본 사립학교 한 곳밖에 없습니다. 이 두 학교는 학교를 통째로 소개함으로써 어른들이 아이들을 진심으로 지키려고 한 것이지요. 이 아무도 없는 교정 사진을 보면 그런 사실들이 떠오릅니다.

세 번째로 보충 설명하고 싶은 사진은 감나무를 찍은 사진 6입니다. 후쿠시마 현의 북부 다테 시부터 현 경계를 사이에 두고 가까이 있는 미야기 현의 남부 마루모리마치(丸森町)나 시로이시(白石) 시로 이어지는 지역 일대는 감나무가 매우 많은 산지라서, 가을이 되면 온통 감 열린 것을 볼 수 있는 지역입니다. 동시에 감나무는 방사성 물질을 머금기 쉬운 나무이기도 해요. 감에도 엄청난 방사성 물질이 포함됩니다. 그 때문에 수확해서 출하할 수가 없지요.

잘 아시는 바와 같이, 1킬로그램 당 100베크렐 이상의 방사성 물질이 들어 있는 식품은 출하할 수 없는데, 원전사고 후에 열린 감은 그 정도의 오염이 검출됩니다. 게다가 이 지역의 감은 대부분 떫은 감으로 곶감이 명산물입니다. 가령 감은 100베크렐 이하였다 해도 말리면 수분은 빠져나가고 방사성 물질은 남기 때문에, 곶감은 방사성 물질이 수 배로 농축된 제품이 됩니다. 게다가 밖에서 말리는 중에 주변에서 방사성 물질이 부착되고 결과적으로 기준치를 넘게 되어 출하할 수 없지요. 지진 후에 다테 시의 산을 걸었던 적이 있는데요, 감나무의 겉껍질이 제염으로 하얗게 벗겨졌고, 수확할 수 없는 감이 그대로 방치된 것을 많이 보았습니다. 적막하고 가슴 아픈 풍경이었어요.

그런데 현의 경계를 넘어 미야기 현 쪽에서는 위기의식이 뚝 떨어져서, 같은 산지에 속하고 같은 정도로 오염되었음에도 불구하고 곶감이 만들어지고 있었습니다. 방사능에는 현의 경계가 없는데 의식이나 정책에는 경계가 있는 것입니다. 이 사진은 후쿠시마 현에서 태어나 미야기 현에서 지진 피해를 입은 저에게는 매우 인상적이었습니다.

원전과 원폭을 바라는 것은 누구인가

청중 A 전시되어 있는 사진을 처음 보았을 때에는 의도를 잘 모르겠다고 생각하며 감상했는데, 지금 이야기를 들으면서 우선 한국에는 네 곳의 원전이 있다는 것을 알았고요, 사진집『불안, 불-안』의 사진 속에 원전 바로 옆에서 주민들이 놀고 있는, 위험을 느끼지 않는 모습의 풍경을 보고 깜짝 놀랐습니다. 제가 이번 원전사고로 그 위험성을 알게 되었기 때문에, 그런 눈으로 보니 깜짝 놀란 것이지요.

게다가 원전이 있는 장소는 사람들이 사는 곳과 매우 가깝네요? 그런 위험과 인접해 있으면서도 위험을 느끼지 않는, 이런 사진을 본 후, 이번 일본 후쿠시마의 사진을 보니 분명 아름다운 풍경이지만 거기에는 사람이 없네요. 아름다운 자연은 눈에 보이지 않는 방사능으로 파괴되었습니다. 게다가 의도했는지는 모르겠지만 인물이 전혀 없는 것 역시 대조적입니다. 한국의 주민이 있는 사진과 일본의 사고가 일어난 후 사람의 흔적이 없는 사진이 대비된다고 느꼈습니다.

그리고 고리야마 조선학교의 제염에 관한 차별인데요. 일본이 조선을 침략했다는 것에 비추어 들으면, 하야오 선생님이 '분단선'이라는 말을 사용하셨는데 '분단선'은 말을 바꾸면 '격차'이고 '차별'이지요. '자조 노력'이라는 말은 듣기는 좋지만 권력자의 교묘한 표현이라고 느꼈습니다.

한국의 여러분도 일본 원전사고의 끔찍함을 알고 있는데, 최종 처리가 불가능한 원전이라는 것을 어떤 식으로 보고 있는지, 정주하 선생님이 전문가는 아니지만 여쭙고 싶습니다.

정주하 여러 가지 말씀 감사히 잘 들었습니다. 사진을 보는 일반 분들의 날카로운 시선을 느낄 수 있었습니다. 작가인 저는, 이 원자력발전 에너지에 대해서 어떻게 생각하는지, 그리고 나아가 우리가 이 원자력 문제를 없앨 수 있는지 마지막에 질문해주신 것 같습니다. 사실 제가 거기에 답을 드릴 수 있는 능력은 없습니다. 하지만 제 생각은 이렇습니다. 이 모든 문제를 한국에서든, 일본에서든, 미국에서든 에너지 문제로 생각하고 있지만, 이 에너지 문제를 개개의 시민들이 자기의 문제로 받아들이지 않는다면, 힘을 가진 권력자들은 언제나 우리를 이용하려 들 것입니다. 신자유주의 경제체제로 세계가 전환되어가면서, 세계는 우리를 점점 에너지 소비 주도형으로 몰아가고 있습니다. 자동차의 무한 생산이나 대도시에 밤낮을 가리지 않고 번쩍이는 네온사인 같은 것들이 우리 곁에서 사라지지 않는 한, 우리는 에너지 문제로부터 자유롭기 어렵다고 생각합니다.

일본은 지금 52개의 원자력발전소를 가동하지 않는데도 에너지 문제를 무사히 넘기고 있습니다. 현재 일본에서는 오로지 2기만이 운영되고 있다고 들었습니다. 그런데도 일본 국민은 절약을 아주 잘해서 이 에너지 문제를 잘 넘기고 있는데, 오로지 핵 마피아들만이 에너지를 위해 원자력발전소를 더 건설해야 한다고 믿고, 그와 동조하는 권력자들만이 다시 원전을 재가동해야 한다고 생각하고 있습니다. 그래서 저는 한국 국민도 원자력발전 문제를 에너지 문제로 받아들이면서, 한 사람 한 사람이 에너지 문제를 자기의 문제로 받아들일 때 비로소 이 문제가 해결될 수 있다고 굳게 믿습니다.

원자폭탄 문제도 저는 같은 맥락에서 이해하고 있습니다. 우리를 위험한 상황으로 몰고 가면서 원자폭탄의 필요를 확신하는 사람들은 모두 정치가들입니다. 그 정치가들과 함께 일하고 있는 군산(軍産) 복합체들이 원자폭탄의 존재를 요구하는 주체이지요. 우리 모두가 평화를 가슴 속에 품고 있다면, 당연히 원자폭탄을 전혀 필요로 하지 않을 것입니다. 그래서 저는 열심히 자전거를 타려고 노력하고 있습니다.

약한 자를 중심으로 산다

청중 B 쇼지 선생님께 질문드립니다. 인간의 '약함'을 받아들이는 것이 중요하다고 말씀하셨지요. 인간이 자연을 지배하려는 생각으로 여기까지 온 것이 이번 원전사고의 바탕에 있다고요. 저는 인간의 약함을 받아들인다는 것을, 인간이 자연과 일체가 되어 조화롭게 살아가야 한다는 의미로 해석했는데요, 그 해석이 맞습니까?

쇼지 쓰토무 매우 중요한 점을 말씀해주셨습니다. 왜냐하면 자연을 정복하는 자, 자신을 위해 자연을 이용하는 자가 싸움에서 이기지요. 저는 인간이 그런 생각으로 살아와서 막다른 길에 봉착했다고 생각합니다. 특히 많은 원전이 집중되어 있는 동아시아는 매우 위기입니다. 뭔가 조금이라도 이상한 일로 충돌이 일어나면 더 이상 평화는 있을 수 없어요.

그래서 자연을 소중히 여기고 욕망의 수단으로 삼지 말아야 합니다. 자연과 인간의 공존을 생각하고 자연을 존중하는 것은 인간의 책임입니다. 인간은 자연과의 신뢰관계를 중요하게 여기도록, 그렇게 만들어졌습니다. 저는 '목사'이기 때문에 말씀드리는데요, 그리스도교의 밑바탕에 있는 피조물의 세계라는 것은 하나님이 인간에게 준 선물입니다. 그러니까 자연을 함부로 처리해서 자신의 힘, 자기 욕망을 위해 사용해서는 안 된다는 생각입니다. 그리고 인간끼리도 신뢰관계 속에서 서로 돕고 오히려 약자를 중심으로 하는 사회, 약자를 중심으로 그들이 행복하도록 하는 것이 하나님의 사랑에 보답하는 자세입니다. 인간이 옆에 있는 하나님과 타인과 자연, 이 셋에 대하여 진심으로 좋은 관계를 만들어가면 이미 그곳에서 천국은 시작됩니다.

청중 C 둘도 없는 목숨, 약한 자를 소중히 여기라는 말씀이 있었는데요.

자연이라는 것은 조화로 이루어져 있어서, 즉 이유 없이 존재하는 벌레는 없고, 그 벌레가 있어서 조화가 유지되는 것이지요. 간단히 밟힐 수 있는 작은 벌레라도, 그 벌레 덕분에 여러 가지 환경 유지가 가능한 것이 자연이라고 생각합니다. 쇼지 선생님 말씀에서 한 발 더 들어가보면, 앞으로 인간은 자연과 조화를 이뤄 일체가 되어 살아야 합니다. '약한 것'이라는 의미를 저는 그렇게 이해했습니다.

'원폭도' 앞에서 원전사고를 이야기하다

청중 D 멋진 사진 보여주셔서 감사합니다. 일본은 1986년 체르노빌 사고 이후, 아줌마, 주부들을 중심으로 원전 반대의 목소리가 확산되었지만 그래도 원전은 없어지지 않았고, 결국 이런 사태를 불러오고 말았습니다. 일본은 히로시마와 나가사키를 경험했고 체르노빌 원전사고가 있었는데도 후쿠시마 사고를 일으키고 말았는데요, 한국에서는 체르노빌 원전사고를 어떻게 받아들이고, 원전 반대운동은 어떤 식으로 이루어지고 있는지 말씀해 주시면 감사하겠습니다.

정주하 1986년 체르노빌 사고가 일어났을 당시, 저는 독일의 쾰른에 있었습니다. 우연히도 원전사고가 있었던 근처에 있으면서 아주 생생하게 체르노빌을 경험했어요. 후쿠시마 사고 후, 독일은 모든 원자력 발전을 완전히 중지하겠다고 발표했고, 앞으로 2020년까지 모든 원전을 폐쇄하도록 결정했습니다. 독일 내에 '그뤼네'(Grüne)라는 시민운동이 정당으로 발전했고, 이 녹색당의 힘으로 원전 폐쇄를 일구어낸 것으로 알고 있습니다. 물론 한국에도 반전, 반원전, 반핵 단체들이 있습니다. 하지만 지난 대통령이었던 이명박은 한국 내 19개 원자력발전 시설의 건설에 직접 관여했던 건설회사 사장이었습니다.

일본에 3·11이 일어났을 때, 이명박 정권은 한국이 다른 나라에 원전을 수출할 수 있는 좋은 기회라고 생각했습니다. 실제로 아랍에미리트에 원전을 수출했지요. 이런 정치적 상황에서 어떻게 시민운동이 꽃을 피울 수 있겠습니까? 히로시마와 나가사키에 있었던 원폭투하도, 비키니 섬의 핵실험 문제도, 체르노빌도, 이번 후쿠시마도, 한국에는 거의 영향을 주지 않은 듯합니다. 적어도 일반인들에게는 말이지요. 지금의 보수정권은 한국의 대표적인 방송 보도 매체를 완전히 장악하고 있습니다. 그래서 일반 시민들은 원자력 문제가 정확히 어떤 것인지 잘 알지 못합니다. 후쿠시마 문제를 단지 이웃 나라의 불행한 일로만 생각하고 있지요.

하지만 지구는 둥글고 하늘은 이어져 있습니다. 따라서 이것은 절대로 일본만의 문제가 아니고, 우리 한국, 혹은 나아가서 아시아 전체, 더 나아가서는 세계의 문제라는 사실을 한국인들이 알아야 한다고 생각합니다. 이러한 문제들을 알리기 위해 대안 방송들이 생겨나고 있습니다. 일본도 마찬가지겠지만, 한국 국민도 일단은 정확한 진실을 알아야 생각도 하고 행동도 할 수 있어요. 이것이 한국 반핵운동의 현실이라고 할 수 있겠습니다.

청중 E 저는 2013년 2월 말에 친구와 함께 후쿠시마에 갔었습니다. 지진이 일어난 당시에는 자원봉사자로 가마이시(釜石)에도 갔습니다. 그 당시 지진 후의 상태는 공중폭격을 당한 것 같았어요. 제가 초등학교 때 본 원폭 사진과 비슷한 상황이었지요. 그런데도 국회에서는 변함없이 정쟁이 계속되고, 지역 복구보다는 권력투쟁에 몰두하는 모습이어서 매우 실망했습니다.

이다테무라에도 갔었는데 자동차가 길가에 그대로 멈춰 있고 일상적인 모습은 그대로인데 사람은 없는 장면들이 마치 귀신의 장난 같았습니다. 2년간 복구가 진행되었다고 하지만 원전사고로 피난 간 분들은 고향에서 쫓겨나 시간이 멈춘 상태지요. 그런 상황에서 자민당 정부는 다시 원전을 재가동하려고 합니다. 그와 동시에 당장 원전 재가동이 불가능하고 새로운 원전도 만들 수 없다면, 베트남이나 인도, 미얀마에 원전을 수출하자는 경제지상주의 시스템이 구축되고 있는 것 같습니다.

지금 온 일본에 흩어져 있는 원전 피해자와 마찬가지로, 한국에서 사고가 일어난다면 지리적으로 가까운 큐슈나 주고쿠 지역에 반드시 영향을 미칠 겁니다. 일본인은 그런 상상력을 발휘하여 경제지상주의라는 사고방식과 과학기술로 자연을 극복할 수 있고 경제성장도 이룬다는 가치관을 바꾸지 않으면 안 됩니다. 커다란 운동을 만들어 미래에 그러한 사회를 만들어 나갈 중요한 계기입니다.

하야오 다카노리 정주하 선생님과 쇼지 선생님께 마무리를 부탁드립니다.

쇼지 쓰토무 한 가지 충격적인 사실은 곶감의 방사능량이 높다는 것입니다. 저는 단것을 좋아합니다. 설탕은 몸에 나쁘지만 곶감은 정말 달고도 몸에 나쁘지 않아요. 좋아하는 음식이라 올해도 많이 먹었습니다. 이렇게 몸에 익숙한 일들 속에서도 방사능에 관해 일일이 생각해야만 하는 상황으로 내몰렸구나 하고 실감합니다. 이후 세대 사람들의 식량이나 건강은 어떨까 생각해보면, 우리는 후손들을 위험에 방치하고 이 세상을 떠나야 하는, 돌이킬 수 없는 일을 저지른 것입니다. 곶감 하나만 봐도 새삼 그런 생각이 듭니다.

그렇다고는 해도 역시 절망이 아닌 희망을 갖고 싶어요. 그 희망은 꾸며낸 것이 아니고, 인간이 얼마나 어리석고 실은 무력한지를 알려주는 힘, 그런 힘이 반드시 자연에 있다는 바람입니다. 그런 의미에서 정 선생의 사진이 훌륭하다고 생각합니다.

청중 F 한 말씀 드리겠습니다. 저는 제2차 세계대전 때, 도쿄에서 부랑아였어요. 쇼와23년(1948년―옮긴이)에 일본 국적을 얻을 때까지 어디의 누구인지도 모르는 채 살았고, 그것은 일흔세 살인 지금에 이르기까지 가슴 한켠을 짓누르고 있습니다. 원전도 전쟁도 근원은 극히 일부 사람들의 이기심이라고 생각합니다. 어지간히 좀 했으면 합니다.

하야오 다카노리 지금 나왔던 감 이야기가 상징하는 바는, 실은 이 미술관이 있는 지역도 오염을 면한 것이 아니고, 땅도 이어져 있고 하늘도 이어져 있다는 사실입니다. 그런 의미에서 딴 세상 이야기가 아닙니다. 이어져 있는 세상이니 정도의 차이는 있을지언정 여기에도 오염은 있습니다. 후쿠시마와 비교하면 10분의 1일지 모르지만, 그러나 확실히 방사성 물질에 의해 토지는 오염되었고, 어디를 가도 그것을 피할 수 없고, 완전한 안전지대에 몸을 두고 생활할 수 있는 곳은 없습니다. 3·11 이후 우리는 감 한 개에서 그러한 세계관을 배울 수 있다고 생각합니다.

정주하 저는 이 사진들을 일본에서, 또 한국에서 많은 분들과 같이 보면서 한 가지 희망을 가졌습니다. 일본에도 그런 표현이 있는지 모르겠네요, '약이 오른다'라는 표현이 있습니까? 약 오르잖아요? 저 맛있는 감을 못 드시잖아요! 멋진 곳인데 못 가시잖아요! 아름다운 바다인데 수영을 못 하잖아요! 여러분들이 약 오르고 화가 났으면 좋겠습니다. 그것이 제 희망입니다.

하야오 다카노리 마지막으로 '원폭도'가 있는 마루키미술관에서 이 사진전을 열 수 있었던 것은 매우 각별한 인연이고 필연적이라고 생각합니다. 우리가 원폭의 비참함이나 비인간성을 받아들이지 않은 것이, 전후에 원전을 끌어안은 사회를 만들어냈고 사고를 초래했습니다. 어떤 의미에서 '원폭도'를 부인한 귀결이라고도 할 수 있겠지요. 이런 마루키미술관에서 사진전을 개최할 수 있었던 것은 원전사회의 기원과 미래를 다시금 생각하게 하는 절호의 기회였다고 생각합니다. 감사합니다.

예술의 힘이란 무엇인가

제3회 전시회장은 도쿄 도내 신주쿠 구에 있는 갤러리 세션하우스가든. 갤러리 관장인 이토 다카시(伊藤孝) 씨가 사진전의 취지에 공감하여 전시장을 대여해주었다. 갤러리 지하 스튜디오에서는 일본과 한국의 댄스 합동공연을 개최하고 있고, 와타나베 이치에(渡辺一枝) 씨가 주최하는 '후쿠시마의 소리를 듣는 모임'도 열리고 있었다. 도심이어서인지 갤러리 좌담에는 좌석이 부족할 만큼 많은 관객이 모였고 활발한 의견 교환이 있었다. 정주하 작가 외에 후쿠시마 현 출신 철학자로 실행위원회 대표인 다카하시 데쓰야와 실행위원 서경식이 함께했고, 사회는 하야오 다카노리가 맡았다.

2013 · 5 · 7

정주하 + 다카하시 데쓰야(高橋哲哉) + 서경식 + 하야오 다카노리
통역 이령경

도쿄 도 신주쿠 구 갤러리 세션하우스가든

하야오 다카노리 참석해주신 여러분 감사드립니다. 먼저 사진전을 시작하기에 이른 경위, 그리고 3월에 미나미소마부터 마루키미술관을 거쳐 오늘 이곳에 오기까지의 활동을 서경식 선생이 말씀하시겠습니다. 이어서 정주하 선생께서 사진 촬영의 배경, 또는 사진의 보충설명을 포함한 이야기를 해주시고, 그에 대한 다카하시 데쓰야 선생의 의견을 듣겠습니다. 그 후 질의응답 시간을 갖는 순서로 진행하겠습니다.

두 개의 들을 빼앗긴 경험

서경식 2년 전 지진이 일어난 후 2011년 6월에 후쿠시마를 방문했습니다. 그리고 NHK 교육방송의 「후쿠시마를 걷다—디아스포라의 시선으로」라는 방송에 출연했습니다. 그때 본 풍경이 대략 정주하 선생이 사진에 담은 풍경입니다. 시계 사진은 욧시랜드라는, 미나미소마의 가이하마

해변에 있는 노인시설이 쓰나미에 휩쓸려간 후의 풍경입니다(사진 9). 그런 장면을 보고 돌아와 제 나름대로 여러 발언을 하기도 하고 글을 써왔습니다.

그해 여름에 오랜 친구인 역사학자 한홍구 선생에게서 사진가 정주하 선생을 소개받아 셋이서 원전사고 현장에서 무엇을 생각해야 하는지에 대해 이야기를 나눴습니다.

그리고 정주하 선생이 찍을 사진은 보도사진이 아니라는 데 동의했습니다. '현장이 이렇습니다.'라든지, '사고는 이렇게 일어났습니다.'라는 것을 보도해서 정보를 전달하려는 것이 목적이 아니고, 오히려 그 원전사고 현장에서 우리가 무엇을 생각해야 하는지 되묻고, 우리를 지적인 사색으로 이끄는 것이 목적이 되어야 한다고요.

그리고 한홍구 선생이 '빼앗긴 들에도 봄은 오는가'라는 제목은 어떤가 하고 제안하셨어요. 「빼앗긴 들에도 봄은 오는가」는 1920년대 조선에서 쓰여진 시입니다. 이 시를 쓴 시인 이상화는 1923년 당시 도쿄의 아테네프랑세에서 공부하고 있었고, 관동대지진 후 조선인학살을 목격했습니다. 그 후 조선으로 돌아와 다양한 사회참여적인 시를 쓰게 되었습니다. 시 「빼앗긴 들에도 봄은 오는가」는 《개벽》이라는 조선의 잡지에 실렸는데, 당시 일본 식민지 권력은 이 잡지에 다양한 압력을 가했고, 이상화 시인도 투옥과 석방을 반복하다가 해방 전에 세상을 떠났습니다.

그런데 후쿠시마 원전사고에 그와 같은 제목을 붙이는 것이 옳은지 그른지에 관하여 우리는 그 순간부터 지금까지도 생각하고 있고, 계속 논의하고 있습니다.

첫째는 '들을 빼앗긴다'는 말은 대단히 장기간, 몇 세대에 걸친 박탈의 경험을 상상하게 하는 상상의 계기입니다. 조선인에게는 일본에 의해 '들을 빼앗긴' 경험을, 현재의 후쿠시마나 일본 사람들의 경험에 비추어 상상해보는 계기로서 제안하는 것입니다.

반대로 일본 사람에게는 지금 자신들이 겪고 있는 일을 과거에 자신들의 국가가 조선에 행한 일에 비추어 상상하는 계기가 되게 할 수 있을 것인가 묻는 이야기입니다. 그런 계기가 되지는 않을 거라는 사람도 있고, 이런 비유 자체가 잘못 되었다는 사람도 있습니다. 그에 대해 여러분은 어떻게 생각하시는지 문제제기를 해보자는 것이 우리의 공통된 출발점이었던 것이지요.

이런 점을 염두에 두고 현지에 가서 촬영한 것이 정주하 선생의 작품들입니다. 2011년 11월이 처음이었는데, 그 후에도 여러 차례 현지에 가고 있어요.

한국에서 사진전이 열리고 사진집도 나오면서, 일본에서 전시할 수 없을까 하는 의견이 나왔는데, 제가 개인적으로 고민한 것은 현지인 미나미소마에서 전시회를 열어야 한다고 생각하지만 과연 가능할 것인지, 그곳 사람들은 어떻게 반응할지 하는 것이었습니다.

미나미소마에 살고 있는 사사키 다카시 선생께 용기를 내 의논했더니 꼭 하자고 하셨고, 미나미소마 시의 중앙도서관이 무료로 전시 공간을 빌려주어서 3일간이지만 전시할 수 있었습니다. 마침 지진으로부터 2년이 되는 때에 전시를 했어요. 정주하 선생도 현지에 오셨습니다. 그때의 반응은 솔직히 말해 더 깊이 생각할 과제를 안겨주었습니다.

'그래도 봄은 온다.'고 용기를 얻었다고 말씀하시는 분도 있었습니다. 이상화의 시처럼 자신들이 자유롭게 고향을 그리워할 권리조차 빼앗겼다는, 깊은 상실감을 느낀다고 말씀하신 분도 있었습니다. 그중 어느 한쪽이 정답이라는 것은 아니지만, 이처럼 작품이 계속해서 우리들에게 깊은 문제제기를 하고 있다고 믿고 있습니다.

그 후 그저께까지 사이타마 현 히가시마쓰야마 시에 있는 마루키 미술관에서 전시했습니다. 마루키 이리, 마루키 도시 부부의 작품과 이 사진들이 같은 미술관의 바로 옆 공간에서 전시되는 매우 귀한 기회가 실현되었습니다.

마루키 부부의 '원폭도'는 거의 매년 제 수업을 듣는 학생들을 데리고 보러 가는데, 특히 인상 깊은 것은 미술관 주차장에 있는 「통한의 비(碑)」라는 비문입니다. 그 비석은 미술관 주변에서도 관동대지진 때 조선인 학살이 있었다는 것을 잊지 않기 위해, 마루키 부부가 본인들의 토지에 본인들의 힘으로 세운 것입니다. 원폭 피해를 개인적인 피해, 일본인의 피해 경험으로만 이야기하는 것을 극복하고자 하는 드물고도 귀중한 업적이 그곳에 있다고 생각합니다.

미나미소마에 관해 한 말씀만 드리겠습니다. 실은 미나미소마에는 높은 전파탑이 있었습니다. 지금은 없어져서 기념공원만 남아 있는데 그 전파탑은 도쿄타워가 세워지기 전까지 동양에서 가장 높았다고 합니다. 관동대지진이 일어나기 2년 전에 세워졌다고 합니다.

사사키 다카시 선생이 말씀하시기를, 실은 그 탑이 수인들과 조선인 노동자들에 의해 세워졌다고 합니다. 높이 200미터나 되는 전파탑

공사는 매우 위험해서 그로 인해 희생된 사람도 많았다고 하는데, 공식 문서는 어디에도 남아 있지 않답니다. 중앙도서관에서 전시했으니 그야 말로 지역의 역사 문헌이 있는 곳인데 거기에도 남아 있지 않은 것입니다.

그러나 그 지역 사람은 전해 내려오는 이야기로 알고 있고 널리 알려져 있는 사실이지만, 새삼 다시 생각해내는 일은 없었다고 했습니다. 사사키 선생이 도쿄를 멀리 떠났다 돌아올 때면 높은 탑이니 어디서든 보였다고 해요. 과거에는 '아, 고향이다.'라고 느끼는 그리움과 긍지의 상징에 지나지 않았다는 사실에 생각이 미쳤다고 말씀하셨습니다. 너무나 고통스러운 일일 텐데도, 피해지역에서 가장 고통 받고 계신 분이 저희들의 문제제기를, 본인의 피해 경험과 타자, 이웃에게 행해진 가해의 경험으로 연결시키는 형태로 상상력을 작동시키는 계기로 만들어주셨습니다.

아직은 지극히 제한적인 움직임입니다. 이제 사건에서 고작 2년밖에 지나지 않았습니다. 아직 13만 명이 집으로 돌아가지 못하고 있어요. 그럼에도 불구하고 2013년 10월 아베는 터키와 원전수출계약을 맺었습니다. '세계에 자랑할 수 있는 가장 안전한 일본의 원전기술'이라고 말했습니다. 같은 해 3월에는 한 마리의 쥐가 감전되어 이틀간 정전되었고, 또 멜트다운이 일어나는 것인가 하며 가슴을 졸였었지요. 현지에 있었다면 어떤 기분이었겠습니까?

어디까지가 '현지'일까요? 후쿠시마가 아니면 안심해도 될까요? 이렇게 생각하면 정말 너무나도 터무니없는 엄청난 사태가 현재 진행되고 있는 것입니다.

왜 그렇게 되는 것일까요? 이는 정치적으로도 혹은 사회적으로도, 인간의 심리라는 면에서도 또는 철학적으로도, 깊이 고찰해야 하는 사안이라고 생각합니다.

저는 사고가 있고 곧바로, 이 사건은 일본 사회가 파시즘화하는 계기가 될 것이라는 예감을 글로 썼습니다. 대단히 유감스럽게도 평소에 비관주의자를 자인하는 제 예감 이상으로 그 프로세스가 진행되고 있는 듯합니다. 얼마만큼 우리가 그것을 저지할 수 있을까요? 오늘 이 자리에 모인 여러분이 작품을 보고 여러 가지를 생각하고, 주변 분들에게도 이야기하셔서 어떻게든 하나의 힘으로 연결시키고 싶습니다.

하야오 다카노리 다음으로 정주하 선생 말씀을 듣겠습니다.

'아름다운 자연' 속에서 무엇을 보는가

정주하 안녕하세요. 제가 생각하는 예술사진은 기록에 기반을 둔 사진입니다. 제가 후쿠시마 작업을 한다고 하니 많은 분이 보도사진으로 생각합니다. 하지만 저는 어떤 사건에 대한 관심보다는 그 '징후'에 더 많은 관심을 두고 작업해왔습니다.

저는 독일에서 유학을 마치고 1992년에 한국에 돌아와 '땅의 소리'라는 사진을 시작했습니다. 그 후 한국의 서쪽 바다를 촬영한 '서쪽 바다'를 작업한 뒤에, '불안, 불—안'이라는 작업을 하게 되었습니다.

일련의 제 사진 작업은 처음에 땅에서 시작하여 다음은 물, 그 다음은 불, 이렇게 진행되는 것이었습니다.

'불안, 불—안'은 2003년부터 2007년까지 한국의 원자력발전소 주변에서 살아가는 사람들의 사진을 작업한 것입니다. 거기서 제가 보았고, 작업해서 보여드리고 싶었던 것은 그곳에서 살아가는 사람들이 지니고 있는 '은폐된 불안'입니다. '은폐된 불안'은 원자력발전소 주변에서 살아가는 사람들에게 당연히 주어져야 하는 정보가 국가에 의해서 거의 차단되었다는 뜻입니다.

여러분도 잘 아시겠지만, 한국에서도 원자력발전소 주변 10킬로미터권에 사는 주민들에게 국가가 배포하는 물품이 있습니다. 사고가 일어났을 때 착용해야 하는 방호복과 먹어야 하는 약품입니다. 그러나 최근 밝혀진 바에 따르면, 그런 것들이 대부분 면장 집 창고에 있었다고 해요. 이것이 바로 은폐된 불안입니다.

원자력발전소 주변에서 살아가면서도 전혀 불안을 느끼지 못하는 듯 보이지만, 국가로부터 정보가 차단되었기 때문에 불안을 마음속에 안고 있을 뿐, 전혀 내색하지 못하는 것이라고 봅니다.

제가 보았던 이런 상황들을 사진으로 작업했고, 2008년 서울 아트선재센터에서 전시했습니다. 그 전시를 할 즈음 한국에서는 소고기 수입규제 완화에 항의하는 촛불시위가 한창이었기 때문에, 제 작업은 거의 사람들에게 잊혀졌고 별다른 주목을 받지 못했습니다.

그러다가 2011년 3월 11일 후쿠시마에서 날아온 비극적인 소식을 듣게 되었습니다. 사진가가 대개 그렇듯이 저도 매체를 통해 상황을 접했을 때 당장 달려가보고 싶다는 욕망이 일었습니다. 하지만 현상이 드러내는 강한 충격은 오히려 제가 가진 원자력에너지에 대한 생각을 해친다고 생각해서 억제하고 있었습니다.

그런데 2011년 3월 말경, 한국에서 2012년 3월 세계 핵안보정상회의가 열릴 예정이라고 알려졌습니다. 미국 오바마 대통령의 제안으로 워싱턴에서 제1차 회의가 열렸고, 2년 후인 2012년에 서울에서 2차 회의가 열린다는 것이었습니다. 소식을 접한 저는 원자력에너지에 관심을 두고 작업했던 작가로서, 후쿠시마에서 일어난 상황을 어떻게든 서울에 알려야겠다고 생각했습니다. 여기까지가 후쿠시마에 연결되는 제 작업이 시작되기까지의 경위입니다.

그 후 한홍구 선생을 통해 서경식 선생을 소개받고 옆에 계신 다카하시 선생과 다 같이 2011년 11월에 후쿠시마 시를 기점으로 고리야마, 미나미소마 등을 방문하게 되었습니다. 그 후 2012년 3월 전시를 하기 전까지 두 번 더, 총 3회에 걸쳐서 후쿠시마 현에 다녀왔습니다. 이번 사진전은 전부 늦은 가을과 깊은 겨울의 사진들입니다. 저의 주된 관심은 '빼앗겼으나 여전히 아름다운 자연'이고, 이를 통해서 우리가 무엇을 봐야 하는지에 대한 생각을 공유하고 싶습니다.

후쿠시마를 갈 때마다 주변에 저를 아끼는 분들께서 늘 두 가지를 조심하라고 합니다. 낙엽은 밟지도 말고, 고인 물은 절대 피하라고요. 여러분이 보시는 저 풍경은 시각적으로만 아름답지 촉각적으로는 절대 아름답지 않은 풍경입니다.

하야오 다카노리 다음으로 말씀하실 다카하시 선생은 후쿠시마 현에서 태어나 고등학교를 마칠 때까지 거기 사셨습니다. 후쿠시마 현에서 자랐지만 이후 도쿄에서 오래 생활하셨는데, 사고를 일으킨 원전은 도쿄전력이라는 점에 대해, 본인이 그 전력의 소비자라는 이중성 속에서 후쿠시마에 대해 생각하고 계십니다.

또 사고 후에 『희생의 시스템 후쿠시마 오키나와』(한승동 옮김, 돌베개, 2013년)라는 책을 쓰셨습니다. 방금 전 '빼앗긴 들에도 봄은 오는가'의 문제제기와도 겹치는 부분인데요, 오키나와 문제, 말하자면 일본 내에서 식민지 위치에 놓여 있는 오키나와와 도쿄의 원전이 위치하는 도호쿠 지방, 후쿠시마 문제를 함께 고찰한 책입니다.

'빼앗긴 들'의 보편성

다카하시 데쓰야 서경식 선생이 설명한 경위로 2011년 11월 한홍구 선생, 정주하 선생이 일본에 오셨습니다. 저는 후쿠시마 출신이라는 이유로 동행을 허락받았습니다. 11월의 후쿠시마는 추웠지만 함께 피해지역을 돌아보았습니다.

제가 3·11 이후, 처음으로 후쿠시마에 들어간 것은 그해 4월 10일이었을 거에요. 그로부터 반 년 정도 지나서 다시 한 번 같은 경로를 돌아보게 된 것이지요.

그때 정주하 선생과 처음 만났습니다. 저는 한국어를 못하기 때문

에 좀처럼 말이 통하지 않았는데, 반다이아타미온천(磐梯熱海温泉)의 대
욕장에서 정 선생과 단둘이 있게 되었고, 거기서 독일어로 이야기를 나
눴습니다. 다른 사람이 없었는데 정주하 선생이 첨벙하고 제가 있는 탕
에 들어오더니 갑자기 독일어로 말을 걸어온 겁니다. 깜짝 놀라 엉성한
독일어로 간신히 대응했는데요, 정주하 선생은 독일에서 유학하며 사진
을 배웠기 때문에 독일어를 잘한다는 것을 그때 알았습니다.

정주하 선생이 어떤 시선으로 후쿠시마를 사진에 담고 있는지 그
때는 몰랐습니다. 2012년 3월에야 알게 되었지요. 그때도 서경식 선생,
한홍구 선생과 함께였는데, 한국의 합천에 가서 비핵평화대회에 참가했
습니다.

식민지지배 하에, 히로시마와 나가사키에서 피폭당한 조선 사람들
대부분이 합천이라는 작은 산간 마을에 모여 살고 있습니다. 피폭자 마
을로 '한국의 히로시마'라고 불립니다.

그곳에서 피폭 2세들의 운동이 있었고 문제의식이 높아지는 가운
데 3·11 후쿠시마 사고가 일어난 것이지요. 한국 측에서 후쿠시마 문제
에 대해서 '반핵 평화'라는 문제의식을 공유하고 세계를 향해 함께 호
소하자는 요청이 있었기 때문에 저도 그곳에 참가한 것입니다.

그 후 서울에 들렀을 때, 한홍구 선생이 하는 작은 평화박물관에
서 이번과 동일한 정주하 선생의 사진전이 열렸습니다. 그곳에서 처음으
로 정주하 선생의 후쿠시마를 보게 되었지요.

첫인상은 그립다는 것이었습니다. 그리운 후쿠시마 광경을 매우 아
름답게 찍었구나가 제가 받은 인상이었어요. 그렇지만 생각해보니 이것

은 원전사고를 주제로 한 사진이 아닌가, 원전사고, 그것도 세계사에 남을 체르노빌급의. 커다란 재앙에 휩쓸린 후쿠시마를, 저에게는 매우 그리운 마음을 들게 하면서, 게다가 아름답게 찍은 사진. 이것을 어떻게 생각하면 좋을까 처음에는 제 안에 당혹감이 일었습니다.

그 후 이 사진전에 조선의 시인 이상화의 명시 「빼앗긴 들에도 봄은 오는가」를 중첩시키는 것의 문제에 대해 여러 의견이 있다는 사실을 알았습니다. 거기서부터 조선과의 관계를 통해 다시 한 번 고향을 응시하고, 고향에 이 사고가 일어났음을 다시 생각하는, 그런 프로세스가 시작되었습니다. 조금 거창한 표현으로 들릴지도 모르겠네요.

서경식 선생이 소개한 미나미소마의 전파탑 이야기는 저는 완전히 처음 들었어요. 등잔 밑이 어둡다고 할까요, 전혀 몰랐습니다. 뿐만 아니라 2011년 11월 후쿠시마에서 처음 방문한 곳이 고리야마 시 교외에 있는 조선학교였는데, 저는 고등학교까지 후쿠시마 현에서 살았는데도 후쿠시마 현에 조선학교가 있다는 사실을 몰랐습니다.

그 조선학교의 선생님이나 학생도 당연히 일본인과 마찬가지로 원전사고를 경험한 피해자가 되었습니다. 교정의 일부를 제염해서 긁어낸 흙이 구석에 파란 시트로 덮여 있었는데, 제염 비용도 당초에는 현의 원조에서 제외되었다고 하고, 당시 조선학교 학생들은 방사능을 피하기 위해 니가타의 조선학교로 가서 주말에 돌아온다고 했습니다.

이런 일을 일본인은 후쿠시마의 경험으로 과연 얼마나 공유하고 있을까요. 저 역시 후쿠시마 출신이면서 그런 학생들에 관해 몰랐고, 그때 처음 알게 된 것입니다.

정주하 선생과 반다이아타미온천에서 함께 목욕하기 직전에는, 다카다마킨잔(高玉金山)을 방문했습니다. 그곳은 일본에서도 굴지의 금광이었는데 후쿠시마 현의 거의 정중앙에 있습니다. 지금은 갱도로 들어가 내부를 견학하도록 되어 있는데요, 그곳에서도 전쟁 때에 조선인들이 강제노동을 했습니다. 다카다마킨잔에 대해서는 학교에서 배운 기억이 있는데 거의 잊어버렸습니다. 조선인 강제연행, 강제노동이 있었다는 것은 전혀 몰랐고요. 이것도 원전사고가 없었다면 모르고 지나갔을 역사인 것입니다.

이런 역사를 정주하 선생과 함께 한 여행에서 알 수 있었습니다. 이 상화의 시를 중첩시켜서 던지고 있는 물음을 어떤 식으로 받아들이고 응답해가는 것이 좋을지, 이에 대해 지속적으로 생각하려고 합니다.

2012년 1월에 『희생의 시스템 후쿠시마 오키나와』라는 작은 책을 냈습니다. 3·11 이전에 큰 문제였던 오키나와 미군기지, 특히 후텐마비행장 이설 문제와 관련하여 하토야마 내각이 무너지는 사건이 있었습니다. 실은 3·11 전에도 저는 오키나와의 미군기지 문제를 가리켜서 '희생의 시스템'이란 말을 사용해서 글도 쓰고 이야기도 했습니다. 전후 헌법 9조가 있어서 평화로웠다고 일방적으로 말하겠지만, 헌법이 다양한 문제점을 포함하고 있을 뿐 아니라, 특히 오키나와의 희생이 있었기에 비로소 성립되었다고밖에 볼 수 없지 않은가, 이 희생을 어떻게 이해할 것인지 돌이켜봐야 하지 않는가 생각하고 있었습니다.

그러던 중에 대지진, 원전사고가 일어났습니다. 저는 물론 큰 충격을 받았고 고향을 잃을 수도 있다는 두려운 경험을 했는데, 그러한 엄청난 위험이 원전 입지 지역에는 진즉부터 강요되고 있었음이 명백해졌습니다. 저 자신이 도쿄전력의 소비자로서 고향에 이토록 엄청난 위험을 안겼는데, 이를 어떻게 받아들이면 좋은가 하는 생각도 들었습니다.

몇 가지 논점이 더 있는데, 원전 그 자체를 '희생의 시스템'이라고 해도 좋을지, 그렇다면 후쿠시마와 오키나와—닮은 면과 지극히 다른 면 양면이 있습니다만, 양쪽을 정확히 보아야 하지요—감히 이 둘을 연결해서 '희생의 시스템'이라는 문제로 제기해도 괜찮을지 걱정도 되었습니다. 하지만 원전 문제를 생각하는 동시에 오키나와 문제도 생각해야 한다는 문제제기를 하고 싶었습니다.

이상화의 시는 일본 제국주의에 의해 식민지지배를 당하고 다양한 고난을 강요당한 조선민족 사람들의 생각을 매우 아름다운 시문에 담아 표현했다고 봅니다.

이 시를 통해 조선 사람들이 후쿠시마의 고난을 상상하게 하는 것이지요. 동시에 저희 같은 일본인에게는 후쿠시마의 '재앙(disaster)'이 단순한 재앙으로 그치는 것이 아니라 과거에 우리가, 우리 일본이 '빼앗아버린 조선의 들판'과 그곳에 살았던 사람들의 고난을 어디까지 상상할 수 있겠는가 하는 물음을 던지고 있다는 사실도 점점 깨닫게 되었습니다.

이상화 시의 제목 '빼앗긴 들에도 봄은 오는가'를 오키나와에 그대로 적용해도 좋겠다는 생각이 듭니다. 아까 서경식 선생 말씀처럼 '들을 빼앗긴' 상태지요. 지극히 오랜 기간에 걸쳐 이런 상태가 강요된다는 것이 하나의 포인트라고 말씀하셨는데, 오키나와는 어떨까요? 오키나와

전쟁 이래 이미 70년 가까이 미군이 점거하고 있고, 일본 정부는 미일안
보체제, 미일안보조약을 체결하여 필요에 의한 것이라는 논리를 내세워
지금도 오키나와 사람들의 항의를 무시하고 다양한 일들을 강행하고 있
습니다.

　오키나와의 방대한 토지를 '총검과 불도저'로 미군에게 빼앗겼고,
일본으로 복귀한 후에도 반환받지 못하고, 오히려 일본 정부에 의해 필
요로 여겨지는 지금과 같은 상태. 그야말로 오키나와도 '빼앗긴 들'이고
그곳에는 언제 '진정한 봄이 올까'를 계속해서 묻고 있다고 생각합니다.

　이런 의미에서 정주하 선생의 사진에 중첩된 「빼앗긴 들에도 봄은
오는가」라는 이상화의 시가 던지는 물음은 매우 넓은 범위의 사정(射程)
을 지니고 있다고 봅니다. 이상화 시의 언어가 갖는 보편성을 새삼 느끼
고 있습니다.

하야오 다카노리　전시되어 있는 조선학교의 사진을 보면(사진 7), 운동장
구석에 제염한 흙더미가 파란 시트로 덮여 있습니다. 제염비용에 관해
서는 결국 나중에 교섭을 통해 반액을 받기로 되었습니다. 교정의 표토
가 방사성 물질에 오염되어 높은 방사선을 내보내는 상태이고 그것을
제거하는데 한 곳의 교정에만 1000만 엔 단위로 돈이 드는데, 전액 공
적 조성금으로 지급하는 일본인 학교와는 달리 조선학교에는 지급하지
않았습니다. 모금으로 돈을 모아서라도 하자고 했는데, 결국 반액을 지
급받는 것으로 결정되었습니다. 그러자 반액의 의미는 대체 무엇인가,
사람 목숨의 무게가 절반이라는 뜻인가 하는 비판도 있었습니다.

체제 편에서 뻔뻔함을 추종하는 남성들을 바꾼다

청중 A 저는 주부인데요, 이런 사실을 알았을 때 보통의 주부가 사회에 어떤 역할을 하면 좋을까요? 조언을 주시면 감사하겠습니다.

서경식 '보통의 주부'란 무엇인가 생각하니 매우 어렵습니다만(웃음), 제 생각은 이렇습니다. 3·11 이전과 이후로 나누어 보면, 3·11 이후는 이전에 가졌던 표면적인 원칙조차 잃어버린 것이 매우 노골적이고 명백하게 겉으로 드러났습니다. 예를 들어 노다(野田) 정권이 원전사고 수습선언(2011년 12월 16일)을 했지요. 아무도 그것을 안 믿고 있지 않습니까? 그럼에도 수습한 것으로 해두자는 식으로 일본 국민 다수가 동의한 것입니다. 일종의 자발적 공범관계를 맺은 것이나 다름없지요.

지금도 그렇지 않나요? 아베 정권이 외국에 떠벌리는 말은 원전 추진파조차 미처 생각지 못한 것들이지요. '일본이 가진 최고의 안전기술' 같은 것까지는요. 뭐라고 욕을 해도 이 길밖에는 없다, 명백한 돈벌이를 위해서, 눈앞의 안락을 위해서는 이 길밖에 없다, 입바른 말은 그만해라 하는 속내를 드러내며, 그때까지는 표면적 원칙 때문에라도 지니고 있던 조심성이 사라지고, 거침없는 뻔뻔함이 등장했습니다. 이런 뻔뻔함의 극치가 이시하라 신타로(石原慎太郎)나 하시모토 도오루(橋本徹)지요.

'보통의 주부'라는 개념으로 설명할 수 있을지는 모르겠지만, 여론조사를 보면 여성과 남성 간에 명백한 차이가 드러납니다. 여성 쪽이 원전 재가동에 반대하는 사람이 많습니다. 후쿠시마와 그 밖의 지역과도 차이가 있습니다. 후쿠시마에서는 절반 이상이 재가동에 반대하지만 그 밖의 지역에서는 재가동 반대 의견이 30퍼센트 정도밖에 되지 않아요. 남성과 여성을 비교하면 여성이 압도적으로 많습니다.

후쿠시마로부터 떨어져 있는 남성이 이해관계 속에서 체제 측의 뻔 뻔함을 추종하고 있는 것이지요. 역으로 여성들의 감성이나 감각은 히스테리라고, 감정적이라고, 알레르기 반응이라며 밀어내려 합니다. 하지만 저는 더 많은 히스테리를 부려야 한다고 생각합니다. 히스테리를 부리는 것이 당연합니다. 히스테리를 부릴 수밖에 없는 상황이니까요.

구체적인 조언은 어렵지만, 여성 여러분은 자기의 직감, 불안감에 더욱 충실해도 좋다, 그 감각을 여러분 주위에 퍼트려도 좋다고 생각합니다. 특히 여러분과 함께 있는 남성이나 주변의 남성들에게 표출하는 편이 좋다고 봅니다.

청중 B 와타나베 가즈에(渡辺一枝)라고 합니다. 저도 2011년 8월부터 미나미소마에 다녀왔습니다. 현지 분들의 목소리를 잡지에 기고하는 활동을 하고 있는데요, 그것은 저를 통해 전달되는 말일 뿐, 당사자들 목소리는 아니라는 안타까움을 느꼈습니다. 그래서 후쿠시마 사람들의 목소리를 직접 들어주셨으면 하는 생각으로 이곳 세션하우스에 현지 분들을 모셔서 이야기를 듣는 좌담 모임 '후쿠시마의 소리를 듣자!'를 진행하고 있습니다.

도쿄에 있는 동안에는 금요일의 총리관저 앞 항의 집회에 참가했는데, 그곳에도 후쿠시마의 목소리는 별로 도달하지 않는 것 같아요. 현지의 소리를 들으면 삶이 송두리째 뜯겨나가는 깊은 슬픔을 느낍니다. 정주하 선생님의 사진에서는 현지 사람들의 그러한 생각이 느껴집니다. 항의 집회를 하는 사람들에게도, 한 번만이라도 좋으니 현지에 가보라고 권합니다. 그 할퀸 상처의 슬픔을 느낀 후에 재가동 반대를 말하면 후쿠시마만의 문제가 아닌 내 일로 여겨질 테니까요. 오키나와도, 과거의 조선반도도, 타이완도, 중국도, 지금 현재 다른 곳들에서도 비슷한 일들이 일어나고 있는데, 그런 일들과 내가 이어질 수 있지 않나 생각합니다. 방금 전 말씀하신 분이 보통의 주부라고 하셨는데요, 꼭 한 번 현장에 가보시기를 바랍니다.

불안을 억누르는 현지의 공기

청중 C 후쿠시마에 가서 어떤 분과 만나고 어떤 대화를 나누셨는지 궁금합니다.

다카하시 데쓰야 저는 지진피해 이후 2011년 4월에 처음으로 피해지역인 이다테무라와 미나미소마 등에 갔고, 후쿠시마 현에는 20회 정도 여러 가지 이유로 갔습니다.

여러 사람들, 원전에서 가까운 사람, 비교적 먼 사람, 또는 연구회나 강연회에 온 사람 등에게 각지에서 질문을 받고 이야기를 들었습니다. 전체적으로 정리하기는 어렵지만, 예를 들어 보겠습니다. 아이즈(会津)

지방은 원전에서 비교적 멀기 때문에 방사성 물질에 의한 영향이 크지 않고, 공간 선량도 낮았는데, 다만 소문으로 인한 피해가 심하다고 알려졌지요. 사실은 괜찮은데 쌀이나 농산물 산지가 후쿠시마라는 것만으로도 못쓰게 되었고, 관광도 후쿠시마라는 이유만으로 안 오게 되었다고 알려져 있습니다.

작년 가을 미나미아이즈에 갔었는데요. 아이즈의 가장 남쪽 깊은 산간 지역입니다. 소문으로 인한 피해를 가장 심하게 입은 곳이라고들 하죠. 그런데 지난주 시라가와(白河) 시에 갔을 때 들은 바로는, 미나미아이즈에서 최근 장작을 태웠더니 킬로그램 당 8000베크렐 정도의 수치가 검출되었다고 합니다. 실은 아이즈도 피해가 있다는 이야기였습니다.

실질적인 피해는 후쿠시마 현 경계 안쪽에 한정되지 않고, 광범위하게 확대되었습니다. 후쿠시마 현 내 어디를 가더라도 역시 방사능의 불안에서 벗어날 수 없는 것이 아닐까요?

나미에마치의 경계구역이었던 곳에 본가를 둔 친구가 있어 한 번 그곳에 출입한 적 있는데, 친구는 선량이 너무 높아 이제는 그 집으로 돌아갈 수 없다고 각오하고 있었습니다. 그 집 주변에 잡초가 대량으로 우거져 있는 것을 보고, 인가는 1년 이상 방치하면 못쓰게 되는구나 생각했습니다.

친구의 자녀들이 '집으로 돌아가고 싶지 않아, 돌아가면 죽잖아.'라는 식으로 이야기한다고 합니다. 아이들에게 그런 공포심, 불안감이 확산되고 있는 것이지요.

다만 그런 것을 드러내서 말할 수 없고, 걱정이라든지 무섭다든지 위험하다든지, 그런 말을 하면 불안을 부추긴다는 식으로 매도되고, 오히려 차가운 시선을 받을 수도 있는 상황이랍니다. 많은 분들이 매우 어려운 분위기 속에서 살고 있다는 느낌이었습니다.

하야오 다카노리 저는 후쿠시마 현 고리야마 시에서 태어났습니다. 사고 당시에는 미야기 현 센다이 시에 살고 있었는데요, 원전에서 90킬로미터 거리였기 때문에, 사고 후 즉시 아이들을 데리고 피난 갔습니다.

뒤이어 피난 오는 사람들을 위한 활동을 했는데, 수습선언이 나오자마자 안전 캠페인이 시작되었습니다. 사진에서 보는 것처럼 방사능은 보이지 않기 때문에, 엄청난 양의 방사능이 있는데도 보지 않으려고 하면서 일상생활을 합니다. 공공연히 입 밖에 내서 말할 수는 없지만 실은 다들 불안을 느끼고 있습니다.

지금 저는 현지상담회라는 형태로, 전국의 피난민을 위한 활동을 연결시키고 정보를 제공하고 있습니다. 완전히 이주해버린 사람도 있고, 당분간 모자 소개(母子疏開)—소개라는 말을 쓰는 것은 전쟁 이래 처음이라고 생각하는데요—형태로 어머니만 아이들을 데리고 나오고 아버지는 일자리와 집을 지키는 경우도 있고, 봄방학과 여름방학 등에 며칠간 보양을 오는 사람도 있습니다. 어떻게든지 나가고자 하는 분들과 상담하고 도움을 드리고자 원전사고 피해지역을 방문하고 있습니다.

그러면서 공통적으로 듣는 이야기는, 주변이나 직장에서도 피폭 불안에 관한 이야기를 나눌 수 있는 분위기가 아니라서 고립감을 느낀다는 것입니다. 며칠 전에는 특히 오염이 심한 이다테 시에 다녀왔는데,

그런 곳에서조차 상담소에 온 어머니들은 '선량계를 가지고 있으면 사람들이 안 좋은 시선을 보내고, 어딘가 이상한 사람 취급을 한다.'고 말했습니다. 선량계는 불안을 부추기는 물건으로 간주하기 때문에 사용할 수 없다고요.

외부에 와서 상담 모임을 하면 일정 수의 사람들이 모이고, '아, 나 말고도 불안을 느끼는 사람이 있었구나.' 하게 됩니다. 그래서 모임에서는 상담, 설명만 하는 게 아니고 차를 마시는 공간을 만들어 찾아오는 분들이 불안을 토로하면 열심히 듣습니다. 잠재적인 상황으로 보면, 불안을 느끼지 않는 사람은 아무도 없지 않나 생각합니다. 다만 이야기할 수 있는 공간이 없는 것이지요.

피해지역에서는 주변의 압력, 미디어의 압력에 더하여 엄청난 안전 캠페인이 펼쳐지고 있습니다. 괜찮다, 안전하다고 주장하는 '전문가'를 데리고 와서 안전과 안심을 주장하는 강연회가 지역 단위로 많이 열리고 있어요. 이와는 반대로, 바깥의 안전권역에서는 '왜 저런 오염지대에서 사는 거지? 빨리 나오면 좋을 텐데.'라고 보는 것도, 역시 현지의 분위기를 이해하지 못하는 태도라고 생각합니다. 아까 한 번만이라도 좋으니 현지를 봐달라고 발언하신 분의 말씀에 공감합니다. 현지와 외부에는 너무나도 메우기 힘든 간극이 있는 것이지요.

'지금 여기에서'가 아니고 '지금 여기부터'

청중 D 저는 태어난 곳도 자란 곳도 도쿄입니다만, 아버지의 산소가 이나와시로(猪苗代, 후쿠시마의 거의 한가운데 위치한 마을—옮긴이)에 있습니다. 이번 지진을 계기로 여러 가지 기억이 되살아나 눈물이 나서, 저 자신도 놀랄 만큼 마음 깊숙한 곳으로부터 울었습니다. 현장에 가는 일의 중요성은 말씀하신 대로라고 생각하지만, 방사능은 보이지 않는 것이고, 사진을 보는 것으로도 일종의 현장성을 느낄 수 있었어요. 예술가들이 이상하게 고조되어 피해지역에 가서 '부흥'을 외치며 어린아이들과 예술활동을 벌이기도 했습니다. 이것도 중요한 활동일 수 있다고 생각하지만, 잘 들여다보면 놀랄 만큼 후쿠시마가 드러나지 않습니다. 정주하 선생님이 말씀하신 것처럼 보이지 않는 것, 점점 멀어져가는 것을 어떻게 현실감을 가지고 가시화하고 담론화할지, 또 어떻게 그것을 공유할 장을 만들어낼 수 있을지 하는 문제가 절실히 요구되고 있습니다.

이상화의 시를 보면서 몇 십 년이나 지난 일이니 이제 관계없다고 생각해서는 안 된다고, 후쿠시마도 바로 그런 길로 들어섰다고 자각했고요. 함께 생각해나가지 않으면 우리 사회가 점점 이상한 방향으로 나갈 것 같다고, 정 선생님 작품을 보면서 새삼 느꼈습니다.

일본에서의 사진전 반응이나 느끼신 점, 앞으로 하고 싶은 일들을 말씀해주십시오.

정주하 저는 사진가이기 때문에 제가 할 수 있는 일에는 한계가 있다고 생각합니다. 하지만 후쿠시마를 한국에 있는 젊은 친구들에게 제대로 소개하는 일이 시급하다고 느낍니다.

제가 지금 후쿠시마에서 느끼는 것은 '지금 여기에서'가 아니라 '지금 여기부터'입니다.

한국도 방사능 문제에 대해서 절대 자유롭지 않습니다. 한국과 일본이 연대해서 함께 노력해야만 이 문제를 풀어나갈 수 있다고 믿기 때문에, 한국의 젊은이들에게 지금의 후쿠시마를 알리고 싶습니다. 그런데 제가 만일 한국의 젊은 친구들과 함께 후쿠시마를 방문하려고 하면, 과연 그들의 부모가 허락할 것인가 하는 점이 어렵네요. 부모들은 한편으로는 불안을 은폐하고 있으면서도, 한편으로는 불안을 적극적으로 자기를 지키기 위한 방어 수단으로 쓰기도 합니다.

그래서 불안의 이 두 지점을 오가면서 젊은이들에게 무엇을 얘기하고 무엇을 알려야 하는지가 지금 저에게는 큰 숙제입니다. 그래서 일단 제 아이들부터 데리고 오려고 합니다.

서경식 잠깐 공지사항이 있습니다. 당초 순회 전시회는 여기서 끝마칠 예정이었지만, 오키나와의 사키마미술관에서 2013년 7월 24일부터 8월 26일까지 전시하고 싶다는 요청을 받았습니다. 이것도 이번 전시회 반응의 하나라고 생각합니다. 마루키미술관과 사키마미술관 모두 마루키 이리, 마루키 도시 선생의 작품이 전시된 일본 속의 특정한 장소라고 할 수 있는데, 좋은 일이라고 생각됩니다.

하야오 다카노리 한두 분만 더 마무리 발언 받겠습니다.

청중 E 니가타에서 왔습니다. 사진들에 후쿠시마의 아름다움이 정말 잘 나타나 있어서 마음이 정화됨과 동시에, 왠지 방사능이 느껴지는 것 같은 기분이 들었어요. 그 이유에 대해 앞으로 깊이 파고들어가볼 필요가 있다고 생각합니다.

또 한 가지, 니가타의 가시와자키 가리와(柏崎刈羽) 원전에 대해 이야기하고 싶은데요, 얼마 전 원전 입지 지자체인 가리와 촌의 단체장 선거가 있었습니다. 3·11 후라 탈원전파가 이겨서 상황이 바뀔 거라는 기대가 있었지만, 결과는 재가동을 요구하는 원전 추진파 후보가 당선되었습니다. 왜 그럴까요? 후쿠시마의 원전사고를 보고 전국적으로는 탈원전파 집회도 늘고 있습니다. 그런데도 원전 입지 지자체를 바꾸는 일은 매우 힘듭니다. 이런 상황에서 무엇을 어떻게 할 것인가가 고민입니다. 아까 여성이 히스테리를 부려야 한다는 발언이 있었지요. 이런 상황이 돼버린 이상, 우리 남자들도 히스테리를 부려야 한다고 생각합니다.

텍스트가 필요하다면 대단한 사진가가 아니다

청중 F 정주하 선생님의 사진을 보고 사진과 텍스트와의 관계에 대해서 생각했어요. 정 선생님은 사진에 설명을 붙이지 않는다는 입장이시지요. 이 감나무 사진은 설명 텍스트 없이 보면 정말 아름다운 풍경사진입니다. 그런데도 정 선생님은 '사진만 보아주세요.'라고 합니다.

　사진과 텍스트가 갖는 긴장관계라고 할까요? 저는 텍스트에 의존하는 사람이어서 그런지 설명이 있으면 좋겠다고 생각해요. 사진부터 보고 나서 텍스트가 있다면 어떨까 하고요. 사진과 텍스트의 관계에 대해 정 선생님 의견을 듣고 싶습니다.

하야오 다카노리 텍스트의 한 예로, 감이 달려 있는 사진(사진 6)은 제가 가장 인상적으로 본 사진입니다. 아부쿠마(阿武隈) 산간 지역의 사진인데요, 그곳은 감의 명산지라서 가을이 되면 빨간 감이 주렁주렁 열린 풍경이 끝없이 펼쳐집니다.

　하지만 사진 속의 감은 수확되지 않고 나무에 매달린 채 버려집니다. 아니면 일부러 떨어뜨려 지면에 쌓아둘 수밖에 없습니다. 출하되지 않는 감이죠. 왜냐면 감은 방사성 물질을 흡수하는 성질을 가지고 있어서, 이 지역의 감은 사고가 나던 첫해 가을에 출하 규제에 해당되는 세슘 수치인 1킬로그램 당 100베크렐을 가볍게 넘어 200베크렐을 기록했습니다.

　1년이 지나서 조금씩 방사성 물질의 농도는 떨어지고 있지만 이 지역의 감은 곶감으로 만드는 종류입니다. 곶감을 만들 때는 말려서 수분을 날려버리는데 방사성 물질은 날아가지 않습니다. 4배 정도의 농도로 농축되기 때문에 50베크렐/킬로그램 정도로 떨어지면 출하하자는 이야기가 있었지만, 곶감으로 말렸더니 역시 200베크렐이 되어버렸지요. 감은 이 지역의 특산물인 동시에 보이지 않는 방사능을 형상화하는 상징 같아서 이 사진을 보면 마음이 복잡해집니다.

정주하 사진과 텍스트에 관해서라면 사실 긴 시간 이야기가 필요합니다. 설명이 꼭 필요하다면 아마 제가 좋은 사진가가 아닌 거겠지요. 사진이 못다 한 것을 텍스트로 지시하려는 것이니까요.

물론 기본 정보가 결핍되어 뭐가 뭔지 모르게 되는 경우도 있습니다. 세잔 이후의 예술은 대중과 결별했지요. 예컨대 입체파 혹은 청기사파의 작품을 보이는 그대로 이해할 수 있는 대중은 없습니다. 그와는 조금 다른 입장에서 저는 보는 분들의 자유로운 상상력에 작품을 맡기려고 합니다. 이 작품들은 제 것이 아니라 여러분의 것입니다.

그립고, 아름답고, 뭔가 불편한 사진

다카하시 데쓰야 오늘 여러분의 질문이나 의견을 종합해 마지막으로 한마디 덧붙이자면, 역시 저에게는 매우 그리운 풍경이라는 것입니다. 사진집의 표지에 있는 들판이 그 전형입니다만, 논 가운데 신사 건물이 있는 경치, 바다가 보이는 언덕 위에 달그림자 떠오르는 경치 등은 모두 제가 어렸을 적에 종일 뛰어놀다가 슬슬 집으로 돌아갈까 하던 때에 보았던 광경입니다.

그래서 그리운 것이지요. 매우 아름답게 찍어주셨지만 거기에 '빼앗긴 들에도 봄은 오는가'라는 제목이 중첩되면, 대체 이것은 무엇인가 하는 지점에서부터 저의 탐구가 시작됩니다. 제게는 매우 그립고 친숙하고 마음을 안정시켜주던 고향이 뭔가 꺼림칙한 곳으로 바뀌었다고 할까요? 불편하거나 이해할 수 없는 것이 되어버린 경험입니다.

우리 일본, 그리고 후쿠시마가 경험한 근대의 역사가 이 안에서 여러 가지로 얽히고설킨 것을 알게 되었습니다. '보통의 주부'가 무엇을 할 수 있는가 하는 질문이 있었는데, 우리들의 '보통'스러움, 각자가 '보통'이라고 생각하고, 당연하다고 생각하고, 안심할 수 있고 안전한 장소라고 생각하는 곳이 실은 그렇지 않을지도 모른다는 사실이 드러난 것 같아요. 이것이 이번 원전사고를 이해하는 하나의 포인트가 아닐까 생각합니다.

이런 관점에서 역사를 보는 것이 중요합니다. 감나무 사진에도 여러 가지 역사가 담겨 있습니다. 불편한 역사가 숨겨져 있지요. 지금 이 나라에서 일어나는 정치가의 히스테리야말로 역사를 보는 관점에서 보면 얼마나 웃기는 짓에 지나지 않는지요. '주권 회복의 날'이라든지, 후쿠시마에 원전사고가 일어났는데 원전을 수출하기 시작했다든지 재가동한다든지 하는 일들 말이죠. 후쿠시마 사고로 독일이나 이탈리아, 스위스는 원전을 포기했는데 왜 일본은 포기하지 않는지, 역사적으로 보면 정말 이해 불가능한 일입니다.

그런 일을 진행하는 사람들과는 완전히 다른 시각으로, 우리들의 친숙하고 그리운 곳에서부터 소중한 역사가 열린다는 점을 명심했으면 좋겠습니다.

하야오 다카노리 실은 후쿠시마 현에는 전시(戰時)에 채굴되던 우라늄광산도 있습니다. 왜 우라늄을 전시 중에 채굴했냐면, 일본도 원폭 개발을 하려고 했기 때문입니다. 전시 중에는 몇몇 나라가 경쟁적으로 원폭 개발을 하고 있었고, 일본이 손을 댄 것은 미국보다 앞섭니다. 다만 폭탄을 만들기에 충분한 양질의 우라늄광산이 발견되지 않았고, 농축 기술도 뒤떨어져 미국에 뒤진 것이지요. 가장 유력한 우라늄광산으로 지정된 광산이 후쿠시마 현에 있었다는 사실도 묻혀진 역사로, 3·11 후에 마침내 상기하게 된 세계사의 한 단면이라고 생각합니다.

'유대' 또는 '치유'에 동원되지 않는 예술이 호소하는 것

서경식 텍스트와 작품과의 관계에 대한 이야기도 있었지만, 우리가 좀처럼 언어화할 수 없는, 텍스트로는 좀처럼 풀어낼 수 없는 표현을 시도하는 것이 예술의 역할이지요. 증거는 있냐고 묻는다든지, 숫자로 나타내라든지, 정확히 예측할 수 없다면 잠자코 있으라는 등의 압박에 대해 저항하는 힘 역시 예술입니다.

즉 이윤을 위해 움직이는 사람들에게 '다른 형태의 압박'을 하기 위해 다른 척도를 제시하는 것입니다. 물론 예술적으로 표현한다고 해서 그 순간에 모두에게 전달될 수는 없겠지만, 이를 전하려고 애쓰는 것이 예술의 역할이라고 생각합니다.

이것은 여러분에게 맡겨진 일이니 그 효과를 예측할 수 없지만, 적어도 예술 영역에서의 행위가 3·11 이후 일본에서 얼마나 이루어지고 있는가는 심각하게 질문해야 합니다. '유대'나 '치유', '힘 내라, 일본!' 같은 것에 예술이 동원되고, 문화가 동원되고 있습니다.

조금 다른 척도, 좀 더 긴 척도로 보면, 방사능은 10만 년 동안 위험성이 사라지지 않습니다. 고작 70년 전 식민지지배의 역사조차 은폐되고 있고, 이를 기억하려는 시도는 반일이라든지 자학이라는 식으로 내몰리고 있습니다. 보다 짧은 척도, 보다 좁은 시야로 들어가자 선동하고 있는 것이지요.

게다가 매우 중요한 점은 '전쟁 때 우리는 속고 있었다.'고 더 이상 평계댈 수 없게 되었다는 점입니다. 지금도 계속해서 속고 있는 모습을 지금도 우리 눈앞에서 지켜보게 되었으니까요. 앞장서서 속으려는 사람들을 똑똑히 보고 있고요.

그렇기 때문에 이 순간에 무엇인가를 저지하는 힘을 갖지 못하더라도, 저지할 수 있는 상상력을 가져야 한다고 호소하는 것이 바로 예술이라고 생각합니다. 이것은 일반 사람들에 대한 경종이기도 하지만, 일본에서 문화와 관련된 일에 종사하는 사람들―글을 쓰는 사람, 예술가, 음악가―에 대해서도 매우 엄혹한 경종임을 받아들여야 합니다.

'고통의 연대'의 가능성

제4회 전시회는 오키나와 현 기노완(宜野湾) 시에 있는 사키마미술관에서 열렸다. 후텐마(普天間) 기지에 인접한 이 미술관에는 마루키 부부 작품인 「오키나와 전쟁도」가 상설 전시되어 있다. 발언자로는 한국의 역사학자인 한홍구, 오키나와에 사는 사진작가 히가 도요미쓰, 다큐멘터리 영상작가 가마쿠라 히데야, 한국의 작가 서해성 등이 참가했다. 사회는 서경식이 맡았다.

이날 토크는 히가 도요미쓰가 우치나구치(오키나와 말)로 발언했기 때문에 치넌 우시가 통역으로 나섰고 이것을 한국 평화박물관의 김영환이 다시 한국어로 통역하였다. 이것만으로도 인식을 공유하고 연대하는 과정의 어려움이 드러났다. 그러나 그것은 우리가 각자 서 있는 위치를 확인하면서 '연대'를 추구해가기 위해 필요한 경험이었다. 주제는 한홍구가 제안한 '고통의 연대'였다.

2013 · 7 · 27

정주하 + 한홍구 + 히가 도요미쓰(比嘉豊光) +

가마쿠라 히데야(鎌倉英也) + 서해성 + 서경식

통역 김영환

오키나와 현 기노완 시 사키마미술관

사키마 미치오 지금 오키나와는 후쿠시마 문제를 겪으면서 스스로에 대해 더 명쾌하게 인식하게 된 면이 있습니다. 후쿠시마를 바라보는 것은 우리 오키나와를 보는 일이기도 합니다. 후쿠시마 문제를 논의할 때 반원전 문제가 자주 거론되는데, 지금 가장 중요한 것은 피폭일 것입니다. 이 문제는 해결되지 않았어요. 계속해서 방사능 물질이 방출되고 우리도 계속해서 피폭되고 있습니다. 앞으로 무엇이 어떻게 될 것인가 매우 불안한데 그런 불안은 은폐되고 있습니다.

오키나와와 후쿠시마의 문제를 중첩시켜 어떻게 고찰할 수 있는가를 생각하던 중에 정주하 작가의 사진집을 보았습니다. 그의 사진들에는 파괴된 풍경이 아닌, 다양한 역사를 축적해온 인간의 삶이 그대로 비춰지고 있습니다. 그런데 사람은 한 명도 없어요. 한 사람도 그곳에 살 수 없으니까요. 바로 이 사실의 중대함을 전하고 있습니다. 이를 이해하기 위해서는 우리에게 상상력이 필요한데, 상상력을 환기시키기 위해서 작품들을 꼭 전시하고 싶다고 서경식 선생께 부탁해서 이렇게 전시회가 열리게 되었습니다.

서경식 좌담에 참석하신 분들을 소개하겠습니다. 사진가 정주하, 사진가 히가 도요미쓰, NHK 연출가 가마쿠라 히데야입니다. 가마쿠라 PD는 후쿠시마 현 미나미소마 사진전부터 정주하 작가를 동행 취재해서 다큐멘터리 「빼앗긴 들에도 봄은 오는가─사진가 정주하」(NHK 교육방송, 2013년 5월 12일 방송)를 제작하였습니다. 그리고 이 사진 작업의 시작부터 함께 기획하신 한홍구 교수입니다. 한국의 저명한 역사학자이고 이 사진전을 처음 열었던 평화박물관에도 관여하십니다. 한홍구 선생부터 한 말씀 해주십시오.

절망감은 공유할 수 있는가

한홍구 안녕하십니까. 오늘은 2013년 7월 27일입니다. 한국에서는 매우 뜻깊은 날이지요. 1953년에 한국전쟁 휴전협정을 맺고 휴전에 들어간 그날로부터 60주년에 해당됩니다. 그러나 한반도에 평화는 아직 오지 않았습니다. 남북관계는 매우 긴장상태입니다. 한반도뿐 아니라 일본과 한국의 관계를 보면 60년 사이에 역사가 조금씩이나마 진전되었다는 인상도 있지만, 한편으로는 의혹도 느낍니다. 일본에서는 기시 노부스케(岸信介)의 손주가, 조선민주주의인민공화국에서는 김일성의 손주가, 그리고 대한민국에서는 박정희의 딸이 권력을 잡고 있는 상황이니까요. 이것은 1930년대 말에서 1940년대 초의 구만주국, 대일본제국, 식민지 조선의 관계 구도를 그대로 이어받고 있는 것이 아닌가 합니다. 기시 노부스케는 일본이 중국 동북지방을 침략하여 만든 괴뢰국가 '만주국'의 정부 고관이었고, 김일성은 그런 일본에 저항하여 만주에서 항일무장투쟁을 전개했습니다. 박정희는 만주국 군인으로 항일무장투쟁 '토벌'에 종사했지요. 동아시아에 아직 평화가 오지 않은 현실을 나타내고 있다고 생각합니다.

오히려 1930~1940년대와 비교해 평화에 대한 위협이 더 늘어났다고도 생각합니다. 핵폭탄과 핵발전소 때문입니다. 동아시아는 핵폭탄이 전쟁에서 사용된 유일한 지역이면서, 전 세계에서 핵발전소가 가장 밀집된 지역이기도 합니다. 게다가 큰 사고가 일어나 그 사고의 영향 하에서 생활하고 있습니다.

2011년 3·11 이후, 이 사고를 어떻게 받아들이고, 무엇을 해야 할까요? 저는 반핵운동이나 반원전운동을 해온 사람인데, 그런 제가 무엇을 해야 하는가 고민하게 되었습니다. 후쿠시마 현장에 한번 가보고 싶다는 마음은 있었지만, 어떻게 가야 할지 막막했습니다. 그런데 마침 서경식 선생으로부터 가마쿠라 PD가 제작한 「후쿠시마를 걷다—디아스포라의 시선으로」라는 방송 프로그램에 출연하신 이야기를 들었기 때문에 선생께 "그 경로를 따라 다시 한 번 가봅시다."라고 부탁했어요. 그리고 선생을 통해 알게 된 도쿄대학의 다카하시 데쓰야 선생께도 꼭 같이 가고 싶다고 부탁해서 함께 후쿠시마를 방문할 수 있었습니다.

그때 『불안, 불—안』이라는 사진집을 통해 한국의 원전에 관해 계속 문제제기를 하고, 또 합천에 살고 있는 많은 한국 피폭자들에 관심을 가져온 정주하 선생께도, 함께 현장을 방문해서 후쿠시마를 기록하고 한국 사람들에게 후쿠시마 문제를 전하자고 권유했습니다.

실제로 후쿠시마 방문을 준비하면서 어떻게 사진을 찍어야 하는가를 의논하던 중에—물론 결정은 정주하 선생의 몫이지만—쓰나미가 입힌 피해, 원전사고의 비참함은 일본의 미디어를 통해 많이 전달되었기 때문에, 이번에는 다른 시각에서 기록을 해보면 좋겠다고 제안했습니다. 한국과 후쿠시마 사이에 거리감이 있듯이 일본과 한국 사이에도 거리가 있습니다. 그렇듯 거리를 둔 다른 시각으로 사진을 찍어주십사 하는 바람이었습니다. 제목은 '빼앗긴 들에도 봄은 오는가'로 붙였습니다. 식민지 시대에 발표되었고 나중에 곡을 붙여 한국에서는 많은 사람들에게 노래로도 알려진 유명한 시의 제목입니다.

식민지 시대에 들을 빼앗긴 것은 절망적인 상황이지만, 그 시대에 독립운동을 한 사람들 입장에서는 이 땅을 영원히 빼앗긴 것이 아니니 반드시 이 땅을 되찾겠다는 마음도 있었으리라 생각합니다. 오키나와도 제2차 세계대전 막바지에 큰 피해를 입었고, 한반도도 한국전쟁을 통해 피해를 입었습니다. 그리고 60~70년이 지난 지금 우리들은 이렇게 그 땅에서 살고 있습니다.

정주하 선생의 사진에서 볼 수 있는 곳은 후쿠시마 중에서도 사람이 갈 수 있는 장소입니다. 그러나 600~700년이 지난 후에도 20킬로미터 권내에 정말로 사람이 살 수 있을까 하는 의문이 듭니다. 식민지 혹은 전쟁 피해를 입은 사람들이 느끼는 절망감과는 결이 다를지도 모르겠습니다. 그렇지만 식민지 지배나 전쟁으로 피해를 입은 사람들과 함께, 후쿠시마에서 들을 빼앗긴 사람들의 마음을 공유하고 싶었습니다.

각자의 경험은 다르겠지만, 자신이 살고 있는 땅, 즉 들을 빼앗긴 사람들과 고통의 연대를 하고 싶은 마음이 있었습니다. 3·11 1주년에 서울의 평화박물관에서 이 전시가 시작되어, 일본 전국을 순회하는 전시를 할 수 있게 되었습니다. 이번 전시를 통해 한국, 일본, 그리고 동아시아의 상처받은 사람들과 더불어 '괴로움'과 '고통'의 연대를 함께 펼쳐나갈 수 있기를 바랍니다.

오키나와와 후쿠시마에서 무엇을 찍을까

서경식 제가 오키나와에 처음 와본 것은 1990년대 중반 미군의 소녀폭행사건 후 반기지운동이 가장 고양되고 있던 무렵이었습니다. 그로부터 시간이 흘렀고 문제는 해결되지 않았을 뿐 아니라 더욱 심각해져서 절망에 가까운 상황입니다. '식민지'라는 것이 오늘 하나의 주제어라고 생각합니다. '오키나와는 일본의 식민지인가?'라는 물음을 최근 1~2년 사이에 부쩍 많이 듣게 되었습니다. 한홍구 선생이 '고통의 연대'라는 말을 하셨는데, 식민지지배를 경험한 조선인과 오키나와 사람들과 지금 후쿠시마에서 고통당하고 있는 사람들이 그 주제를 어떻게 생각하는가 하는 것은 아주 어려운 문제이지만, 이 개념을 한가운데 놓고 함께 논의를 해보는 것은 의미가 있을 것입니다.

이곳 사키마미술관에 전시되고 있는 마루키 이리와 마루키 도시 부부의 「오키나와 전쟁도」 앞에서, 팔레스티나의 가자지구를 거점으로 끈질기게 활동하고 있는 라지 수라니(Raji Sourani)라는 인권운동가와 제가 대담하는 프로그램이 2003년에 촬영되었습니다. 에드워드 사이드(Edward Said)가 사망한 해이고, 이라크전쟁이 시작된 해였습니다. 그 프로그램도 가마쿠라 PD가 제작했습니다. 팔레스티나인과 오키나와인과 재일조선인이 이 미술관에서 만났던 것입니다. 그때로부터 10년이 흘렀지만 여전히 당시 우리가 이야기했던 어려움이 그대로 이어지고 있습니다.

또 2005년 즈음 헌법기념일에 나하(那覇)에서 강연을 했는데, 그때도 이상화의 「빼앗긴 들에도 봄은 오는가」를 낭독했던 일을 기억합니다. 식민지 시대 시인의 경험과, 들판을 지금도 빼앗긴 오키나와 사람들의 경험을 서로 비춰보고자 한 것이지요. 이번에 후쿠시마를 경험한 후, 다시 한 번 이상화의 시를 하나의 참조점으로 해서 우리가 만나게 된 것입니다.

제 이야기는 이쯤 해두고, 가마쿠라 PD에게 방송 프로그램을 만들면서 했던 생각과 지금 하고 계신 생각에 대해 듣겠습니다.

가마쿠라 히데야 초대해주셔서 감사합니다. 먼저 제 이야기는 NHK라는 조직을 대표하는 것이 아니라, 개인의 생각이라는 점을 덧붙여 두겠습니다.

실은 3·11 때 저는 헤노코(辺野古)에서 촬영을 하고 있었습니다. 헤노코의 모래사장을 미군기지의 경계로 분단하는 거대한 '분리벽'과도 같은 펜스가 건설되고 있는 공사 현장을 찍고 있었지요. 그날 촬영을 마치고 저희 팀들과 함께 일단 도쿄로 돌아가기 위해 나하공항으로 자동차를 타고 이동하던 중에 간토, 도호쿠 지방에서 발생한 거대한 지진에 관해 연락 받았습니다.

당시 찍고 있던 프로그램은 NHK스페셜 '저팬 프로젝트'라는 시리즈 기획으로, 메이지 개국 이래 일본이 현재까지 해결하지 못한 과제는 무엇인가, 대일본제국은 어떤 과업을 수행하고자 했고 또 패전을 거치면서 어떤 결과물을 낳았나 등을 주제로 하는 프로그램이었습니다. 저는 최종회를 담당하고 있었는데, 그와 같은 주제는 오키나와부터 보면 명확해질 것이라는 기획의도를 가지고 있었지요. 그렇지만 3·11 이후 그 프로그램은 NHK 조직 내부의 판단으로 중단되었습니다. 저의 오키나와 취재도 일단 거기서 중단되었고요. 그 후에는 다른 직원들과 마찬가지로 피해지역에 들어가 프로그램을 만들게 되었는데, 그때 처음으로 기획해서 만든 것이 서경식 선생님이 출연하신 「후쿠시마를 걷다─디아스포라의 시선으로」라는 프로그램입니다.

그때 제 문제의식 중에는 '눈에 보이지 않는 것을 어떻게 찍을 것인가?'라는, 정주하 작가의 문제의식과 비슷한 생각이 있었습니다. 인간의 세세한 표정이나 말을 면밀히 추적함으로써 그같이 힘들고 어려운 표현이 가능할지도 모른다고 생각했는데, 그 작업 속에서 제가 호소하고 싶었던 것은 '무엇을 빼앗겼는가'가 아니었나 생각합니다. 빼앗긴 것은 좀처럼 눈에 보이지 않습니다. NHK 프로그램은 시각적인 것, 즉 눈에 보이는 것을 주류의 시각에서 알기 쉽게 묘사하는 것이 기획안으로 통과되기 쉽다 보니, 그런 프로그램만 너무 많다고 느꼈어요.

후쿠시마 피폭 문제에 관해서도, 그곳에 살고 있는 '일본인'이 어떻게 피해를 입었는지에 주목하는 보도나 프로그램뿐이었는데, 후쿠시마에 살고 있던 사람은 '일본인'만이 아닙니다. 가령 '일본인'이 다니는 학교에는 운동장 흙의 제염에 보조금을 지급하지만, 같은 연령대 어린이들이 다니는 조선초급학교에는 행정의 규제가 있어 보조금을 지급하기 어렵게 되어 있다는 사실은 제가 아는 한 어떤 방송이나 신문에서도 다루지 않았습니다. 저는 그런 부분을 응시하고 싶었습니다.

즉 '핵'이라는 문제를 생각할 때, 그것이 파괴적 상황을 만든다면 거기에는 성별도 민족도 국경도 아무 구분도 없다는 것을 직시해야 한다고 느꼈습니다. 방사선 앞에 그런 경계는 분명 의미가 없을 것입니다. 지금 피폭 문제에서 후쿠시마만 주목받고 있지만, 저는 후쿠시마만의 문제가 아니라고 생각해요. 주변의 현, 더욱 넓히면 동아시아의 문제이기도 합니다. 그런 생각으로 서경식 선생과 함께 피해지역을 돌며 촬영했습니다.

'오키나와를 하고 있을 때가 아니다. NHK는 피해지역에 총력을 다한다.'는 방침에 따라 당초의 NHK스페셜 방송 프로그램이 사라져버린 뒤에, 후쿠시마를 돌면서도 제 머릿속 한편에서 떠나지 않은 것이 실은 오키나와에 관한 생각이었습니다. 이에 대해서는 나중에 오키나와와 후쿠시마의 관계에 대해 논의할 시간이 있을 겁니다.

제가 후쿠시마에서 만든 프로그램은 서경식 선생과 피해지역을 방문한 「후쿠시마를 걷다-디아스포라의 시선으로」와 정주하 선생의 「빼앗긴 들에도 봄은 오는가-사진가 정주하」입니다. 「빼앗긴 들에도 봄은 오는가-사진가 정주하」는 정주하 작가 인터뷰가 중심축입니다. 어떤 인생 경험을 하셨는지, 어떤 시각으로 지금 살고 계시는지를 차분히 들으면서 전달하는 프로그램으로, NHK 교육텔레비전에서 매주 일요일 새벽 5시부터 1시간 동안 방송되는 '마음의 시대'라는 정규 방송의 한 회분으로 제작했습니다. 이 방송은 새벽 5시에 하기 때문에 시청률이 매우 낮습니다. 그래도 특집이나 스페셜 프로그램이 편집 단계부터 여러 차례, 심지어 다양한 부서에도 반복해서 시사를 하고, 방송 전에 빈번하게 사전 체크가 이루어지는 반면, '마음의 시대'는 담당 부서에 전권이 있어서 실제 현장을 보고 온 팀의 생생한 감각이나 의식이 비교적 잘 전달되는 측면도 있다고 봅니다.

정주하 선생과는 후쿠시마에서 본격적으로 여러 번 거듭 만나서 여러 가지 이야기를 나누었습니다. 60분짜리 제작물인데 현장에서 5시간 정도 인터뷰한 내용을 편집해서 만들었습니다. 정주하 선생이 말씀하신 내용이, 바로 늘 제가 제기해온 문제였고, 그런 의미에서 정 작가 개인의 문제만이 아닌 보편적인 물음이라고 생각합니다. 후쿠시마만의 문제로 한정되지 않는, 오키나와의 문제이기도 하고, 동아시아의 문제이기도 하고요.

곰곰이 생각하면 방송은 '인간으로서 어떻게 주체적으로 볼 것인가?'의 문제입니다. 이 프로그램에서 사진 작품을 비디오 카메라로 접사할 때도, 거기서 무엇을 느끼고 무엇을 전달할까 하는 문제에 직면했습니다. 정 작가가 카메라를 인간이 아닌 풍경으로 향할 때 의식하는 것과 비슷한 문제가 아닐까요. 제가 어떻게 그 사진을 느끼는가 하는 의식이 없으면, 단순한 풍경묘사가 되어버립니다. 이 프로그램은 제게도 그와 유사한 여러 가지 문제를 제기하였습니다. 시청률은 낮았지만 이러한 방향으로 방송할 수 있게 되어 다행스럽게 생각합니다.

참고로 헤노코에서 취재했던 프로그램은 'NHK스페셜'로는 방송되지 않았습니다만, 위성방송 프로그램으로 다시 제안해서 취재를 재개했습니다. 헤노코 외에 요나구니(与那国)나 다카에(高江)에도 카메라를 설치하고, 괌이나 호주 등 오키나와 미군 해병대의 이전 후보지로 거론되는 장소로도 취재망을 넓혀서 작년 여름에 프로그램으로 내보낼 수 있었습니다.•

서경식 가마쿠라 PD에게 질문 드립니다. 우선 오전 5시라서 사람들이 잘 보지 않는다고 했는데, 이번 정주하 선생 프로그램 경우에는 많은 분들로부터 반응이 있었고, 저도 '좋았다'는 반응을 기쁘게 들었습니다. 그런 반응은 가마쿠라 PD에게도 전달되었나요? 부정적인 반응까지 포함해서요.

가마쿠라 히데야 NHK로 보내온 감상은 긍정적인 의견이 많았습니다.

• 「크로스 로드·오키나와—세계는 오키나와를 어떻게 보는가」 2012년 5월 11일 방송 'BS1 스페셜' NHK ·BS1. 「오키나와 괌—섬이 묻는 아시아·태평양의 미래」 2012년 8월 26일 방송 'ETV 특집' NHK ·ETV.

'마음의 시대'라는 프로그램을 일부러 챙겨 보는 분들은, 여러 사회적인 이슈들을 자기 문제로 인식하는 분이 많아요. NHK를 포함한 미디어의 행태를 비판적으로 보려는 분들도 있어서 그런 비판적 시각이 반영된 감상도 많았던 것 같습니다.

'빼앗긴 들'이라는 제목에 대한 반향도 컸습니다. 과거 일본이 침략한 것과 지금의 후쿠시마 원전문제를 같은 제목으로 엮어도 되는가 하는 것이었는데, 이에 대해서는 부정적인 의견도 긍정적인 의견도 있었습니다. '빼앗긴 들에도 봄은 오는가'라는 제목은 부정적이든 긍정적이든 매우 큰 임팩트가 있었던 것 같습니다.

서경식 오늘은 작가를 모시고 미술관에서 열리고 있는 좌담이니만큼 조금 더 보충해서 묻고 싶은데요, 영상작가인 가마쿠라 PD가 사진작가를 촬영하는 작업에는 특별한 어려움이 있었을 거라 생각합니다. 작품을 그저 보여주기만 해서는 안 되는 거지요. 정주하 선생의 사진을 소개할 때 뭔가 의식적으로 고안한 영상적 장치가 있었습니까?

가마쿠라 히데야 다큐멘터리를 찍을 때, 특별히 '영상적 고안'이라고 할 만한 것은 별로 하지 않는 편입니다. 현장에서 카메라맨의 의사나 시각에 맡기는 경우가 많은데, 이번에 고지마 카즈유키(小嶋一行)라는 젊은 카메라맨에게 전달한 주문은 '정주하 선생과 경쟁하듯 현장에서 풍경을 찍는 일은 절대로 하지 말기를 바란다. 우리가 찍는 풍경은 기본적으로 정주하 선생이 있는 풍경이어야 한다.'는 것이었어요. 같은 장소이기 때문에 앵글이 달라지더라도 정주하 선생이 찍은 풍경과 물리적으로는 비슷한 풍경이 찍힐지도 모릅니다. '인간이 어떻게 생각하는지를 찍자.'라고만 카메라맨에게 강조했습니다.

서경식 질문 하나 더 괜찮을까요? 조선어로는 '제사'라고 하는데, 다큐멘터리를 보면 해안에서 죽은 자의 영혼에 대한 의례로 정주하 선생이 절을 하는 장면이 있습니다. '연출'이었던 건가요?

가마쿠라 히데야 2011년 3월 11일로부터 꼭 2년째 되던 그날 오후 2시 46분, 그 순간에 어디에 있고 싶은지 제가 정주하 선생에게 물었습니다. 그러자 정 선생이 "해안에 가서 서 있고 싶다."고 말씀하셨어요. 저희 팀도 정주하 선생이 작품의 모티브 중 하나이기도 한 미나미소마 바다에서 작가가 그 순간 무엇을 느끼고 무엇을 이야기할 것인가에 매우 흥미가 솟았습니다. 제가 "바다로 갑시다."라고 한 것은 아닙니다(웃음). 정주하 선생이 선택한 장소에 따라간 것이지요.

서경식 다큐멘터리를 찍을 때 '보도성'과 '작가성'의 경계는 정말 어려운 이야기라고 생각하지만, 매우 흥미로운 이야기였습니다.

오키나와로부터의 물음

서경식 그럼 히가 선생께 한 말씀 듣겠습니다. 이 자리에 참석은 못하셨지만 다카하시 데쓰야 선생께서 오키나와에서 이런 행사를 할 때, 오키나와 사람을 배제하면 절대 안된다고 강력하게 말씀하셨고, 그 말씀에 동의했기 때문에 히가 도요미쓰 선생께 부탁드렸습니다. 정주하 작가의 작품을 보고, 작가로서 생각하신 바를 먼저 말씀해주십시오.

히가 도요미쓰 사키마미술관에서는 몇 번이나 전시회를 했습니다만, 그 전에(시마쿠토바(오키나와 방언, 섬의 말이라는 뜻의 현지어—옮긴이)로 이야기를 시작한다. 치넨 우시 씨가 "제가 통역하겠습니다."라고 하며 나와서 히가의 뒤에 앉는다)

서경식 지금 도와주시는 분은 치넨 우시 씨입니다. 조선어를 저는 알아들을 수 있으니, 일본어밖에 모르는 분은 조금 불편하겠지만, 시마쿠토바를 조선어로 통역하는 것으로 진행합시다.

히가 도요미쓰 (시마쿠토바로) 세 명이 외국인이지요 저는 일본어도 잘하지만 시마쿠토바로 해도 될까요? 사진 이야기를 해야 하는데, 한국 분이 의식적으로 후쿠시마 사진을 찍어 오키나와에 가져오신 거지요. 우리 오키나와와 후쿠시마는 같지 않기 때문에, 우선 왜 한국 분이 후쿠시마 사람도 하지 않는데 일부러 그 사진을 찍어서 오키나와에 가지고 왔는가 하는 이야기부터 해도 될는지요. 일본인은 못 알아들을 텐데, 어떻게 할까요? 사진 이야기는 일본어로 할 수 있지만 첫머리의 이 이야기는 일본어로는 할 수 없는 거라서.("도요미쓰 씨 힘 내세요."라고 객석에서 시마쿠토바로 응원하는 소리가 들린다.)

서경식 진행자로서 한마디 하겠습니다. 저는 결단코 모어의 권리를 지지하는 입장입니다. 대단히 죄송하지만, 일본어를 사용해주시면 시간이 절약됩니다. 다수의 편의를 위해 양보를 강요당하는 것이 소수자입니다. 그 사실을 제 입장에서도 잘 알고 있기 때문에 이런 말씀을 드리자니 얄궂습니다만, 부탁드립니다.

히가 도요미쓰 (치넌이 히가를 향해 시마쿠토바로 "제가 통역할 테니 시마쿠토바로 말씀해주세요."라고 한다. 히가는 시마쿠토바로 계속한다.) 사진 이야기를 하려면 일본어가 섞여버리는데……. 사키마미술관에서 전시가 이루어진 정주하 선생의 이번 후쿠시마 사진을 놓고 '사진의 흐름'을 보자면, 저의 내지(일본—옮긴이) 친구 사진가들도 후쿠시마를 찍는 사람이 많은데, 일본인이 찍은 후쿠시마와 식민지를 체험한 한국인이 찍은 사진은 확실히 다릅니다. 우리 오키나와 사람이 찍은 사진은 또 다르지요. 가마쿠라 PD가 촬영한 다큐멘터리를 보았더니 정 선생이 하는 말과 사진이 제각각이 되어버렸어요. 사진이 말하는 것과 작가가 하는 말이 뒤섞였는데, 결국 사진은 어떻게 되는 것일까요?

가마쿠라 PD의 프로그램에는 정 선생의 사진을 본 후쿠시마 사람들이 부정적인 이야기를 하는 장면이 없었습니다. 저는 후쿠시마 사람들이 정 선생의 사진을 보고 정말 납득했을까 의심했습니다. 그렇지 않았을 거 같거든요. 우리 오키나와인의 입장에서는 사진을 보고 한국인들과 연대는 생각할 수 있겠지만, 진정으로 후쿠시마와 연대를 생각할 수 있을 것인가 하는 의문도 들었습니다. 원전으로 피해를 입었기 때문에 오키나와와 연대할 수 있다고 한다면, 일본 전국이 오키나와와 연대하기 위해서는 일본 전국의 원전이 전부 방사능 누출사고를 겪어야 하는 것일까 생각하게 됩니다.

우리 오키나와는 '촬영당하는 오키나와'입니다. 후쿠시마와 연대는 불가능합니다. '복귀 40년'이 지났지만 오키나와의 문제는 이제 오키나와만으로 해결하지 않으면 안 된다고 생각합니다. 한국도 일본제국주의에 의한 식민지지배를 겪었습니다만, 이 사진을 후쿠시마에 가지고 갔던 것에 대해 궁금한 점이 많습니다. 또 이곳에서 전시를 하시는 것에 대해 오키나와와 후쿠시마가 좀 다르다는 것을 얼마나 이해하고 계신지 묻고 싶습니다.

NHK 프로그램에서 정 선생이 사진과 예술가, 찍는 대상과의 관계에 대해서 이야기하셨지요. 그런데 사진의 피사체가 된 현장에 사진을 되돌려줄 때는 '사진에 찍힌 후쿠시마'라는 것은 밝히지 않았습니다. 찍을 때는 사람과 대화를 하며 배려하고 있는데, 전시된 사진에는 사람의 흔적만 있고 사람은 없습니다. 그런 의미에서 보면 배려가 부족한 것이 아닌가요? 사진에는 찍는 자와 찍히는 자, 보는 자의 삼자가 있다고 생각합니다. 찍는 자와 찍히는 자, 양자 관계가 아닙니다. 이런 사고방식이 오키나와의 관점에서 볼 때 우리와 다르구나 싶었어요. 오키나와에서는 사진 찍는 것을 '누준'이라고 합니다. '혼을 벗는다'는 뜻이지요. 일방적인 것이 아니에요.

사람을 찍지 않은 이유

서경식 연대는 정말 어렵지만, 어려움을 겪으면서도 나아가는 일을 지금 실천하고 있다고 생각합니다. 그럼 정주하 선생으로부터 이에 대한 말씀을 듣겠습니다.

정주하 사실 저는 이 자리에서 제 생각을 말하기보다, 여러분이 사진을 보고 느낀 점이나 궁금해하는 점에 대해 듣고 싶습니다. 혹은 제게 가르쳐주고 싶은 것이 있다면 그것도 듣고 배우고 싶습니다.

조금 아까 히가 선생께서 제가 촬영할 때에 대상에 대해서는 배려를 했으나, 대중에게 보여주는 데에서는 배려를 잘못하고 있는 것이 아니냐고 지적해주셨는데요, 잘 새겨듣겠습니다. 다른 분들께서도 혹시 제 작업을 보고 느끼신 점 있으면 말씀해주세요.

청중 A 저도 오키나와말을 할 줄 알지만 일본어로 이야기하겠습니다. 우선 사진 속에 인물이 없어서 매우 궁금했습니다. 봄을 기다리는 풍경 속에 약간은 희망이 있지만, 살아 있는 사람과 토지와의 관계라든지 큰 규모의 지진이나 쓰나미가 일어나고 몇 만 년 혹은 몇백 만 년 이어질 피폭

을 당한 사람들의 모습, 피난 간 사람들의 들리지 않는 목소리 등등. 그런 것들이 찍히지 않은 점이 매우 아쉽습니다.

그런데 이 사진들은 단순한 보도사진이 아니고, 한 사람의 인간으로서 현장에 서서 스스로 생각한다는 의미가 담겨 있는 사진이 아닌가 합니다. 여기에는 정치적으로는 묶을 수 없는 뉘앙스가 있다고 생각합니다. 예술 표현이란 '사회와 그 안에서 생활하는 사람과의 관계'라는 큰 주제에 대해 다큐멘터리에서도 말씀하셨는데요. 이것이 예술이구나 하는 인상을 강하게 받았습니다.

서경식 한 분 더 의견 듣고 나서 정주하 선생의 답을 듣겠습니다.

청중 B 저도 사진을 찍습니다만, 오랫동안 신문사에서 사람만 찍었기 때문에 사람이 나오지 않는 사진은 커뮤니케이션을 하기 어렵다는 생각이 체질적으로 박혀 있습니다. 가마쿠라 연출가가가 만든 프로그램 속에 몇 개인가 정주하 선생의 사진이 등장하는데, 그중에서 학생 시절에 찍은 시설의 사진을 보면서, 이런 사진이라면 충분히 소통할 수 있겠다고 생각했어요. 조선어와 일본어와 우치나구치(시마쿠토바와 같은 말, 즉 오카나와어를 가리키는 현지어—옮긴이)의 차이가 있더라도 말이지요. 그 사진을 보면서 진정으로 그렇게 생각했습니다. 제가 사람이 나오는 사진을 좋아하기 때문인 것 같습니다.

정주하 네, 맞습니다. 제 사진에는 사람이 거의 없지요. 제가 사람을 찍지 않았던 것은 자신이 없어서입니다. 이 말의 뜻은 그 당시 현장에서 여전히 살고 계신 분들을 촬영하기 위해서는, 그들의 고통 속으로 카메라를 들고 들어가야 하는데, 제가 그 일을 해낼 자신이 없었다는 것입니다. 그것이 제가 저널리스트가 되지 못한 이유이기도 합니다. 대신 제가 선택한 길은 현장에 사는 분들의 고통이나 파괴된 현장을 보여주면서 사람들에게 분노를 일으키는 것보다는, 이면에 있는 것들을 보여주어 관람자 스스로가 자신을 들여다보게 하자는 것이었습니다.

　다행히도 세계의 용감하고 능력 있는 사진가들이 이미 후쿠시마에서 사고 직후부터 지금에 이르기까지 저널리즘에 입각한 좋은 작업을 해오고 있습니다. 그분들과 그분들의 작업에 경의를 표하면서, 저는 제가 선택한 방식을 가지고 이곳 오키나와에 계시는 분들께도, 후쿠시마에 계신 분들께도, 그리고 더욱 의미 있게는 한국에 있는 많은 분들께도, 원자력에너지가 가진 문제들을 스스로 들여다보도록 작업해보고 싶었습니다. 이것이 제 작업에 사람이 거의 들어 있지 않은 이유입니다.

이 작업을 통해 특별히 드러내고 싶은 개인적 욕망은 없습니다. 조금 허무주의 같지만, 제가 아는 바로는 예술은 유사 이래 인간의 행동을 순화하거나 바꾸는 일을 해내지 못했습니다. 저 역시 바라는 것이 오직 한 가지인데요. 예술이란 이름으로 혹은 '순수한 예술'이란 이름으로, 우리가 살아가는 시대에 일어나는 많은 비겁한 일들에 대해서 눈을 감고 사는 것만은 피하고 싶다는 것이 솔직한 제 심정입니다.

후쿠시마와 오키나와를 관통하는 '부국강병'

서경식 제가 조금 더 이야기를 하고 나서 객석의 의견을 듣겠습니다. 솔직히 저는 우치나구치를 모릅니다. 저는 일본에서 태어난 조선인인데, 조선인인 제가 다른 사람과 소통할 때는 지배자의 언어인 일본어로밖에 할 수 없지요. 불합리하지만 우리에게 강요된 현실이 그렇습니다. 제국의 지배 하에 있었던 사람들은, 예를 들어 영국제국의 지배 하에 있었던 사람들끼리는 영국과 싸우면서도 영어로 커뮤니케이션할 수밖에 없는 상황을 강요당합니다. 저와 오키나와 분들이 일본어로 이야기하는 것은 당연하지도 않고 적절하지도 않지만, 어쩔 수 없는 사실이기도 하다는 점을 확인해두고 싶습니다. 당연하게 요구하는 것은 아닙니다.

히가 선생이 말씀하신 바를 제가 충분히 이해했다고는 감히 말할 수 없습니다. 단편적으로밖에는 모르지만, 매우 중요한 지적을 하셨습니다. '후쿠시마와 오키나와의 차이를 아는가? 알고 촬영했는가?'라고 하셨지요. 대단히 중요하고 심각한 물음이라고 생각합니다. 간단하게라도 이에 대한 대답이나 의견을 듣고 싶습니다.

먼저 가마쿠라 PD는 히가 선생의 물음을 어느 정도 정확히 파악했는지 모르겠습니다. 어떻게 대답하시겠습니까?

가마쿠라 히데야 제게는 매우 괴로운 물음입니다. 저는 오키나와나 재일조선인 분들의 프로그램을 많이 만들었지만, 일본 출신이기 때문에, 말하자면 '가해자'의 일원인 셈입니다. "자기의 면죄부를 위해 오키나와라든지 후쿠시마, 혹은 재일조선인 문제 등을 다루고 있는 것은 아닌가? 위선이 아닌가?"라는 말을 듣는 경우도 있어요. 언제나 그 점에서 딜레마나 한계를 느끼고 있습니다.

'후쿠시마와 오키나와의 차이'에 대해 얼마나 의식하고 있는지에 대해 말씀드리자면, 앞의 이야기와 이어지는데, 3·11이 일어나는 바람에 저의 취재지역도 오키나와에서 후쿠시마로 바뀌었습니다. 그때 후쿠시마의 피해지역을 돌아보면서 제 머리에 떠오른 것은 '부국강병'이라는 말이었습니다. 그것은 후쿠시마와 오키나와를 잇는 인식이라는 의미에서 제게 하나의 키워드가 되었습니다.

'부국강병'은 메이지 이후에 대일본제국이 만든 슬로건이지요. '부국'은 일본이 서양에 뒤지지 않는 경제적 힘을 갖는 것이고, 이를 위해서 산업을 발전시키고 물자를 증산하기 위한 에너지가 필요하게 되는데, 천연자원이 빈약한 일본은 이 문제를 보충하기 위해 '밖'으로 눈을 돌렸습니다. 그러나 패전으로 '밖'에 있는 자원을 군사적으로 수탈할 수 없게 됩니다. 따라서 전후에 최종적인 에너지문제의 해결책으로 도달한 것이 원자력발전이었다고 봅니다.

다른 한편 '강병'은 무엇이냐면, 대일본제국은 한결같이 군사력 증강노선을 달려온 결과 붕괴했고, 군대를 갖지 않는 나라가 되었습니다. 자국의 '강병'을 확대하고 조직화하는 수단을 포기한 결과가, 그 후 다른 형태의 '강병'을 계속하게 하는 이유가 되었습니다. 오키나와에 집중된 주일 미군 말입니다.

패전으로 대일본제국은 멸망하고, 일본국이 새로 태어나면서 그 반성과 교훈 위에 '부국'도 '강병'도 중단된 것처럼 생각되지만, 실은 '부국'에 대한 국가적 욕망은 원자력발전이라는 형태로 경제 최우선의 확대 노선을 계속했습니다. 이것이 파탄에 이른 결과가 '후쿠시마'가 아닌가 합니다. 또 제 힘으로 군사력 증강의 길이 끊어진 일본은 '오키나와'의 희생 위에 구축한 미군기지에 의존하게 되었는데요. 세계 최강이라고 불리는 미군에게 장소를 제공하고 거기에 빌붙어 일본을 지킨다는, 옷을 바꿔 입은 '강병'의 의지가 전후에도 이어져왔습니다. 이것 역시 오키나와 사람들의 끈질긴 투쟁에 의해 파탄에 이르리라 생각합니다.

즉 일본이 군사력으로 영토를 확대하려 한 역사적 과정을 떠받치고 있던 국가적인 욕망이나 사상은 1945년 패전으로도 완전히 끝나지 않았고, 후쿠시마의 원전사고를 경험한 지금도 끝나지 않았다는 것이 제 생각입니다. 그런 의미에서 국가의 권력자들, 자기가 지배세력이라고 생각하는 자들이 지금 어떤 생각을 하는가 하는 관점에서 보면 후쿠시마와 오키나와에 공통점이 있다고 생각합니다.

물론 각각의 장소는 각자 다른 역사적 경험과 고난을 겪어왔기 때문에, 그 둘을 같은 수준으로 놓고 보아도 되는가 하는 문제는 항상 염두에 두어야겠죠. 오키나와에서 이런 이야기를 하면 '오키나와와 후쿠시마는 전혀 다르다.'고 하시는 분을 여럿 만났습니다. 어떻게 다른가를 물어보면, '후쿠시마 사람들은 자발적 선택으로 원자력발전을 지역으로 유치했고 지자체가 통째로 원자력발전 속에서 살아가는 길을 택한 반면, 오키나와의 우리는 군사기지를 선택하지 않았다. 아무리 계속 거부해도 강요당해온 것이다.'라고 말합니다. "이런 점에서 후쿠시마와 오키나와는 크게 다릅니다."라는 말을 취재 중에 몇 번이나 들었습니다.

그렇기 때문에 오키나와와 후쿠시마를 응시할 때는 더 엄밀하고 엄정한 시각이 요구된다고 생각합니다. 아무래도 저는 오늘날까지 이어져온 역사 속에서 '강요해온 세력'에 속해 있기 때문에, 이런 입장에서 오키나와에 다가가는 듯한 프로그램을 만드는 것은 위선이 아닌가 지적하는 사람이 많이 있습니다. 또 NHK에서는 객관적인가, 아닌가가 자주 문제가 되는데, 현장에 들어가 '밖'에서는 들을 수 없었고 보지도 않았고 전해지지도 않았던 것을 묘사하려고 하면 할수록, 너무 그 지역에 치우친 것 같다, 객관적이지 않다는 비판이 나옵니다. 그렇다면 객관적이지 않다는 건 대체 무슨 뜻일까요? 저는 '객관적'으로 볼 때, 각각의 주장이 정보량 면에서 압도적으로 불공평하고 불공정한 상태라고 생각하기 때문에 '객관적'으로 바로잡아야 한다고 생각합니다. 방송이든 보도든 사람이 느끼거나 보거나 해서 사실을 잘라내는 이상 흡사 신이라도 된 듯 '객관성'을 가질 수 있을 리 없습니다. 거기에는 '객관적'으로 응시했을 때 불공정하다고 느끼는 인간이라는 '주관적' 존재가 있으니까요. 저는 '주관적'으로 전달해야 하는 '객관적' 문제가 있다고 생각하기 때문에 프로그램을 만들려고 하지만, 동시에 언제나 생각하는 것은 후쿠시마에 사는 사람, 오키나와에 사는 사람, 그분들에 관한 것을 모두 알고, 그분들의 시각을 완전하게 전달하는 프로그램을 만드는 일은 불가능하다고 여깁니다. 저는 제 시각에서 제 나름의 문제에 대한 대응 방식을 만들어갈 수밖에는 없습니다.

동료들 사이에서도 곧잘 논의됩니다만, 다큐멘터리를 목표로 하고 있는 후배 연출가들이 취재 현장에서 '너는 어디서 왔나?', '너는 다르다.', '네가 알 리가 없다.' 하는 말을 현지 분들에게 듣고 풀이 죽어 돌아오고, 고민스러워서 작품을 만들지 못하게 되기도 합니다. 아무리 열심히 만들려고 해도, 이러한 쌍방의 벽을 허물 수 없다고 생각하는 사람들이 많습니다.

이런 연대는 매우 어렵다고 생각합니다. 이것은 '컴패션', 즉 '공감'이 가능한가 하는 문제와도 통하는데요, 이를 포기해버리면 각각의 장소나 상황에서 고립된 집단밖에 되지 않는다는 생각이 제 안에 크게 자리잡고 있습니다. 서로 이어질 수 있는 일을 조금씩이라도 해나가야 한다고 생각합니다.

서경식 방금 발언에 대해 히가 선생 의견을 듣고 싶습니다만, 그 전에 잠깐 제가 말씀드리겠습니다. '해당 지역'과 '중심'이라는 대비가 이야기되는데, 후쿠시마 내에서도 여러 대립이 있습니다. 지금 후쿠시마 사람들 중에도, 이런 경험을 겪었는데도 원전 재가동에 찬성하는 사람도 있고 자민당에 투표하는 사람도 있습니다. 이것이 지역이 처한 현실이라고 주장하는 사람도 있습니다. 오키나와도 그렇겠지요. 조선도 식민지 시절에 일본의 식민지주의에 협력해서 친일파로 활동한 사람도 있었습니다. 그렇기 때문에 해당 지역과 중심은 다르지만, 그 지역이라는 이유만으로 한 가지 색으로 칠할 수도 없습니다.

하지만 역시 어떤 보편성이 있습니다. 여러 해당 지역이 있는 가운데, 어느 지역을 우리 자신이 주관으로 선택하는가 하는 문제가 제기되고 있어요. 그 주관은 지금 당장 마주칠 수 없는 사람들이, 마주칠 수 있는 지평을 추구하는 보편성의 지향 안에 있다고 생각합니다. 그 보편성은 언어 하나만 보더라도 좀처럼 통하지 않는 가운데 추구해가는 보편성이기 때문에 간단하지는 않습니다. 그러나 '야마토(大和, 일본의 다른 이름—옮긴이)에서는 이렇고 오키나와에서는 이렇다.', '일본에서는 이렇고 조선에서는 이렇다.'라는 식의 입장 차이, 처해진 역사적 문맥의 차이를 충분히 깊이 이해하면서도, 그것을 하나의 단일한 색으로 통일하지 않고, 내부에 있는 대립 속에서도 자기 책임 하에 어떤 선택을 할 것인가 하는 문제가 제기되고 있습니다.

'뼈나 사체는 왜 찍지 않는가'

서경식 히가 선생님은 사진가이신데, 3·11 이후 3·11을 주제로 사진을 찍겠다든지, 후쿠시마 원전사고가 있었을 때 나도 찍어야겠다든지 나라면 이렇게 찍었을 텐데 하는 생각을 하신 적이 있습니까? 오키나와 사람으로서 이 사건을 보았을 때 이렇게 보이고, 이렇게 찍어야 한다는 의견이 있으신지요?

히가 도요미쓰 (일본어로 이야기를 시작한다) 저도 사진가이고 영상도 찍고 있기 때문에 텔레비전이라든지 여러 경로로 후쿠시마의 비참함, 지진의 비참한 영상은 많이 보았습니다. 또 제 친구 중에는 도쿄 사람이 많아서, 어떤 사진을 찍고 있는가라든지, 여러 전시회의 반응을 보면…… 아, 나도 모르게 일본어로 이야기하고 있네. 일본어로 질문을 받고 보니 나도 모르게 일본어로 이야기해버렸어요.

(시마쿠토바로 돌아와서) 저도 사진가입니다만, 처음에는 보도사진을 찍었습니다. 저에게도 '찍지 않으면 안 되는' 사진이 있어서 3년 전에 오키나와 전쟁 희생자의 유골 사진을 찍은 적이 있습니다. 마침 그때 3·11이 있었고, 후쿠시마의 비참한 광경을 보면서, 어째서 사진가는 그곳에서 죽은 사람의 사체라든지 뼈를 찍지 않는가 생각했어요. 왜냐하면 오키나와 전쟁에서도 미군이 찍은 영상이 남아 있고, 우리 우치난추(오키나와 사람—옮긴이)의 기억의 기록으로서는 언어가 마지막으로 남는 것이 아닌가 생각했지만, 오키나와 전쟁으로부터 60년이 지난 시점에 오키나와

땅 속에서 유골이 나온 겁니다. 이렇게 인간은 증거를 남긴다고 할까요? 사건이 일어난 당시의 비참한 심정을 죽어서도 전하려고 하는 것이 아닐까요? 사체에 기억이 남아 있는 것은 아닐까요? 그 뼈를 보고 어떤 마음으로 어떻게 죽어갔을까 흥미를 가졌습니다. 지금은 누구나 영상을 찍기 때문에 여러 영상이 많이 있지만, 역시 비참하더라도 사체나 뼈까지 찍어야 하고, 그것은 제대로 된 사진가밖에는 찍을 수 없다고 생각합니다.

서경식 남은 시간에는 영상이나 표현 등으로 제한하지 말고, 현재의 오키나와와 후쿠시마, 동아시아의 상황에 대해서도 이야기했으면 합니다. 우선 저부터 말씀드리겠습니다. 사진전의 실행위원회 대표인 다카하시 데쓰야 선생이 후쿠시마의 원전사고 후에 '희생의 시스템'을 말씀하셨습니다. 즉 중심부인 일본 다수의 이익을 위해 주변부는 불합리한 부하(負荷)를 강요당하는 구도라는 뜻이지요. 그런 의미에서 후쿠시마도 오키나와도 식민주의적인—학술적인 의미에서의 '식민지'라고까지는 할 수 없지만—차별과 착취의 구조 하에 놓여 있다는 말씀을 하셨어요.

실제로 그런지 아닌지와는 별개로, 아까도 '부국강병' 이야기가 있었지만, 일본 중심부가 근대를 거치며 지금까지 해온 일과 앞으로 하려고 하는 일에, 주변화된 사람들이 어떻게 저항해가는가, 어떤 이념을 기반으로 하여 손을 잡을 것인가 하는 물음이기도 합니다. 아까부터 계속 이야기하고 있지만 간단한 일이 아닙니다. 각자 처해 있는 문맥이 다르니까요.

특히 조선, 한국, 재일조선인 중에도 후쿠시마와 조선은 다르다라
는 단호한 의견을 가진 분들이 있고, 저도 그런 생각에 어느 정도 동의
합니다. 후쿠시마는 메이지유신 후 내전에 의해 일본이 된 장소이지만,
일본이 무력으로 식민지지배를 했을 때에는 첨병이 된 사람들도 많았습
니다. 도호쿠 지방의 군대는 동아시아 침략 때 최전선에서 싸운 사람들,
침략의 첨병이었습니다. 그래서 스스로의 선택에 의해 자기네 정부가 일
으킨 일로 인한 피해―'자해'라는 말을 사용하는 사람도 있었는데요―
와 오키나와가 입은 피해를 함께 이야기해도 되는가, 당치 않은 일이라
는 시각도 있습니다.

이런 것을 한홍구 선생도 정주하 선생도 모르지 않고, 충분히 이해
한 후에 그래도 「빼앗긴 들에도 봄은 오는가」라는 시와 시인의 마음을
제안한 것입니다. 일본의 머조리티에게 던지는 것과 오키나와의 여러분
에게 던지는 것은, 역시 다릅니다. 던지는 사람의 태도도 다르고, 받아들
이는 쪽도 다르겠지요.

이 문제에 대해 여기 계신 세 분 중에 의견이 있으신 분은 말씀해
주십시오. 가마쿠라 PD는 방금 전에도 여러 가지를 말씀해주셨는데요,
이 자리에 있는 유일한 머조리티로 떠맡아야 하는 짐이지요. 자기 고백
적으로 말씀하실 필요는 없고, 도쿄에 사는 사람으로서 이 상황을 어떻
게 보는지, 이런 활동이 일본의 머조리티에 대해 어떤 효과가 있는지, 혹
은 전혀 없을지, 그런 이야기를 듣고 싶습니다.

가마쿠라 히데야 저는 지금 이 자리에 머조리티의 한 사람으로 앉아 있지

만, 제 자신은 머조리티 안에 있으면서도 늘 불편하다고 할까요, 머조리티 속의 마이너리티를 느낀다는 마음이 있기 때문에, 서 선생이 말씀하신 머조리티에 대한 '효과'를 머조리티의 심리로 대답할 수 있을지는 모르겠습니다. 하지만 지금의 상황을 보면, 일본이 소위 '근대국가'의 길을 걷기 시작하고 나서 현재까지, 머조리티적인 의식이나 욕망은 근원적으로 사라지지 않고 여전히 이어지고 있다는 것이 제 생각입니다. 일련의 교훈이나 반성을 얻은 듯한 '세리머니'가 매년 8월에 행해집니다. 패전일은 대일본제국이 그 국가적 사상과 함께 틀림없이 멸망한 날이었지만, 정말 자기들 스스로 종결지었는가 자문해보면 전혀 그렇지 않지요.

그중 하나가 전후의 원자력발전에 의한 증산체제 문제입니다. 원자력발전 문제, 즉 '핵의 평화적 이용'이라는 문제와 핵무기, 즉 '전쟁에 사용되는 핵' 문제는 '핵과 인간은 공존할 수 있는가?'라는 물음에서 보게 되면 실은 같은 것이라고 봅니다. 그래서 원전사고로 피폭당한 체르노빌 사람들이나 히로시마나 나가사키의 원폭 피해자들, 나아가서 원폭 투하 시에 히로시마에 살았기 때문에 피폭당하고 한국으로 귀환한 분들을 취재하여 하나의 프로그램을 만든 적이 있습니다. 여기서의 물음은 결국 핵폭발이 인간에게 초래한 결과는 같지 않은가였습니다. 그런데 방송 직전 이루어진 방송국 내 시사회에서 '원자력발전과 핵무기는 같지 않다.'는 의견이 강하게 제기되었습니다. 요컨대 '핵의 평화적 이용'에는 이유가 있어서 '핵의 군사적 이용'과는 다르다는 비판이 제기되었고, 시사회장이 꽤 시끄러웠습니다. '평화적 이용'이라도 그것이 제어 불능 상태가 되면 '군사적 이용'으로 원폭을 투하한 경우와 마찬가지로, 인간은 핵의 위협에서 벗어날 수 없다는 사실을 전하는 것이라고 호소한 끝에 간신히 방송할 수 있었지만 그런 경험은 몇 번이나 더 있었습니다.

오키나와의 구체적인 만남에 대해 말하자면, 저는 1987년 NHK에 입사했는데, 초임지인 나고야 지국에서 「중학생 일기」라는 프로그램을 만들던 때였습니다. 이 프로그램은 주로 드라마로 만드는데, 완전히 픽션은 아니고 실제 있었던 사실을 취재해서 거기서 드러나는 주제를 드라마로 만들었습니다. 취재의 실마리로 전국의 중학생에게 자기의 체험이나 생각을 쓴 작문을 모집했어요. 그중 한 편을 제가 드라마가 아닌 다큐멘터리로 제작하고 싶다고 요청했습니다. 당시 오키나와수산고등학교 야구부의 사이 히로요시(裁弘義)* 감독의 딸, 시오리(志織) 양이 쓴 작문이었습니다. 거기에는 "아버지의 등에는 어릴 적 동굴에서 베인 큰 칼자국이 남아 있습니다. 아버지는 그것을 등에 업고 고시엔(甲子園) 대회(일본 전국 고교야구선수권대회 본선)에 가려고 분발하고 있습니다."라고 적혀 있었습니다. 저와 오키나와의 첫 만남은 거기서부터지요. 지금부터 25년쯤 전입니다. 그때부터 줄곧 '본토' 사람들 속에 흔히 있는 시선, 기지 문제를 취급할 때 보이는 높은 곳에서 내려다보는 듯한 주류사회의 시각에 빠지지 않고 인간의 시선으로 응시하고 싶다고 생각했습니다.

그 후 1996년, 미군에 의한 소녀폭행사건이 일어난 다음 해, 후텐마 기지 반환의 미일합의를 당시의 하시모토 수상과 몬델 주일 미국대사가 갑자기 발표했는데, 그 순간에도 저는 오키나와에 있었습니다. 당시에는

● 세 살 때 오키나와 전쟁을 겪었고, 전쟁으로 세 명의 누나를 잃고 자신도 등에 중상을 입었다. 초등학교 시절 야구를 시작해 선수를 거쳐 야구 지도자의 길을 걸었다.—옮긴이

아직 '코끼리 우리'(요미탄손(読谷村)에 있던 미육군 소베(楚辺) 통신소를 가리킴. 2006년에 토지가 반환되었지만 통신소는 오키나와 현 긴쵸 미군캠프 한센 내로 이설되었다)가 있던 때인데, 저는 그때 요미탄손에서 지바나 쇼이치(知花昌一) 씨에게 이야기를 들으며 취재하고 있었습니다.

다시 오키나와에서 프로그램을 만드는 계기가 된 사건은 2003년의 '이라크전쟁'이었습니다. 이라크전이 시작되기 직전에 이집트의 카이로에서 에드워드 사이드, 라지 수라니, 두 명의 팔레스타인인들과 함께 프로그램을 만들고 있었습니다. '이라크 전쟁' 개전을 카이로에서 맞이했고, 경계 상황이 되어 외국 미디어는 엄격한 감시 하에 놓였는데, 라지 수라니라는 팔레스타인 변호사와 여러 이야기를 나누던 중에, 그가 "이스라엘의 군사력에 일상적으로 노출되어 있는 팔레스타인 사람으로서 언젠가 오키나와에 꼭 가보고 싶다."고 저에게 이야기했습니다. 에드워드 사이드는 그로부터 반 년 뒤 백혈병으로 사망했지만, 라지 씨는 오키나와에 올 수 있었습니다. 그때도 라지 씨와 함께 요미탄손의 지바나 씨 댁에서 묵었습니다.

오키나와는 저에게 그런 장소입니다. 그러는 가운데 부딪히는 것이 아까 서경식 선생도 말씀하신 매우 어려운 문제인데, 오키나와와 나와의 관계, 나에게 있어서의 거리감입니다. 나라는 인간은 어떻게 생각하는가, 언제나 그것을 자문합니다.

NHK 안에서도 그렇지만, NHK와 관계없어도 저널리스트라든지 다큐멘터리를 찍는 사람들은 곧잘 이런 질문을 받습니다. 예를 들어 현장 사람들의 원전 반대 외침이라든지 오키나와의 기지는 절대 허용할 수 없다는 목소리를 메시지로 한 프로그램이나 작품을 만들면 "너는 가해자의 일원인데 이런 식으로 면죄부를 얻으려는 것이 아닌가?"라고 요. 이런 말을 듣는 일이 정말 많습니다. 마음이 무너집니다. 하지만 그런 일로 제 마음이 무너지면 끝입니다. 그렇더라도 만들어갈 수밖에 없는 것이지요. 아무리 너는 나와 달라, 네가 알 리가 없어 하는 말을 듣더라도—맞는 말이기도 하지만—그런 중에도 제 나름의 작품을 만들고 싶습니다. 마이너리티 측의 호소에 공감하는 사람을 머조리티 측에서 늘리기 위해 만든다는 야망, 그런 목적이 제가 방송을 만드는 동기 중에 가장 우선하는 것은 아닙니다. 한 사람의 인간으로서 거기서 일어나는 일이나 인간의 분노를 접하면서, 어떻게든 제 인생의 빈약한 체험 중에서 가장 가까운 것을 머릿속에 그리면서, 그 마음은 어떤 것일까를 생각하고, 모든 것을 시도하면서 상상해봅니다. 그러나 현장 상황은 저 자신이 경험한 것과는 비교가 안될 정도로 가혹하기 때문에, 상상을 초월하는 부분까지 어떻게든 파고들지 않으면 안 됩니다. 이런 점들을 고려해야겠지요.

아까 히가 선생님이 뼈나 사체는 왜 찍지 않는가 문제제기 하셨는데, 그 점에 대해서는 저도 딜레마를 안고 있습니다. 그런 것을 찍지 않고 다만 상기시키는 정도의 순화된 다른 영상으로 현실을 표현하는 것만으로 충분한가, 일단 나 자신이 거기에 몸을 둔 이상, 내가 본 것만큼은 전해야 하는 것이 아닌가 고민합니다. NHK의 동료에게 들은 이야기입니다만, 인도네시아의 반다아체라는 곳에서 거대한 쓰나미(2004년 12월 26일에 발생한 수마트라 섬 지진에 의한 쓰나미)가 있었지요. 그때도 NHK의 뉴스

197

나 방송에 현장이 많이 중계되었는데, 실제로 그곳에 취재하러 갔던 동료 말로는 카메라 각도가 정해져 있었다고 합니다. 그 각도에서 조금이라도 벗어나면 적나라하게 사체 더미가 쌓여 있고, 숨이 막힐 정도로 고약한 사체 냄새가 진동하고 있었다고요. NHK가 찍은 컷은 바로 옆에 엄청나게 쌓여 있는 사체를 절대로 비추지 않았습니다. 후쿠시마에서도 그랬다고 상상할 수 있습니다. 예를 들어 원전사고 후, 20킬로미터권 내 민간인 출입이 금지된 경계구역에서 한 번 쓰나미에 휩쓸려간 사람들이 다시 해안으로 떠밀려왔고, 그중에는 아직 살아있는 사람이 있었는데도 구조의 손이 미치지 않는 일이 일어났습니다. 실제로 그런 상황에서 기적적으로 생환한 사람의 증언도 있었고, 도움의 손길이 없는 가운데 기운이 빠지거나 추위로 죽은 사람도 있었습니다. 어디서도 보도하지는 않았지만 2013년에 출입금지가 해제되어 사람들이 들어가 보니 히가 선생 말씀처럼, 해안에 당도했음에도 불구하고, 그대로 힘이 빠져 뼈가 되어버린 듯한 사체가 여기저기에 있었다고 합니다.

'이와 같은 현실이 만일 그대로 전달된다면.'이라고 생각하는 것은 그런 때입니다. '일본이 안고 있는 에너지 문제를 생각하면, 탈원전 따위 말할 수 없겠지.'라든지 '원전에 의해 유지되는 부분도 있겠지.'라는 논의도 있지만 우리가 정말로 되돌릴 수 없는 일을 저질러버렸다는 것이, 그와 같은 참상을 알고 나면 더욱 강하게 인식될지 모른다고 생각합니다. 전쟁이나 오키나와에 관해서도 물론 그렇습니다. 불특정 다수의 시청자에게 열려 있는 텔레비전 매체의 특성 때문에 어려운 측면도 있지만, 언제나 저는 적어도 그런 것들을 생각하며 찍어야 한다고 믿습니다.

서경식 선생이 말씀하신 연대는 매우 어렵고, 과연 가능할지도 모르겠습니다. 저 개인적으로는 인간의 문제라는 관점에서 접근합니다. 저 자신이 어떤 식으로 생각하고 어떻게 인식했는가 하는 과정을 확인하려 찍는다고 할까요, '너는 아직 전진하고 있지 않아. 전혀 이해가 부족해.'라고 스스로에게 끊임없이 묻기 위해서라도 이런 작업들을 축적해가려고 합니다.

청중 C 가마쿠라 PD에게 묻습니다. 저는 '가해자로서의 공범성'이라든지 '아픔의 공유' 따위는 당치도 않다고 생각합니다. 그리고 지금 우리가 공용어로 사용하는 일본어는 세계에서 영어를 사용하는 방식과 유사한 것이 아닌가요? 서경식 선생은 재일조선인인데 일본어를 사용할 수 있고, 저는 류큐인이지만 공용어로 일본어를 사용할 수 있는 거지요. '나의 문제', '나의 아픔'이 우선이지요. 방송 매체는 오키나와에 와서 방송을 만들 여유가 있다면, 오히려 일본 안의 문제들을 더 깊이 보도해야 하는 것 아닌가요? 지금은 편의주의적으로 방송을 하고 있다고 봅니다. 가령 아까 방송에서는 사체를 찍지 않는다고 말씀하셨지요. 불편한 것은 방송하지 않는다는 이야기지요. 너무 나쁩니다. 그저 숨기기만 합니다. 가마쿠라 PD가 만든 프로그램은 새벽 5시 방송이라고 하셨는데 아무도 보지 않는 시간대입니다. 매우 굴욕적인 일입니다. 가마쿠라 PD 본인은 어떻게 생각하시나요? 더욱 주체적으로 해야 합니다. 그런 외부로부터의 객관적 시각으로 접근해서는 어림도 없어요. 모두 도망가버리겠죠. 통제당하고 있고 자기검열도 하고 있는 것 아닌가 합니다.

적어도 그 영향력 하에 있다고 봅니다. 어떻게 생각하는지 묻고 싶네요.

오키나와의 '빼앗긴 들'을 되돌리려는 움직임

서경식 방금 질문에는 가마쿠라 씨가 답하겠지만, 어느 분이라도 질문이나 의견이 있으면 해주십시오.

청중 D 저는 정말 아마추어입니다만, 사진을 보고 '이것은 어디를 찍은 사진일까?' 생각했습니다. 예술사진으로서는 어떨지 몰라도, 저희 대다수 아마추어가 보기에는, 어디를 찍은 사진인지 장소를 제시하거나 혹은 제목을 붙이면 '빼앗긴 들에도 봄은 오는가'라는 주제가 더욱 호소력 있게 전해질 것 같습니다. 커뮤니케이션이라는 이야기가 나왔는데, 보는 사람과 사진이 호소하는 내용과의 커뮤니케이션은 그런 형태를 취하지 않을까요?

또 하나 분명히 원자력 문제는 오키나와의 군사기지 문제와 별개라고 생각되지만, 인간의 욕망에서 출발하는 국책으로 원자력이 추진되어왔다는 점을 상기해보면, 같은 문제일 수도 있다는 해석을 곱씹어보고 우리들도 그런 관점에서 대처해야 할 부분이 있다고 생각합니다.

서경식 대답은 나중에 모아서 하기로 하고, 질문을 먼저 듣겠습니다.

청중 E 정주하 선생님이 아까 사람을 찍지 않는다고 말씀하셨고, 왜 안 찍는가 하면 여러 가지 사실과 현상의 건너편에 있는 사람들의 바람이랄까 기도, 또는 자연을 느끼기를 바라기 때문이라고 하셨습니다. 자본주의적인 시스템 상황에는 여러 모순이 있고, 그 모순 속에서 우리가 살고 있지만, 그것을 어떻게 극복해 가고 어떻게 이어가는가는 차원이 다릅니다. 차원을 넘지 않으면 손을 잡는 것이 불가능해요. 오늘 본 것의 예술적 측면을 생각하면서, 극복의 실마리를 느꼈으면 합니다.

청중 F 사진에 사람이 없는 것을 이해하기 어렵다는 의견이 많았는데, 저는 다르게 느꼈기 때문에, 긴장되지만 이야기하고 싶습니다. 제가 처음 사람이 없는 사진을 봤을 때 느낀 것은, 자연은 무엇을 생각하고 있을까였습니다. 그 속에서 사람이 살아왔는데 사람들은 자기만 생각하고 욕망에 휘둘려서, 자연이 없으면 살아갈 수 없는데도 자연을 완전히 무시해왔습니다. 이것을 조금 더 제대로 보고 느끼지 않으면 안 됩니다. 그렇게 해나가지 않으면 아무것도 변하지 않을 거라고 심각하게 느낍니다. 제도라든지 지금 사회의 흐름이라든지, 무슨무슨 주의가 아니고 살아 있는 존재로서의 삶의 방식을 생각하게 하는 사진이라서 매우 감동적이었습니다.

치닌 우시 오키나와까지 잘 오셨습니다. 한홍구 선생님, 정주하 선생님, 서경식 선생님, 가마쿠라 씨, 여러분 감사합니다.

제 생각을 솔직히 말하자면, 이 '빼앗긴 들에도 봄은 오는가'라는 제목에 대해 누가 누구에게 하는 말인가 고민했습니다. 이곳 오키나와에서 전시를 하니 우리에게 하는 말일까요? 그렇다면 '우리'란 누구인가요? 그리고 누가 건네는 말인가요? 이것은 조선의 해방을 바라던 조선 시인의 말이고, 이것을 다시 사진전의 제목으로 선택한 것은 현재 조선반도에서 살고 있는 한국 분이고, 그것을 재일조선인 서경식 선생이 조직화해서 일본의 가마쿠라 PD가 방송을 만들고, 오키나와의 사키마 관장이 이곳에서 함께 하자고 했지요. 여러 가지 생각이 담겨 있겠지요. 저는 사진을 보고 후쿠시마 분들과 만나고 싶다고 생각했습니다. 이 사진 속에도 계시지 않고, 전시회장에도 계시지 않은 것 같지만요. 오키나와인과 조선인과의 관계를 만들어야 하고, 오키나와와 후쿠시마의 관계를 만들어야 하고, 후쿠시마와 조선과의 관계를 만들어야 하고, 후쿠시마 이외의 야마토(일본)와의 관계를 만들어야 합니다. 또 오키나와에 있는 일본인과의 관계도요. 그렇다면 이 메시지는 누구로부터 누구에게 온 것인가요? 오키나와에서 전시회를 한다는 것은 우리에게 보낸 것인데, 조선 분들과 만나는 것인지, 후쿠시마 분들과 만나는 것인지, 그 둘을 동시에 만나는 것은 가능한지, 어떤 식으로 가능한지 등등 여러 가지 생각으로 조금 혼란스럽습니다.

후쿠시마의 원전사고로 오키나와에 피난 온 분들이 많은데, 오키나와에서 살고 있는 저희들은 피난 온 사람들을 두 부류로 이해합니다. 도호쿠에서 쫓겨나다시피 온 사람들과 간토(關東)권에서 자발적으로 피난 온 사람들인데요. 도호쿠 분들은 토지에 대한 애착이 오키나와 사람과 비슷하다고 합니다. 그분들은 '피난 왔지만 돌아가고 싶다, 돌아가고 싶은데 돌아갈 수 없다, 그렇지만 가고 싶다, 그래도 걱정이다, 그래도 돌아갈 거다.'라고 고뇌하며, 실제로 되돌아간 사람도 많다고 해요. 반면 간토 주변에서 자발적으로 피난 온 분들은 아무래도 좀 다르지 않나 하는 말들을 합니다.

9·11이 일어난 후에 "(미군기지가 많이 있는) 오키나와는 위험하다."라며 관광객이 대량으로 여행 예약을 취소해서 오키나와 경제가 타격을 입었습니다. 그런데 3·11 후에는 "오키나와는 안전하다."라며 이번에는 사람들이 몰려들었습니다. 이렇게 오키나와는 외부에서 일방적으로 위험하다고도 하고 안전하다고도 합니다. 이런 식으로 왔다 안 왔다 하는 사람들을 어떻게 상대하면 좋은지 고민하는 중입니다.

한홍구 선생님이 동아시아 이야기를 해주셨습니다. 지금 동아시아에서 권력을 쥐고 있는 것은 김일성의 손자, 박정희의 딸, 기시 노부스케의 손자라고 말씀하셨지요. 흥미로운 통찰이었습니다. 류큐인으로서 작긴 해도 동아시아의 다른 '나라들'과 어깨를 나란히 하자면, 오키나와에서는 지금 나카이마 히로카즈(仲井真弘多)라는 현 지사가 권력을 잡고 있습니다. 이 사람은 나카이마 겐카이(元楷)의 자손입니다. 나카이마 겐카이는, 제가 알기로는 우치나구치의 계승과 보급에 힘쓴 사람입니다. 오키나와의 문화유산에 관한 책도 많이 썼고, 우치나구치로 라디오 디제이를 하기도 했습니다. 어쩌면 그와는 별도로 '나쁜 일'도 많이 했을지 모르지만, 노인이 된 이후의 이런 활동이 오키나와 사람들에게 인기가 높습니다. 아들인 나카이마는 관료 출신으로 자민당 계열 정치가인데요, 그가 좋은 사람인지 아닌지보다, 오키나와인의 힘으로 그의 공약을 바꾸게 했다는 사실이 중요합니다. '헤노코 이설 용인'을 '현외 이설'로 바꾸게 되었습니다.* 오키나와인이 오키나와 최고 권력자의 공약을 바꾸게 한 것이지요.

지금 마침 후텐마 기지의 노다케(野嵩) 게이트 앞에 미군이 새로운 펜스를 만들고 있습니다. '오키나와에 대한 탄압'이라고 많이 보도되는데 저는 조금 다르게 생각합니다. 미군은 실은 노다케 게이트를 자기들이 봉쇄하고 있습니다. 오스프레이(osprey, 미 해병대 수직 이착륙 수송기의 애칭—옮긴이)가 12기 더 오기 때문에 주민들이 다시 반대 농성을 할 것이 두려워서, 자기들이 앞장서서 스스로 차단하는 것입니다. 우리가 무서워서요. 그렇게 되면 후텐마 기지는 제1게이트밖에 열려 있지 않게 되는데, 이것은 기지 기능이 떨어진다는 의미 아닐까요. 그만큼 오키나와는 주민이 분발하고 있습니다. 물론 언제든 종이 한 장 차이로 아슬아슬하지만, 그래도 오키나와인은 분발하고 있습니다. 동아시아는 물론 위기가 계속되어 힘들지만 오키나와인은 이곳 오키나와, 류큐에서 힘을 내고 있습니다. 계속해서 희망을 갖고 '빼앗긴 들'을 되찾기 위해 노력하고 있어요. 여러분도 부디 그것을 느끼고 돌아가셨으면 좋겠습니다.

• 2013년 12월 27일 당시 나카이마 지사는 돌변하여 후텐마비행장을 나고 시 헤노코로 이설하기 위해 일본정부가 제출한 매립 신청을 승인했다고 발표, 현민의 분노를 샀다. 다음 해인 2014년 11월 16일 현 지사 선거에서 헤노코 이설 반대를 공약으로 내건 오나가 다케시(翁長武志)가 나카이마에 대해 10만 표 가까운 표 차이로 승리했다.

다섯 개의 별

서경식 그럼 한국에서 오신 서해성 선생님께서 한 말씀 해주시겠습니다.

서해성 정주하 선생이 작품에 대해 여러 가지 이야기를 듣고 싶다고 하셨기 때문에 작품에 관해 조금 길게 이야기하겠습니다. 한홍구 선생이 조금 전에 말씀하셨지만, 7월 27일은 한국에서는 매우 중요한 날입니다. 1950년 6월 25일부터 7월 26일까지 지구상에서 가장 많은 폭탄이 한반도에 떨어졌습니다. 그것은 여러분이 살고 계신 오키나와에서 발진한 비행기에서 떨어트린 폭탄입니다. 오키나와 사람들이 그렇게 한 것은 아니지만 오키나와 땅은 한반도 입장에서 보면 어떤 의미에서는 가해자의 땅이기도 합니다.

어제는 오키나와의 사탕수수밭에 가보고 싶어서 여기저기 다녔는데, 그때마다 미군 비행기가 시끄럽게 꽝음을 내며 상공을 날고 있었습니다. 제 고향은 한국의 남쪽에 있는 전라도인데요, 저는 옛날부터 남쪽에서 날아오는 많은 전투기를 보았습니다. 언제나 의문이었던 것은 제가 살던 곳보다 남쪽에는 비행장이 없는데 비행기가 어디서 날아올까 하는 것이었습니다. 그런 식으로 오키나와와 한국은 정말로 밀접한 관계를 맺고 있다고 생각합니다. 원래 한국의 표준 시각은 일본보다 30분 늦지만, 지금은 일본과 같은 시각을 사용하고 있습니다. 1961년에 박정희가 쿠데타를 일으키고 가장 먼저 한 일이 한국의 표준 시각을 오키나와의 시각에 맞추는 것이었습니다. 미국에 대한 충성심을 시각을 바꾸는 것으로 표현한 것이지요. 이 오키나와 기지로부터 발진하는 비행기의 시각에 한국의 시각을 맞춘 것입니다. 이 밖에도 많은 인연이 있겠지만, 7월 27일 오늘인 만큼 이 이야기를 여러분에게 소개하고 싶었습니다.

정주하 작가가 여기서 전시하는 것에는 특별한 의미가 있다고 생각합니다. 짧게 말씀드리면 오키나와는 전쟁에 의해 '제노사이드(집단학살)'를 경험한 곳입니다. 후쿠시마는 문명에 의한 '제노사이드'를 경험했습니다. 그 둘의 '제노사이드'가 이 땅에서 만난 것이 아닌가 생각합니다. 그런 의미에서 이와 같은 만남이 이 전시회장에서 이루어진 사실에 매우 놀랐습니다.

저는 사진이란 자기가 살고 있는 집과 같다고 생각합니다. 자기 집이 어디에 있는지가 중요한 것처럼, 사진도 어디에 걸려 있는지가 중요하다고요. 정주하 선생의 사진 20점이 오키나와의 이 장소에 전시되었기 때문에 일본에서 이 같은 상처를 공유할 수 있는 것이 아닌가 생각합니다.

여기 전시된 후쿠시마의 사진은 다른 후쿠시마 사진들과는 다릅니다. 파괴된 장면이 하나도 없습니다. 우리가 평범하게 품고 있는 기대를 배반합니다. 그래서 정말 새롭고 생생한 사진이라고 생각합니다. 사진 속에 사람이 등장하는 것은 한 장뿐입니다. 이것으로 충분하다고 작가가 말하는 것이 아닌가 생각합니다.

저는 두 가지를 느꼈습니다. 하나는 일본인이 갖고 있는 '침묵의 폭력'입니다. 후쿠시마 사고가 일어난 후, 큰 데모는 거의 일어나지 않았습니다. 너무나도 조용한 일본에 대해 저는 커다란 쇼크를 받았어요. 저는 이 작품 속에서 그런 침묵을 읽을 수 있었습니다. 작가로부터 어떤 의도인지 들은 적은 없지만, 사진을 통해 '침묵'을 고발하고 있는 것은 아닌가 하고 느꼈습니다. 작품들 속에 있는 고요한 흐름을 강하게 받아들였습니다.

또 한 가지, 지금까지의 토론 자체는 재미있고 흥미로웠지만, 너무 작품에 대한 이야기가 없는 것이 조금 불만입니다. 예를 들어 어두운 바다를 표현한 사진(사진 20)이 있습니다. 가까이 가지 않으면 안 보이지만 그 속에는 매우 작은 별이 보입니다.

저는 여기 앉아서 몇 개의 별을 떠올리고 구분해보았습니다. 첫 번째 별은 빈센트 반 고흐의 별입니다. 이것은 시각적인 별입니다. 두 번째는 윤동주라는 시인의 별입니다. 일본에서 대학을 다녔던 식민지시대의 저항 시인입니다. 이 별은 양심의 별이라고 생각합니다. 세 번째로 전 세계 사람들이 사랑하는 생텍쥐페리의 별은 상상력의 별입니다. 다른 하나는 어느 나라의 군대에나 있는 장군들의 별, 폭력의 별입니다. 다음으로는 여기 계신 서경식 선생의 형님들도 오래 계셨던 한국의 감옥에서 붙여주는 별이 있습니다. 한국에서는 감옥에 갔던 것을 '별을 하나 달았다.'고 말합니다. 이것은 실천으로서의 별입니다. 그리고 제 마음 속에 또 하나의 별이 떠올랐습니다. 그것은 후쿠시마의 별입니다. 그 별은 죽음의 별입니다. 저의 고향에서는 사람이 죽으면 파란 별로 다시 태어난다는 이야기가 전해집니다. 그렇기 때문에 별을 '영혼의 불'이라고 부릅니다.

사진 속의 별을 보며 저는 저것이 '영혼의 별'이 아닐까 생각했습니다. 절망을 길게 경험하면 그 속에서 희망의 빛을 발견할 수 있다, 별을 볼 수 있다고 생각합니다. 저는 여기서 또 하나의 별을 품고 돌아가겠습니다. 후쿠시마의 별입니다. 후쿠시마의 별을 오키나와에서 품고 저는 고향으로 돌아갑니다. 감사합니다.

아픔을 느낀 사람만이 타인의 아픔을 공유할 수 있다

서경식 이어서 오늘 전체적으로 이것만은 꼭 이야기하고 싶다는 것이 있으면 한 말씀씩 해주십시오. 가마쿠라 PD부터 부탁드립니다.

가마쿠라 히데야 조금 전에 제기된 물음이 저의 마음에 무겁게 남아 있습니다. '자기 자신이 있지 않은 곳에서는 아무것도 시작되지 않는다, 그러나 지금 도쿄를 중심으로 무엇이 일어나고 있는가, 우선은 자기가 가까운 곳에서부터 주의해야 하는 것이 아닌가.'라는 의견인데요, 통감하고 자책하는 마음을 금할 수 없습니다. '도쿄 같은 곳에서 와서 후쿠시마를 본다, 오키나와를 본다, 그런 것을 하기 전에 먼저 자신이 있는 곳 사람들이 어떤 가해행위를 하고 있는지 당신이 있는 자리에서 똑바로 직시해야 한다.'는 지적은 매우 무거운 문제제기로 저를 짓누릅니다.

아까 치닌 씨가 오키나와에서는 나카이마 지사의 공약을 오키나와 사람들의 힘으로 바꿨다고 말씀하셨습니다만, 얼마 전에도 참의원 의원선거(2013년 7월 21일)가 있었지요, 오키나와 자민당 의원의 선대본부

장이 나카이마 씨였습니다. 그때도 그는 당선을 목표로 하는 후보자들에게 선거 중에는 '기지의 현외 이설'을 지속적으로 호소하라고 했다고 합니다. 선거용이었을지도 모르지만, 그렇게 말하지 않을 수 없을 정도로 주민들이 매우 강한 힘으로 행정을 바꾸게 하는 것을 보면서, 도쿄나 야마토는 그렇게 하고 있을까 하는 문제를 강하게 느낍니다. 그것을 이곳에서 새롭게 온몸에 새기고 돌아가야겠다고 생각했습니다. 감사합니다.

히가 도요미쓰 여섯 명의 할머니 사진(사진 5)이 있지요. 정주하 선생의 작품이 좋다고 느낀 것은 맨 처음 사진집이나, 독일에 갔을 때 독일 할아버지들을 찍은 사진입니다, 역시 인물 사진이지요. 왜 사람을 찍지 않는가, 그것이 아까부터 화제가 되었습니다. 또 제목과의 관계는 무엇인가 하는 것도요.

지금 이곳에 지바나 쇼이치 씨가 와계십니다만, 저는 이틀 전에 도리스테이션(Torii Station, 오키나와 현 요미탄손에 있는 미 육군기지. 도리통신시설이라고도 불린다) 안에 들어갔습니다. 군용지 계약 거부라는 것을 했어요. (지바나씨를 향해) '코끼리 우리' 안에 들어가신 것이 몇 년 전이었지요?(지바나 쇼이치 씨가 객석에서 1999년이었다고 답한다)

실은 저도 부모로부터 유산을 상속받아 군용지를 갖고 있습니다. 20년 단위 계약으로 되어 있어서 금년이 계약 갱신이었는데, 계약을 거부했습니다. 오키나와 안에서 백 명 정도가 계약을 거부했고, 도리스테이션이라는 미군 기지에 대해서는 세 명이 계약 갱신을 거부했습니다. 1952년에 강제로 기지로 빼앗긴 땅입니다. 당시에는 두 살이었기 때문에 그 토지를 기억하지 못하지만, 처음으로 그 안에 들어갔습니다. 이 사진전의 제목을 생각하면서 뭔가 인연 같은 것을 느낍니다.

정주하 제 사진을 봐주셔서 감사합니다. 그것뿐입니다.

서경식 끝으로 한홍구 선생 말씀 전에 제가 먼저 말씀드리겠습니다. 식민주의라든지 제국이라는 중심이 있고, 주변화된 부분끼리는 문화적으로도 분단되어 있습니다. 서로 만남을 갖거나 대화하기가 매우 어렵습니다. 오히려 서로 적대하는 듯한 역사를 더듬고 있습니다. 후쿠시마 사람들이 지금은 피해자이지만 그 안에는 가해적 요소도 있어서 그런 이중성을 띠면서 살고 있는 것입니다.

이런 우리들이 분단된 상태인 채로 저항하기는 어렵습니다. 이를 잘 알기 때문에 상대(정치권력)는 분단을 이어가게 하려는 것이지요. 이를 뛰어넘기 위해서는 물론 정치적으로도, 사회운동으로도 지혜를 모아야 하지만, 더 넓은 '상상력'이라든지 보다 긴 '척도'가 필요하다고 생각합니다. 그야말로 보이지 않는 저 너머까지 미치는 '척도'입니다.

예를 들어 팔레스타인에 있는 라지 수라니라는 10년 전 이곳에서 저와 이야기를 나눈 사람, 함께 지바나 씨가 계신 곳에서 지비치리가마(요미탄손에 있는 동굴. 오키나와 전쟁 당시인 1945년 4월, 피난하고 있던 섬 주민 140명 중 83명이 강제적 집단사에 의해 목숨을 빼앗겼다)를 본 그가 지금 가자에서 어떻게 살고 있는가, 어떤 고통을 당하고 있는가를 상상하는 그런 힘입니다. 그것이 전 세계적으로 연결되지 않으면 이 시대를 이길 수 없습니다.

매우 안타깝게도 그 결과는 짧은 시간 안에 드러나지 않습니다. 5년이라든지 10년으로는 보이지 않아요. 젊었을 때는 저도 그렇게 생각하지 않았습니다. 그러나 저도 이 나이가 되고 보니 '아, 지난 번에 지바나 씨를 만나고 나서 벌써 10년이 흘렀구나.' 하는 생각이 듭니다. '지난 10년 동안 우리는 무엇을 얻었고 무엇을 잃었는가, 나에게 남겨진 시간은 얼마만큼인가?' 생각해보게 되는데, 간단히 답이 보이지는 않습니다.

그러나 긴 척도를 염두에 두고, 보이지 않는 세계까지도 시야에 넣고 일하는 사람이 예술가라고 생각합니다. 예술가라고 해서 누구나 그것이 가능하다는 뜻은 아닙니다. 예술가 중에서도 몇 명의 뛰어난 사람만이 가능합니다. 우리와는 다른 척도를 위해 일할 수 있는 것이지요. 정주하 작가가 그런지 아닌지는 제가 아니라 여러분이 판단하시겠지요.

그런 시도가 한국의 조선인 측에서 이루어졌습니다. 재일조선인인 제가 말하자니 조금 망설여지는데요, 이것은 사실 일본에서, 야마토에서 해야 할 일입니다. 야마토에서 '우리가 빼앗은 들에는 아직 봄이 오지 않았지만, 봄이 오도록 하기 위해 우리는 이것을 하겠다.'고 제안해야 합니다. 그러나 유감스럽게도 역사상 그러한 제안은 매우 예외적인 경우 말고는 없습니다.

매우 불합리한 일이지만 주변화되고 고립된 측에서 손을 내밀고 말을 걸고 진로를 제시해야 합니다. 이쪽으로 가면 만날 수 있을지도 모른다고요. 전 세계에서 많은 마이너리티가 그런 일을 해온 것입니다. 일본이나 동아시아의 마이너리티만이 아니고요. 그들은 머조리티를 구하기 위해 스스로를 희생해서 손을 내밀었습니다.

머조리티가 그것을 요구하는 것은 잘못입니다. '여러분이 그것을 해야 한다.'고 요구하면 단호히 거절해야 하지만, 우리 쪽은 그렇게 해왔고 앞으로도 그렇게 해야 합니다. 그 싸움은 눈앞에 보이는 정치적 투쟁임과 동시에, 지금 말한 것과 같은 긴 척도, 넓은 시야를 확보하는 예술적 투쟁이기도 합니다. 즉 머조리티들이 갇혀 있는 시야를 넓혀주는 일도 해야 한다는 것이죠. 저는 언제나 그렇게 생각하고 있고, 이번 일도 그런 시도의 하나입니다.

오늘은 어찌 보면 격렬한 논의가 되었지만, 이런 논의야말로 바라던 일입니다. 그러나 안타깝게도 아직 중심에는 도달하지 못하고 주변에서만 이루어지고 있지요. 그렇기 때문에 중심을 향해 묻고 제기해야 합니다. 우리가 다가가 영합할 필요는 없지만 물음을 던지는 것만은 포기할 수 없다고 생각합니다.

비근한 예를 하나 들자면, 오사카의 하시모토 도오루(橋本徹) 시장이 있지요. 그는 과거에 일본군 '위안부'에 대해서도 재일조선인에 대해서도 모욕적, 차별적인 말을 태연하게 했습니다. 태연하게 말하기 때문에 지지를 얻고 있는 것입니다. 그는 실언을 하고 있는 게 아닙니다. 그런 말을 하면 할수록 지지층이 결집한다는 것을 알고 있는 것이지요. 그리고 그것을 일본의 주류인 보수 정당부터 민주당까지 속으로는 기뻐하고 있습니다. 자기들을 대신해서 말해주니까요. 그런 그가 오키나와에 대해서는 무슨 말을 하는가 하면, '오키나와의 여성들이 방파제가 되어주었다.'거나 '오키나와의 부담을 조금이라도 줄이기 위해 야오(八尾) 시(오사카 부—옮긴이)로 오스프레이를 가져오겠다.'고 합니다.

아이러니인데요, 그 사람 덕분에 조선과 오키나와가 만났습니다. 즉 공통의 적을 어떻게든 쳐부수기 위해 만날 수 있었던 것이지요. 공통의 적은 하시모토라는 개인이 아니고, 머조리티 안에 있는 심리입니다. 게다가 그것이 예전에는 나름대로 억제되어 있었는데 지금은 들춰내면 낼수록 열광하는 분위기이고, 그것을 억제하는 세력이 야마토의 '본토'에는 매우 적습니다. 가마쿠라 씨는 그 소수의 사람들 속에서 분발하고 있는 분입니다.

우리를 만나게 하는 것은 우리의 공통된 적입니다. 그것은 원전이고, 기지이고, 전쟁이라는 위협이고, 헌법 개악의 위협이라고 생각합니다. 이런 식으로 우리가 만나는 것이 유쾌한 일은 아닙니다만, 우리가 만날 수 없다면 이길 수도 없습니다. 그런 것을 오늘도 다시 생각했습니다. 긴 시간 감사합니다. 마지막으로 한홍구 선생의 말씀을 듣겠습니다.

한홍구 저는 핵 문제, 원전 문제와 관련해서 서경식 선생과 다카하시 선생과 여러 곳을 다니면서 좌담회를 했습니다(『후쿠시마 이후의 삶』 한홍구, 서경식, 다카하시 데쓰야 저, 이령경 옮김, 반비, 2013년). 일본에 원자폭탄이 떨어지고 나서 10년도 지나지 않아 원전이 세워지기 시작했습니다. 이 일에 가장 앞장 선 것이 나카소네 야스히로(中宗根康弘)와 쇼리키 마쓰타로(正力松太郎) 두 사람입니다. 정말 놀라운 것은 나카소네 야스히로는 전쟁 중에 해군 장교로, 점령지인 인도네시아에서 '위안소' 설치 책임자였어요. 쇼리키는 관동대지진 때 경찰 간부의 한 사람으로, 조선인 학살을 일으킨 유언비어를 흘려보낸 인물로 전해지고 있습니다.

일본 제국주의 식민지지배의 선두에 서서 범죄를 일으킨 사람들이 피폭국인 일본을 '아토믹 선샤인(atomic sunshine, 전후 헌법의 제정 과정에서 '원자력의 혜택을 함께 즐기자.'고 미국 고관이 일본 측에 한 제안)'이라는 미명 하에 핵발전소, 원전을 만드는 일에 앞장섰습니다. 저는 앞에서 '고통의 연대'라는 표현을 사용했는데, 매우 어렵다는 의견이 오늘 객석에서도 여럿 있었고, 간단치 않다는 점에 대해서는 저도 공감합니다. 고통의 하나하나는 모두 성격이 다릅니다. 손가락 하나가 상처를 입어도 칼로 베인 상처와 기름에 덴 화상은 다릅니다. 또 상처를 낸 것이 유리인지 칼인지 종이인지에 따라서도 아픔의 질이 전혀 다릅니다.

하지만 아픔을 느낀 사람만이 다른 사람의 아픔을 공유할 수 있습니다. '저게 뭐가 아프지? 내가 더 아프다.'라는 장면도 있을 수 있고, '나는 아픔을 느꼈기 때문에 너의 아픔을 안다.'는 것도 가능하다고 생각합니다. 예를 들어 쇼리키나 나카소네는 결코 서로 직접 그런 이야기는 하지 않았을 거에요. 왜냐하면 두 사람의 이해관계가 일치하기 때문입니다. 우리가 왜 연대해야 하냐면, 우리가 '다르기' 때문입니다. 그리고 여러분이 여기저기 흩어져 있어서 힘이 약하기 때문에 연대해야 하는 것입니다.

실은 사진은 말이 필요 없는 예술입니다. 그러나 우리는 조선어와 일본어, 그리고 우치나구치로 이야기하기 위해 통역이 두 사람이나 필요했습니다. 이렇듯 연대는 정말 어렵고 복잡한 과정이지만, 우리들이 이런 식으로 함께 단결하지 않으면 안 되는 상황이 현실입니다. 왜냐하면 저쪽은 이해관계가 하나이고 힘도 있어서 엄청나게 강력하지만, 우리는 분단되어 있고 힘도 약합니다. 그래서 어려운 길이지만 연대해가지 않으면 안 되는 것입니다.

저는 역사를 전공한 학자인데요, 특히 국가 폭력에 관해 연구합니다. 누군가를 죽이고 죽는 이야기는 그 방법도 다양해서 그런 방법이나 피해자의 트라우마 같은 것을 쭉 연구하고 있어요. 그것을 사실로 공개하기 위해서는 아까 토론에서도 나왔듯이, 유골이나 사체더미라든지, 흘러넘치는 피라든지 그런 것들을 이야기해야 합니다. 저도 그 같은 이야기를 계속하는 것이 힘들 때도 있습니다. 그것을 공개하면 사람에 따라 반응을 보이기도 하지만, 많은 사람들은 눈을 돌리고, 보려 하지 않습니다.

알고서도 보려 하지 않는 사람들을 붙잡아 되돌리는 힘이 예술에 있습니다. 예술에 그런 힘이 있다기보다는 예술이 그런 역할을 해주지 않는다면 달리 무엇이 할 수 있겠는가 하는 마음입니다. 고통스러운 학살이나 국가폭력이 있었다는 사실과 마치 무관한 것처럼 살고 있는 사람들에게, 우리가 어떻게 그 의미를 전달할까요? 그러한 노력이 여기에 미술관을 만들어 전시하고 있는 사키마 관장, 후쿠시마에 가서 사진을 찍은 정주하 작가, 전시회를 실행시킨 서경식 선생에 의해 이루어지고 있습니다. 우리도 한국에서 평화박물관을 설립하려는 운동을 하고 있지만, 이같은 노력 하나하나가 다양한 곳에서 각자의 고통을 어떻게 사람들에게 전할 수 있을까를 모색할 수 있었으면 합니다.

덧붙임

내가 히가 도요미쓰 선생을 통역한 이유
치닌 우시

히가 도요미쓰 선생이 시마쿠토바로 이야기를 시작했을 때, 객석이 술렁거렸다. 통역을 하려고 내가 순간적으로 일어난 것은, 우연히도 앞쪽에 앉아 있어서 나가기 쉬웠기도 했고, 히가 선생의 의도가 마음에 와닿았기 때문이었다. 서경식 선생은 "일본어로 이야기해주십시오."라고 부탁했지만 그것은 일본어를 강요당한 사람들끼리 역으로 일본어를 '연대의 도구'로 사용하자는 제안이었다고 생각한다. 동시에 객석에서는 시마쿠토바로 이야기하기를 바라는 목소리도 있었고, 히가 선생도 그랬다. 히가 선생은 사진뿐 아니라 동아시아에 있어서 한반도, 한국, 재일조선, 후쿠시마, 일본, 오키나와라는 관계성을 이야기하기 위해서는, 자신의 포지셔닝과 아이덴티티를 명확히 하는 말이 아니면 발언할 수 없었던 것이 아닐까. 또 지금까지 '방언', '좋지 않은 열등한 말'로 천대받던 모어를 복권시켜, 공적인 공간에서도 당당히 사용하고자 하는 오키나와 현지의 분위기도 있었다. 물론 그렇게 하면 그 말을 알지 못하는 사람들과의 이해나 교류가 어려워진다. 외국인, 야마톤추(일본 본토인을 가리키는 오키나와 말―옮긴이), 또 시마쿠토바 자체를 빼앗긴 젊은 오키나와인 세대에게도 그렇다. 통역은 양쪽 요구를 가능한 한 충족시키는 접점이 되었다고 생각한다. 하지만 나는 아직 시마쿠토바를 공부하는 중이고, 통역은 이번이 처음이라서 능숙히 했다고는 자신할 수 없다. 참가자들을 답답하게 한 것은 아닌가 싶어 죄송한 마음도 있다. 시마쿠토바에 통역을 붙여 논의하는 국제심포지엄 자체가 현대 류큐 역사상 처음이 아닌가 한다. 서경식 선생이 말씀하신 것처럼, 서로 다른 입장, 다른 언어라는 점에서도 '연대'는 간단하지 않다. 그럼에도 그때 그 자리에서 이와 같은 시도에 함께 하고 호응해주신 모든 분에게 감사드리고 싶다. 사진전이었기 때문에 가능하지 않았나 생각한다. 덧붙이자면 나는 이 체험에 자극을 받아, 전시회가 끝나고 2개월 후 미국에서 열린 학회에서 영어로 발표한 후 이어지는 질의에는 시마쿠토바로 대답하고 영어 통역을 붙였다. 그때 학회장에는 하와이 선주민 사람들이 와 있었는데 그들에게 이 시도의 의미가 잘 전달되어 공감을 샀다고, 관계자가 그 후에 알려왔다.

예술의 힘과 그 역할을 둘러싸고

시나노데생관은 1979년 나가노(長野) 현 우에다(上田) 시에 설립되어, 무라야마 가이타(村山槐多), 세키네 쇼지(関根正二), 노다 히데오(野田英夫), 도바리 고간(戸張孤雁), 아이 미쓰(靉光), 마쓰모토 슌스케(松本俊介) 등 요절한 화가들의 작품을 전시하고 있다. 1997년에는 전몰 미술학도의 유작을 모아 전시하는 '무언관(無言舘)'이 같은 곳에 설립되었다. 정주하 사진전 제5회 전시회는 시나노데생관 별관인 '가이타암'에서 열렸다.

관장인 구보시마 세이치로는 『표박―일본계 화가 노다 히데오(漂泊·日系画家野田英夫)』(新潮社, 1990), 『나의 사랑하는 요절 화가들(わが愛する夭折画家たち)』(講談社現代新書, 1992), 『무언관 노트―전몰 미술학도에게 바치는 레퀴엠(無言舘ノオト―戦没画学生へのレクイエム)』(集英社新書, 2001) 등 다수의 저작을 쓴 미술평론가이기도 하다. 사회는 서경식이 맡았다.

2013 · 10 · 27

정주하 + 구보시마 세이치로(窪島誠一郎) + 서경식

통역 이령경

나가노 현 우에다 시 시나노데생관(信濃デッサン館) 별관 가이타암(槐多庵)

구보시마 세이치로 관장인 구보시마라고 합니다. 정주하 선생의 '빼앗긴 들에도 봄은 오는가'라는 사진전이 오늘부터 개최됩니다. 그 첫날인 오늘은 이 전시회 전체를 운영하고 계신 서경식 선생도 오셨습니다. 먼저 정 선생께 이번 20점의 작품에 대해 말씀을 청해 듣겠습니다. 그리고 나서 이 전시회가 어떻게 일본에서 이루어지게 되었는지, 그 경위와 지금까지의 여정을 서경식 선생께 듣고 싶습니다.

전몰 미술학도의 총구 건너편을 잊지 않는다

서경식 이 전시는 2012년 3월에 서울에서 처음으로 열렸고 사진집도 서울에서 출간되었습니다. 일본에서도 전시를 할 수는 없을까 생각했지만, 실은 두렵고 망설여졌습니다. 일본 사람들이 어떻게 반응할까 하는 생각, 특히 피해지역 사람들이 자칫 상처를 받을지도 모르고 분노할지도

모른다는 걱정, 또는 반대로 '아름다운 그림을 보고 싶다.'는 식으로 소
비되는 것도 본래 의도와 다르다는 등의 이유로 고민했습니다.

그러다가 마침 재해 2주기가 되는 2013년 3월에 지진 및 원전 피
해의 현지인 미나미소마에서 전시해보자고 사사키 다카시 선생을 비롯
한 현지 분들이 이야기해주셔서 전시회가 실현되었습니다. 이왕 할 거라
면 일본 각지에서 할 수는 없을까 해서, 미나미소마 이후 사이타마 현의
'원폭도'가 있는 마루키미술관, 그리고 도쿄 도내의 갤러리 세션하우스
가든 세 곳을 순회할 예정으로 전시를 시작했습니다. 다행스럽게도 3월
의 미나미소마 전시 모습을 포함해 정주하 선생이 출연하는 방송 프로
그램이 바로 「빼앗긴 들에도 봄은 오는가—정주하」라는 제목으로 만들
어져 NHK 교육방송 '마음의 시대'에서 방영되었습니다.

그로 인해 어느 정도 주목을 받게 되어 오키나와의 사키마미술관
에서도 요청해주셨고, 이번에는 시나노데생관의 구보시마 관장님이 그
럼 이곳에서도 하자고 연락을 주셔서 일본에서 다섯 번째로 순회 전시
를 하게 된 것입니다.

이것이 지금까지 사진전의 간단한 경위입니다만, 귀한 기회이니 조
금 더 시간을 얻어 제 생각도 말씀드리겠습니다.

저는 개인적으로 이곳 데생관에 전시된 무라야마 가이타, 노다 히
데오, 세키네 쇼지의 열렬한 팬이어서, 젊었을 때부터 이곳을 여러 차례
방문했습니다. 무언관이 없었을 때부터입니다. 구보시마 관장님의 성함
도 책을 읽어서 알고 있었습니다. 무언관이 생긴 뒤로는 대학의 학생들
을 데리고 이따금 무언관에 연수여행을 왔습니다.

　　무언관은 전쟁 때문에 그림 그리는 일을 중단하고 붓을 꺾을 수밖에 없었던 젊은 일본 미술학도들의 유작이 모여 있는 훌륭한 미술관이라고 생각합니다. 저도 교육적인 의미가 있다고 생각해서 학생들을 데려오는 것입니다. 그런데 '기억의 팔레트'라는 비석을 보니 조선인 미술학도의 이름이 있었습니다. 제국미술학교, 현재의 무사시노 미대에 다니다가 학도병으로 동원되어 죽은 분입니다. 무언관에서 펴낸 명부에도 제가 아는 한 세 명의 조선 사람 이름이 나옵니다. 그들은 한국에서도 거의 알려지지 않았어요. 화가가 되겠다는 뜻을 이루지 못하고 억울하게 전사한 데다가, 조국에서도 거의 망각된, 그런 운명을 강요당한 분들이지요. 그들의 존재를 무언관에서 발굴해주신 것입니다.

　　2012년이었다고 생각하는데, 구보시마 관장님과 이야기를 나누던 중에, 아직 이 사진전 개최 이야기는 결정되지 않았던 때였지만, 매우 중요한 말씀을 들었습니다. 관장님은 총을 들고 전장에 나간 일본인 전몰 미술학도들이 들고 있던 총구 건너편에 그들과 같은 아시아인 젊은이가 있었다는 사실을 잊고 싶지 않다고 말씀하신 겁니다. 즉 이 전쟁과 전쟁의 피해가 일본 안쪽에만 폐쇄된, 자족적인 이야기가 아니고, 전장에 있었던 상대편의 시선을 통해서 다시 한 번 반성하면서 몇 번이고 곱씹어보는 그런 생각을 관장님께서 지니고 계신 것에 감명을 받았습니다.

　　이곳에서 정주하 선생의 전시를 하는 것은 의미가 깊다고 생각합니다. 물론 정주하 선생은 현재의 사람이고, 다행히도 아직 전쟁은 일어나지 않았지만, 무언관이 있는 시나노데생관에서 이러한 전시를 하는 것에는 특별한 의미가 있다고 생각하니, 감개무량합니다.

정주하 선생을 소개하겠습니다.

정주하 뵙게 되어 진심으로 반갑습니다. 제가 오늘 아침 산책길에 한 농부 아저씨를 만났습니다. 저 위에 온천단지가 있는데, 온천단지에 가기 전에 위쪽으로 난 길이 있습니다. 저는 어제 도착해서 자고 아침에 일어나 다른 두 분과 함께 그곳을 산책하고 있었습니다. 우연히 마주친 농부 아저씨가 저희를 반갑게 부르면서 밭에서 키우는 채소를 뽑아서 선물이라며 주셨습니다. 이런 일은 일본에도 있고, 한국에도 있고, 아마 전 세계 어디서나 있는 흔한 일이라고 생각합니다. 하지만 3·11 이후, 이처럼 후의 넘치는 채소 선물은 흔한 일도 아니고, 그 후의를 받아들이는 일 또한 쉽지 않게 되어버렸습니다. 하지만 우리는 매우 고맙게 채소를 받아들고 왔습니다.

저는 한국의 조그만 미술전문대학에서 사진을 가르치고 있는 정주하라고 합니다. 나이는 쉰 다섯이고요, 아들 하나 딸 하나를 두었습니다. 평범한 중년 남자인데요. 약 10년 전부터 한국의 원자력발전소 주변 풍경을 사진으로 찍어왔습니다. 2003년부터 2007년까지 한국의 원자력발전소 주변에서 살아가는 사람들의 일상적 모습을 찍어서 『불안, 불-안』이라는 제목으로 전시도 하고 책도 냈습니다.

2011년 3월 11일 후쿠시마의 쓰나미와 원자력발전소 붕괴를 여러 매체를 통해 생생히 경험했습니다. 그 후 여러 가지 복잡한 생각과 잘 정리되지 않는 어지러운 마음을 가지고 후쿠시마를 바라보았고, 정말 그 일이 우리 삶에 어떻게 영향을 미치는지에 대해 두려운 마음을 가진 채,

서경식 선생의 도움으로 후쿠시마에 다녀왔고요, 그때의 작업을 지금 여러분께 보여드리고 있는 겁니다. 제 작업에 대한 자세한 이야기는 나중에 이야기가 진행되고 나서 말씀드리도록 하고요. 무엇보다 이렇게 의미 있는 미술관에서 제 작업을 여러분과 공유할 수 있게 되어 영광으로 생각합니다.

사진은 언어와 밀접한 관계에 있다 ˙

구보시마 세이치로 텔레비전에서 보았을 때는 좀 연세가 있는 분일 거라고 생각했는데, 정주하 선생은 생각보다 반짝반짝 빛나는 청년 같으세요, 조금 당황했습니다. 정 선생께 질문 드립니다.

정 선생은 이미 한국에 있는 원자력발전소를 오랜 기간 자신의 피사체로 삼아 정점관측(定點觀測)하신 분입니다. 후쿠시마의 미증유의 사건을 듣고 미나미소마에 달려오셨고요. 그리고 오늘 이곳에 20점의 작품이 전시되어 있습니다. 1920년대에 쓰여진 이상화의 시 「빼앗긴 들에도 봄은 오는가」라는 제목이 가리키는 것처럼, 이곳에 전시되어 있는 것은 지극히 평온하고 적막한, 어떤 의미에서 시간이 멈춘 듯한, 대단히 멋진, 오히려 마음이 편안해지는 풍경 사진입니다. 설명을 듣지 않고 보면 그냥 시골 풍경입니다. '아! 평온하고 한가롭구나.'라는 느낌이지요.

저는 정 선생이 사진가로서 본인의 사진에 텍스트는 필요없다, 간단히 말해 설명이 필요없다 하는 태도라는 것을 알았습니다. 이것은 제가 운영하는 이 무언관과도 통하는 것입니다. 무언관은 어떻습니까? '전몰'이라는 단어를 떼어내고, '위령'이라는 단어를 떼어내고, 저 그림이 놓여 있다고 합시다. 그리고 저기에는 전사통지서나 소집영장, 그들의 출신지, 그들이 죽어간 전쟁이라는 배경 자료가 전시되어 있지만, 그런 것들을 전부 떼어버린다면 실로 평화로운 그림들이지요.

가장 사랑하는 부인을 그리고, 가장 사랑하는 애인을 그리고, 고향의 풍경을 그리고, 평소 존경하고 사랑하는 아버지나 어머니를 그렸지요. 얼마나 평화로운지 마치 가족사진을 보는 듯한 그림이 전시되어 있습니다. 그러나 전몰한 젊은이의 그림이라는 제목이 붙는 순간, 단순한 평온, 단순한 정숙, 단순한 안온이 아닌 또 다른 공기를 느끼지 않을 수 없지요.

오늘 사진을 보고 감탄한 것은, 모든 작품에 퍼스펙티브가 있다는 점입니다. 퍼스펙티브라고 하면 거창한 표현 같은데, 지평선이고 수평선입니다. 지구의 수평선은 어디에나 있지요. 그것은 이쪽에서 정 선생이 걸어들어가는 길인 동시에 저쪽 편에 내가 서 있는 길이기도 합니다. 20점의 작품에는 공통적으로 지평선, 퍼스펙티브라는 발상이 있습니다. 방금 하신 말씀을 들어보니, 이미 한국의 원전 사진을 찍었다고요. 3·11 사건으로 대참사가 일어난 후 정주하 선생이 걷기 시작한 길은 '한국이니까'라든지 '일본이니까', '후쿠시마니까'가 아니고 전부 연결된 하나의 퍼스펙티브 안에 포함되어 있는 것이 아닌가 생각합니다.

저도 자주 사람들에게 추궁당해서 당혹스러운 질문이 있는데, 오늘은 정 선생에게 그 질문을 돌려보고 싶습니다. 선생의 사진에서 텍스트는 어떤 의미입니까? 지금 설명은 불필요하다고 생각하시는지요?

정주하 질문에 대한 답으로는, 제가 작업한 주제와는 다소 동떨어지지만 사진의 본질에 대해 말씀드리면 될 것 같습니다. 보통 사람들은 사진을 그림과 유사하게 생각하는데요. 하지만 사진은 언어와 훨씬 더 밀접한 관계를 맺고 있습니다. 우리가 말로 '사과'라고 표현한다면, '사과'라고 하는 기표(記標)가 드러내는 사과의 겉모습을 근거로 이야기하게 되지요. 즉 사과가 지칭하는 사물을 근거로 '사과'라는 단어를 주고받게 됩니다. 그리고는 사과라는 단어를 통해 '평화'나 '행복'이나 '건강' 따위의 의미를 전달하게 되는데요, 이것이 기의(記意)지요. 기표와 기의가 함께 있는 것을 '기호'라고 하는데요, 하나의 기표에 기의가 수없이 들러붙어 있는 것이 언어입니다. 사과라는 하나의 단어에 평화나 행복, 건강, 둥글다, 붉다 등등 수많은 의미가 담길 수 있지요.

사진 또한 그림과는 달리, 일단 사과를 찍으면 사과라고 하는 겉으로 드러난 사물 자체를 우선 사람들에게 전달합니다. 그리고 나서 "사과가 지구처럼 둥글다."라든지, "사과의 표면이 여인의 볼처럼 붉다."든지 하는 의미를 전달하게 됩니다. 따라서 사진은, 우리가 이미 언어를 통해서 세상과 대화를 주고받던, 즉 언어로 구축해놓은 '이해의 통로'를 통해 생각을 주고받는 매체라고 믿습니다.

사진은 이미 그 자체로 텍스트입니다. 좋은 사진가는 텍스트화된 사진을 어떻게 컨텍스트(맥락)화하는가로 결정됩니다. 따라서 만약 사진 한 장 한 장에 대해 텍스트로 설명을 붙이게 되면 자칫 사진가가 생산

하려는 컨텍스트의 의미를 잃어버리고, 단어에 묶여버리는 우를 범할 수 있다고 봅니다. 그런 이유로 저는 사진 하나 하나에 텍스트를 붙이는 것에 대해 조금 경계하고 있습니다.

또 하나, 사진은 마치 텍스트처럼 수평으로 읽어나가게 되어 있습니다. 언어에 있어서 문장이 왼쪽부터 오른쪽으로 의미를 축적해서 이해되는 것처럼, 사진도 하나의 주제를 여러 장의 사진으로 텍스트화해서 전달함으로써 작가가 의도한 의미를 전달하는 것이지요. 따라서 단지 한 장의 사진만으로 생각을 전달하기는 매우 어렵기도 하고, 보도하는 입장이 될 뿐이고요, 작가의 깊은 생각을 전달하고자 할 때는 당연히 여러 장의 사진을 만들게 됩니다. 이 점도 역시 회화와는 다른 점이라 생각합니다.

마지막으로 사진을 이해할 때 중요한 점은, 사진가는 자기 의도를 가지고 작업하지만, 보는 관람자 역시 각자 세상에 대한 기호의 이해가 구축되어 있기 마련이에요. 그러므로 오로지 사진가가 정해놓은 틀을 따라서만 관람자들이 무엇을 받아들이거나 느끼거나 이해한다는 것은 모순이고요, 오히려 관람은 온전히 관람자의 몫이라고 생각합니다.

구보시마 세이치로 말씀은 대체로 알겠습니다. 서 선생께서 덧붙일 말이 있으실까요?

서경식 네, 저에게는 매우 흥미로운 이야기입니다. 저도 아마추어지만 미술 수업을 하거나 책을 쓰기도 하는데, 최근 2년 정도 정 선생과 만나면서 꽤 여러 가지를 생각하게 되었습니다. 지금 말씀하신 내용도 제 나름 대로 이해할 수 있게 되었고요. 예를 들면 저기 신사(神社)가 찍혀 있는 사진(사진 11)이 있습니다. 사진은 이미 '이것은 신사다.'라는 텍스트지요. 대학에서 학생들과 수업을 할 때 저런 사진을 보여주고 "무엇을 찍은 사진입니까?"라고 물으면 학생들은 "신사입니다."라고 대답하겠지요. 그러나 이 사진은 신사를 찍은 것이지만, 작가는 "이것은 신사입니다."를 전하고 싶은 것이 아닙니다.

　사진과 그림은 다르다고 정주하 선생이 말씀하셨는데, 그런 면도 있고 그렇지 않은 면도 있다고 생각합니다. 무언관의 초상화를 보더라도, 혹은 노다 히데오나 무라야마 가이타가 그린 그림도 "무엇이 그려져 있습니까?"라는 질문을 받고 "사람입니다."라고만 대답한다면 그것은 그야말로 단순히 텍스트에 얽매인 해석이지요. 회화란 인간의 모습을 묘사하면서 욕망이라든지, 질투라든지, 실의라든지 그런 것을 묘사합니다. 그러나 그것은 사물을 통해서밖에 그릴 수 없습니다. 추상화는 별개입니다만. 하지만 이런 부분이 매우 큰 벽이 되고 있기 때문에 미술작품을 보는 많은 사람이 "무엇이 그려져 있습니까?", "책입니다."라든지 "무엇이 찍혀 있습니까?", "산입니다."라든지 이런 식으로 대답합니다. 묘사된 사물을 잘 모르면 무엇을 말하고 있는지 모르기 때문에 재미없다는 식이 되어버립니다. 방금 정주하 선생의 말씀은 우리들 안에 있는 그런 벽을 넘어서게 해주는 것입니다.

　방사능 피해는 눈에 보이지 않습니다. 방사능에 의한 불안이라든지 공포라든지, 차마 표현하기 힘든 섬뜩함, 그런 눈에 보이지 않는 것을 표현해야 합니다. 이럴 때 눈에 보이는 것만이 텍스트라는 전제로 접근해 가면 결국 아무것도 표현할 수 없게 되는 것이지요. 그런 의미의 말씀이 아니었나 해석해봅니다. 이 사진 전체의 흐름을 처음부터 끝까지 좇으면, 그런 것을 이해할 수 있으리라 생각합니다.

　　지금까지 전시회를 해오는 과정에서도, 예를 들어 이상화라는 시인이 어떤 시인이고 어떤 시를 썼는지 예비지식이 없더라도, 처음에는 단순한 풍경 사진으로 보던 사람들도 보고 있는 동안 점점 말수가 적어지면서 멈춰서기도 하고 복잡한 마음을 품고 전시장을 떠나는 장면을 여러 차례 목격했습니다. 이것이 역시 예술의 힘이 아닌가 생각합니다.

여전히 아름다운 들을 찍는다

구보시마 세이치로 다소 두꺼운 이 사진집은 방금 전에도 말씀하셨던 『불안, 불-안』인데요, 이 중에는 상당히 직접적으로 한국의 원전을 포착해서 촬영한 사진이 꽤 있습니다. 반면에 이웃나라 일본에서 대규모 원전 사고가 일어난 뒤 그곳에 달려가서는 그저 적막하고 평온한 풍경을 찍으셨는데요, 미나미소마에 도착한 후에 그런 충동이 일어난 것입니까? 아니면 출발하기 전에 그런 마음이 있었던 것입니까?

정주하 사실 저는 두 가지를 동시에 경험했습니다. 보통은 사진가가 현장에 가기 전에 모든 것을 미리 결정하고 가는 일은 드물지요. 물론 현장에 가기 전에 그 장소에 대해 조사도 하고, 내가 가서 무엇을 할 것인 가에 대해 고민하고 아이디어를 공부합니다. 이번 경우에는 그에 더해서 후쿠시마에 가기 전에 서경식 선생이 출연하신 NHK 다큐멘터리를 보았습니다. 2011년 8~9월의 일입니다.

그 후 한국의 역사학자 한홍구 선생과 후쿠시마 사태를 어떻게 보아야 하는가에 대해 이야기할 기회가 있었습니다. 그 즈음은 이미 일본 뿐만 아니라 전 세계가 후쿠시마에서 일어난 사태에 대해서 텔레비전이나 신문, 잡지 등을 통해 생생하게 접하고 이미 알고 있던 때입니다. 많은 사람이 후쿠시마에서 일어난 사태에 대해 분노하거나 측은한 마음을 갖기도 했는데요, 한국과 일본의 역사를 잘 아는 분들은 좀 더 깊은 곳을 들여다보고 싶은 마음이 있었을 겁니다. 저에게는 후쿠시마의 이번 일로 삶의 터전을 잃어버린 분들을 진심으로 이해하기 위해, 이웃에 사는 우리가 어떠한 자세를 가져야 하는가에 대해 고민할 수 있었던 기회였습니다.

저희가 이상화 시인의 「빼앗긴 들에도 봄은 오는가」라는 시의 제목을 선택한 것은, 이번 사고를 겪으면서 일본도 고통을 당했으니 이제는 모든 것을 용서하겠다는 것도 아니고, "봐라! 너희도 고통을 당하니 아프지!"라는 것도 아닙니다. 고통을 겪으신 분들과 삶의 터전을 빼앗긴 분들께 진심으로 무엇을 느껴야 하고, 그분들의 미래에 대해서 어떠한 마음을 가져야 하는지 함께 생각해보자는 뜻으로 제목을 정한 것입니다. 제가 후쿠시마에서 보았거나 보려고 했던 것은, 그렇게 빼앗긴 들이 여전히 얼마나 찬란히 아름다운가 하는 것입니다. 그것을 보고, 촬영하고, 작업하여 여러분들께 제시해보고 싶었습니다.

구보시마 세이치로 이 전시회를 처음 한국에서 1개월 정도 열었다고 했는데, 당시의 평가는 어땠는지요? 정 선생이 예상한 반응이었나요? 한국 사람들은 어떻게 받아들였습니까?

정주하 한국 분들도 일본 분들이 느끼는 것과 비슷했습니다. 도대체 사진가 정주하가 그 비참한 지역인 후쿠시마에 가서 왜 이렇게 예쁜 것, 아름다운 풍경만을 찍어왔는지 의아하게 여겼습니다. 하지만 제가 서울에서 전시한 곳은 평화박물관이에요. 그곳은 세계 평화에 대한 관심을 바탕으로 전시와 세미나도 하고 책도 발간하는 곳입니다. 따라서 그곳에 오시는 분들은 대개 기본적으로 제 사진에 대해 긍정적 관심을 보였습니다. 2012년 3월 16일부터 한 달간의 전시였는데, 제2차 세계핵안보정상회의가 서울에서 열리고 있었던 때입니다. 제1차는 2년 전에 오바마 대통령 주도로 미국 워싱턴DC에서 했고요. 좀 의아하지 않습니까? 오바마 미국 대통령이야 2년 전에 서울에서 하자고 제안했으니 아무것도 모른다고 하더라도 제안을 받아들인 이명박 대통령은 바로 옆 나라 일본의 후쿠시마에서 거대한 사고가 일어났음에도 불구하고, 한국에서 핵안보, 즉 핵을 가지고 정쟁을 하는 정상회담을 버젓이 개최했습니다. 다행히도 이 상황을 이해하는 많은 관람객이 제 작업에 대해서 이해해주고, 서경식 선생과 한홍구 선생이 같이 좌담을 할 때에도, 많은 분이 오셔서 깊이 있게 이해해주셨습니다.

'까마귀'에 대하여

구보시마 세이치로 이 전시회는 며칠 전까지 오키나와의 기노완 시에 있는 사키마미술관이라는, 저도 매우 가깝게 지내는 장소에서 개최되었습니다. 그곳에는 마루키 이리, 마루키 도시 부부의 「오키나와 전쟁도」라는 걸작이 전시되어 있습니다. 그 전에는 사이타마 현 히가시마쓰야마 시에 있는 마루키 부부의 미술관, 즉 마루키미술관에서 개최되었습니다. 그런 의미에서 보자면, 분명히 서 선생의 감각에는 무언관이라는 전몰 미술학도의 미술관이 옆에 있고 데생관이라는 요절한 화가들의 미술관이 있는 이곳에 정 선생의 사진을 전시함으로써, 또 다른 '화학반응'을 기대하신 부분이 있다고 봅니다.

무슨 말이냐면, 사키마미술관은 어떤 의미에서 매우 선동적이고 분명한 주장을 하는 곳입니다. 말하자면 오키나와 전쟁의 가혹함, 어리석음, 불합리함, 이런 것을 그대로 예술로 승화해서 직접적으로 전달하고자 하는 미술관입니다. 그곳에 이처럼 평온하고 풍성하게 감이 열린, 혹은 광활하게 펼쳐진 멋진 구름이 있는 작품을 전시하는 것은 정말로 좋은 효과를 냈을 것입니다. 정 선생이 가지고 계신 중용이랄까요, 텍스트는 불필요하고 사진 자체가 텍스트라고 말씀하시는, 그런 사진의 태도를 잘 살릴 수 있는 공간이었다고 생각합니다. 그러면 이번은 어떨까요? 무언관의 옆인 이곳 별관 '가이타암'에서 정 선생의 사진을 전시하는 것은요. 앞으로 1개월간 전시 기간이 있으니 여러 가지 답이 나오겠지만, 우선 서 선생부터 말씀해주셨으면 합니다.

233

서경식 정주하 선생이 오셨고 마침 오늘 데생관과 무언관을 보셨으니 그 감상을 먼저 들으면 어떨까요. 작품을 보고 어떤 생각을 하셨는지요?

정주하 예술적으로, 작품 자체에 대해서는 좀 더 깊이 생각을 해봐야 할 부분이 있습니다. 그렇지만 작품들을 미술관의 건축 형태로 담아낸 관장님의 의도에 대해서는 궁금함이 있습니다. 예를 들면 중앙미술관은 십자 형태를 띠고 있습니다. 보통의 다른 전시관에서는 볼 수 없는 형태인데요, 들어가는 입구에서 중앙을 지나 좌우 양쪽으로 십자 형태로 그림을 보게 되어있지요. 독특한 점은 다른 방향의 바닥은 모두 평평한데 오직 중앙 부분만 가운데가 볼록하게 마치 언덕처럼 도드라져 올라와 있습니다. 제가 잘 몰라서요, 무지한 저로서는 이 점이 무척 궁금합니다. 분명 건축을 할 당시에 어떤 의도가 있으셨다고 생각됩니다.

구보시마 세이치로 35년의 미술관 역사를 통해 '이런 모습이고 싶다.', '이런 식으로 좋아하는 화가들의 그림을 전시하고 싶다.'는 저의 의식도 조금씩 변했습니다. 정 선생이 가장 관심과 흥미를 가져주신 무언관의 건축에 실은 직접적인 배경은 없습니다. 무엇에 영향을 받았다거나 하지는 않았어요. 다만 이탈리아의 아시시에 갔을 때, 멀리서 본 건물이 매우 좋았어요. 안에 들어가본 적도 없고, 내부가 어떻게 되어 있는지도 몰랐지만, 멀리서 바라본 수도원 같은 풍취가 뭐라 표현할 수 없이 마음에 남아서 '저런 곳에 좋아하는 그림을 걸어두면 좋겠다.'는 마음이 들었어요. 다만 미술관이 십자가 형태가 된 것은, 글쎄요, 특별한 의도가 없었는데 그런 식이 되어버렸습니다.

투수마운드처럼 한가운데가 솟아 있는 구조는, 가능한 한 불편한 형태로, 다시 말하면 긴장감을 가지고, 마음으로 그림을 봐달라는, 그런 마음이 있습니다. 간혹 방심해서 걸려 넘어지는 사람도 있어요. 아무런 장애도 없이 순조롭게 걷다가 나도 모르는 사이에 밖으로 나와버리는 그런 미술관으로 만들고 싶지 않았어요. 그래서 가급적 쓰여 있는 문장도 들여다보지 않으면 읽을 수 없는 위치에 만들어두었습니다. 아무튼 불편했으면 하는 마음이 많아요. 그것은 데생관에도 이곳 가이타암에도 공통됩니다. 쾌적한 조건에서 그림을 보지 말아달라는, 그림을 향해 내 쪽에서부터 열어가는 시간을 갖기 바란다는 뜻입니다. 그렇기 때문에 무언관은 몹시 순수하지 않은 건물이지요. 자주 '해설은 좀 더 위에 붙여달라.'든지 '좀 더 밝게 해달라.'고들 하는데 전부 묵살하고 있습니다.

정주하 그래도 적어도 바다 두 곳에서 신선한 공기가 올라오더군요. 분명히 불편하기는 하겠지만, 공기로 인해 머리가 아프게는 하지 않겠다는 배려가 있는 것 같습니다.

구보시마 세이치로 그래요. 알아주셔서 감사합니다.

서 선생이 『나의 서양미술 순례』(박이엽 옮김, 창비, 2002년)에선가 고흐에 관해 쓰셨는데, 그 고흐에 대한 문장을 읽고 선생을 매우 존경하고 있습니다. 일찍이 돌아가신 사카자키 오쓰로(坂崎乙郎)라는 와세다대학 선생님이 계셨는데, 오쓰로 선생님이 작고하신 후 한참만에 선생님처럼 비스듬히 앞서 걸으며 많은 것을 생각하게 하는 사람이 또 있구나 느끼게 한 분이 서경식 선생이었지요. 지금까지는 이렇게 이야기를 나눌 기회가 없었지만요. 이번에 사진을 보고 있자니 서 선생이 가장 좋아한다는 그림 「별이 빛나는 밤」이 갖는 매우 부감(俯瞰)한 위치 같은 것이 정 선생 작품에 들어 있습니다. 독특한 허무감이랄까, 공백감이랄까, 이런 것을 보는 사람에게 전해주고 있어요. 매우 불안한 느낌을 주고 있습니다. 그래서 한국에서 출간하신 사진집의 제목과 같은 불안한 정서를 느꼈습니다.

서경식 구보시마 선생님, 과연 대단하십니다. 한국의 서울에서 3월에 처음 사진전을 열었을 때, 실은 제가 다음과 같은 이야기를 했습니다. 정 선생의 사진 속 까마귀는 오베르에서 고흐가 그린 「까마귀가 나는 밀밭」을 제게 상기시켜준다고요. 정주하 선생께도 그것을 의식하고 찍었는지 물었는데요, 역시 아르토(앙토넹 아르토(Antonin Artaud). 20세기 초기 프랑스의 시인, 연극가, 작가.)도 말했듯이, 그 까마귀는 단순히 '이것은 무엇입니까?', '까마귀입니다.'라는 것이 아니고요, 그 안에 이 세상 것이 아닌 뭔가가 찍히는 것입니다. 찍는 사람에 따라서는요.

　　조금 전 이야기와 결부시켜 말하자면, 마루키 선생의 그림처럼 이론(異論)의 여지가 없는 명확한 메시지를 전달하는 작품도 필요합니다. 마루키 선생은 그런 장르에서 가장 뛰어나다고 생각하는데요, 이런 식으로, 보는 사람에게 텍스트를 뛰어넘는 상상을 부여하는 작품도 있습니다. 바로 고흐가 그랬던 것처럼요. '이것은 무엇입니까?', '밀밭입니다.' 같은 대화에서 끝나지 않는 것이 있기 때문에, 우리들은 언제까지나 거기에서 헤어나지 못하는 것입니다. 다시 한 번 정 선생께 묻고 싶습니다, 저 사진을 찍을 때 고흐를 의식했습니까?

정주하 전 세계 많은 사람들이 고흐를 좋아하는 것처럼 저도 고흐의 작품을 좋아합니다. 특히 그의 초기 작품과 「씨를 뿌리는 사람」, 「까마귀가 나는 밀밭」 등을 많이 보았고, 깊은 감명도 받았지요. 하지만 저 작품의 까마귀를 찍을 때 의식하지는 못했습니다. 다만 제 잠재된 의식 속에 고흐의 작품이 주었던 느낌이 있어서 저런 작업을 하도록 도와주지 않았을까 생각합니다.

서경식 정주하 선생은 한국에서 오셨는데 여기 오신 대다수는 일본 분들입니다. 굳이 말씀드리자면 일본에 있는 새까맣고 커다랗고 불길한 까마귀가 한국에는 별로 없습니다. 오히려 '까치'라는, 일본어로는 '가사사기'지요, 까마귀의 일종이지만 귀엽고 몸에 흰 부분도 조금 있고 까치까치 하고 우는 새가 있습니다. 일본에 사는 우리들에게는 까마귀가 익숙한 새이지만, 정 선생에게는 아마 그렇지 않을 거라 생각합니다. 게다가 우리는 까마귀를 불길한 표상으로 보는데, 익숙하지 않은 사람 눈에는 어떻게 보일지도 묻고 싶네요.

그리고 하나만 더요. 마루키 선생의 '원폭도' 연작 중에 「까마귀」라는 작품이 있는데, 나가사키에서 피폭 당한 조선인들이 친척도 없는 외

국에서 죽어 그대로 들판에 버려지고 그 눈알을 까마귀가 파먹는 장면을 묘사한 그림입니다. 그 그림 앞에 붙어 있는 마루키 부부가 쓴 시 같은 문장에, 이시무레 미치코(石牟礼道子) 씨의 「국화와 나가사키」의 일부가 인용되어 있습니다. 우리들에게는 까마귀가 그런 상상을 하게 하는데, 정주하 선생에게는 어떻습니까?

정주하 한국에서 까마귀와 까치는 분명하게 구분됩니다. 까치는 아침에 울면 좋은 소식을 가져다준다고 하고, 까마귀는 조금 불길한 느낌이 있습니다. 그 사진은 자동차를 타고 가다가 급히 세운 후에 막 뛰어가서 찍은 것 중 하나인데요. 당시에 렌터카를 몰고 미나미소마를 중심으로 후쿠시마 현의 피해지역을 일주일 정도 돌아다녔습니다. 당시 저 주변

'원폭도' 제14부 「까마귀」, 마루키미술관 소장

의 바닷가에는 쓰나미로 입은 피해를 정리하고 정돈하는 많은 불도저가 일하고 있었습니다. 하지만 제가 깊고 강하게 받은 인상은, 쓰나미에 의해 들판이 버려졌다는 느낌보다는, 이 들판을 이제 오랫동안 인간이 사용할 수 없겠구나, 농사를 지을 수 없겠구나 하는 느낌이었습니다. 지금은 사정이 조금 달라졌지만요, 당시에는 저 들에서 조금만 남쪽으로 내려가면 더 이상 접근하지 못하는 금지구역이 있었습니다. 매일 거기까지 자동차로 오가면서 저는 이 통행금지가 쓰나미 때문이 아니라, 방사능 때문에 만들어진 거구나 싶어 불안하게 느낄 수밖에 없었어요. 저 들판을 자동차로 달리면서 차창 밖으로 느꼈던 감정은 불안함과 불길함이었습니다. 향후 긴 세월 동안 농사를 지을 수 없을 거라는 생각도 들고, 이 들판은 살아있는 들판이 아니라 죽은 들판이 될 수밖에 없구나 하는 무서운 생각이 들었지요. 그런 생각을 하면서 달리던 중 우연히 저 까마귀 무리가 공중을 나는 것을 보게 되었고, 그래서 촬영한 것입니다.

'비유는 성립하는가'가 아니고 '비유하지 않으면 안 된다'

서경식 작품의 뒷이야기는 우리처럼 작품을 찍지 않는 사람에게는 매우 흥미롭네요. 한 가지 더 묻겠습니다. 저 프레임 밖에는 불도저라든지 인공물이 있는 것이로군요. 프레임에 들어오지 않게 찍으셨고요. 작품만 놓고 보면 저런 풍경이 무한히 펼쳐질 것 같은데, 실은 정주하 선생의 마음속에 펼쳐진 풍경인 셈이네요. 불도저 쪽을 찍어서 "착착 복구되어서 다행이다."라든지 "일본이여, 힘내자." 같은 사진으로 만드는 경우가 많은데, 정 선생은 다른 식으로 찍어서 자신을 표현하고 있는 것이군요.

구보시마 세이치로 '부재(不在)의 표상'이라는 말로 서 선생이 표현하셨는데, 그야말로 공감합니다. 무언관에 오시는 분들도 "전쟁 중이었기 때문에 정말 어둡고, 슬프고, 오열(嗚咽)하고, 통곡하는 그림만 있으리라 예상했는데, 의외로 누드모델을 그리기도 하고 상당히 밝은 청춘이었네요."라는 말씀들을 많이 하세요. 평온함, 안온한 풍경이나 모습 때문에 프레임 밖으로 내몰린 불도저의 그림자라든지, 거기에 찍히지 않은 사체라든지 그런 것들을 오히려 강하게 느끼게 하는 힘이랄까요, 그것이 예술의 소중한 요소겠지요. 색칠 그림으로 비유하자면 표현하고 싶은 부분을 칠하는 것이 아니라, 표현하고 싶은 것 이외의 나머지 부분을 칠하는, 이런 방법도 예술의 중요한 역할이라 생각합니다.

정 선생의 사진은, 다시 한 번 우리는 그곳에 멈춰서서 되돌아가야 한다, 드러난 모습 이면에 있는 현실을 알아야 한다는 점을 가르쳐줍니다. 오늘의 좌담에서도 다시 한 번 그런 의식을 일깨우고 싶습니다.

많은 조선인들의 노동력을 동원하여 세운 철탑이 미나미소마에 있었다고 하셨지요. 거기에는 학대받은 많은 사람들이 은폐된 불안에 노출된 식민지지배의 역사가 있습니다. 한편으로는 지금 이렇게 이야기를 하고 있는 순간에도, 후쿠시마에서는 십수만 명의 사람들이 고향에서 쫓겨나 기민(棄民)으로 버려지고 있지요. 어떤가요, 서 선생님. 정 선생이 찍은 사진은 과연 후쿠시마의 상실을 식민지 피해의 비유로 성립시킬 수 있을까요? 후쿠시마가 안고 있는 문제와 과거의 식민지주의가 초래한 역사의 문제, 즉, 가해와 피해를 대비시켜 생각하는 것은 비유로서 올바른 것인가요? 그 둘을 함께 생각해도 되는 것인지요? 그러나 생각하지 않을 수는 없지 않나요? 그렇지 않다고 생각하는 사람도 있겠지요. 이 혼돈은 전시회를 거듭해가면서 어떤 식으로 전개될까요?

서경식 나쁜 예가 될지도 모르지만, 이야기가 나온 김에 말씀드립니다. 나가노(長野) 시 마쓰시로(松代)의 대본영(태평양전쟁 말기 일본군 총지휘본부와 기타 정부기관의 이전 장소로, 1944년말부터 굴삭, 건설이 시작된 대규모 지하 방공호. 총 길이 10킬로미터에 이른다) 얘기인데요. 마쓰시로의 대본영에서 일어난 일, 즉 많은 조선인이 강제 노동을 하고 많은 사람이 목숨을 잃었지만, 그 사람이 누구였는지 어떤 고통을 당하고 어떻게 죽어갔는지 그 가족은 어떻게 되었는지 등의 기록은 거의 남아 있지 않습니다. 문서를 연구해서 명부를 출간한다든지 통계를 내는 연구도 물론 중요하지만, 그곳에서 일어난 일에 대해 상상력을 펼친다거나 공감하는 일도 중요합니다. 양쪽 모두 중요하기 때문에 양쪽 모두 해야 하는 일입니다.

그렇지만 마쓰시로 대본영 같은 것을 어떻게 예술적으로 표상할 수 있을까는 영원히 어려운 과제입니다. 지금 저는 구보시마 선생이 말씀하신 '비유'라는 말이 핵심이라고 생각합니다. 즉 '후쿠시마에서 일어난 일은 과거 식민지지배를 받은 조선과 똑같다.'라고 하면 틀린 말입니다. 이것은 비유니까요. 비유의 힘이 바로 예술의 힘이지요. 비유는 다른 것으로 예를 드는 일입니다. 예를 든다는 것은 인간이 자신의 경험이나 지식을 바탕으로 어떤 것을 뛰어넘도록 마음을 펼치는 것이지요. '직접 증명할 수는 없지만 예를 들면 이런 것이에요.' 하거나, '이 경험으로부터 마음을 펼쳐봅시다.' 하는 것이 비유입니다.

그래서 힘 있는 비유가 좋은 예술입니다. 문학도 그렇습니다. 그렇다면 '비유는 성립하는가?'라고 물어야 할 것이 아니라 '비유하지 않으면 안 된다'는 사실을 직시해야 합니다. '비유할 대상이 아니다.'라고 해버리면 인간은 각자의 제한된 경험, 제한된 상상력의 범위에 갇혀서밖에 살 수 없습니다. 이를테면 우리들이 아우슈비츠에서 죽은 유대인의 마음을 이해할 수 있을까요? 혹은 스페인 사람들의 침략으로 수백만 명이 죽은 라틴아메리카의 인디오의 고통을 이해할 수 있을까요? 그것을 동일한 어떤 것으로 표상한다든지, 구석구석까지 세밀하게 묘사하는 일은 불가능합니다. 그렇다면 무언가로 비유하지 않으면 안 되는 것이지요. 비유는 대개의 경우 완전한 등호일 리가 없습니다. '비유'는 경험하고 알고 이해가 미치는 범위로부터 그런 범위를 뛰어넘는 쪽으로 상상력을 펼치는 행위입니다. 저는 후쿠시마의 경험과 조선의 경험은 같은가 하는 물음에 대해서는 같지 않다고 대답합니다. 그러나 비유해도 좋은가 물으면, 비유는 해야 한다는 입장입니다.

구보시마 세이치로 잘 알겠습니다. 비유는 바로 우리 인간에게 부여된 자기표현, 인간표현의 매우 중요한 핵심입니다. 그것으로 우리의 환기력(喚起力)이 길러지는 것이니까요. 오히려 잘 어울리지 않는 비유가 강한 환기를 불러일으킵니다. 정주하 선생이라는 사진가가 있어서, 선생이 찍은 사진이 제시됨에 따라 저 혼자서 전혀 생각지 못했던 어떤 문제제기가 새롭게 태어났습니다. '빼앗긴 들에도 봄은 오는가'라는 제목 덕에 이번에 절실히 생각한 것은, 전몰 미술학도들의 그림도 아까 말한 것처럼 '위령'과 '전몰'을 떼어버리면 대단히 평온한 일상생활의 한가로운 그림일기일 뿐이라는 사실입니다.

그런데 여기에 그들이 전쟁으로 죽었다는 불합리한 현실을 갖다대면, 이 평온함이 그 시절의 시대양상을 또렷이 떠오르게 합니다. 오히려 제가 몹시 주저하는 것은 안이하게 무언관에서 선동의 의지를 표명하는 것입니다. '이런 한가한 그림을 그릴 시간이 있으면 국회의사당 앞에 가라.'라는 식의, 간단히 말하자면 평화라는 이름의 사자(使者)에게서 받은 소집명령 같은 것을 들이대면 곤란하다고 생각합니다. 이런 마음

이자와 히로시, 「가족」, 전몰미술학도위령미술관 무언관 소장

도 이번 사진전을 통해 알아주었으면 합니다.

서경식 구보시마 선생께 묻고 싶은 것이 있습니다. 지금 하신 말씀 잘 알 겠습니다. 그렇지만 '시간이 있으면 국회의사당 앞으로 가라.'라고도 말 하고 싶네요. (웃음) 그건 그렇다 치고 이자와 히로시(伊澤洋)의 가족 그림 이 있지요. 서양과자와 홍차가 놓여 있고, 양친과 형님 부부가 있고 뒤 에 미술학도인 자신이 앉아 있는, 당시로서는 중산층 가정이 그려져 있 는 그림으로 보였습니다. 텍스트 없이 보았을 때 말이지요. 그러자 제 학 생 한 명이 "선생님, 아니에요."라며 그림의 해설을 읽고 알려주었습니다. 실은 이자와는 매우 가난해서 이런 모습은 그의 상상 속, 꿈속에서나 보 는 정경이고, 그 꿈을 간직한 채로 죽었다고요. 그 후 공부를 해보니 구 보시마 선생이 유족을 찾아가신 이야기도 있더군요.

제가 여기서 하고 싶은 말은, 그 학생은 처음부터 예비지식이 있어서 그런 말을 한 것이 아니라는 점입니다. "선생님, 보세요. 이 뒤에서 그림을 그리고 있는 저 사람이 이자와 씨지요? 유령 같지 않아요? 이 사람 죽어서 위에서 보고 있는 것 같아요."라고 말했습니다. 우연일지 모르겠지만 예비지식이 없는 학생이라도, 그 예술의 드러난 텍스트가 제게는 중산층 가정의 가족일기처럼 보였는데, 여기에 뭔가 불안한 것, 불길한 것, 비극적인 것이 공기처럼 드리우고 있다는 것을 느끼고 저에게 가르쳐준 것입니다. 물론 그런 힘이 있는 예술과 없는 예술이 있겠지요. 이에 대해 어떻게 생각해야 하나요? 그리고 오늘 보았는데, 일본화가가 긴자(銀座)에 서서 양장을 한 여자를 그린 그림도 있습니다.

구보시마 세이치로 가네코 다카노부(金子孝信)의 작품입니다.

서경식 보통의 욕망, 당시로서는 젊은이다운 가벼운 욕망을 갖고 있던 젊은이가 남방의 전쟁터에서 기아나 열병으로 죽었다는 것을, 정보로 습득하기도 전에 그림에서 먼저 느끼는 경우가 있었으리라 생각합니다.

구보시마 세이치로 네, 있습니다. 텍스트라는 고약한 문제가 등장하는데요. 다만 그림은 정말로 단순 소박하게 그려져 있더라도, 지금 있는 자기 자신과 어떻게 교감할 수 있는가, 교류할 수 있는가에 모든 것이 달려 있습니다. 따라서 문제는 그려져 있는 것은 인물을 포함한 '사물'이지만 동시에, 그 그림을 그린 시간이 거기에 담겨 있다는 시간 축을 보는 것도 매우 중요합니다. 이번 정 선생의 사진은 말하자면 정적인 풍경, 이 빼앗긴 봄, 선생의 멋진 말을 빌어 표현하자면 '오기 힘든 봄', '하염없이 기다리는 봄'을 찍은 것이겠죠. 이를 볼 때 자기 마음속에 있는 어떤 동질감을 품고, 말하자면 3·11로 인해 갖게 된 자신의 상실감을 그 자체로 소중히 여긴다는 자세만 있으면 작품과 대등하게 마주할 수 있지 않을까 생각합니다.

아마 그 학생도 자신의 정신 안에 그림이라고 부를 수 있는 것을 함께 가지고 있었던 것은 아닌가 생각합니다. 그런 자기 모습을 발견한다는 것이 그림과 마주할 때 매우 중요한 요소가 되지요.

'예술과 민중은 대결 상태에 있다'

구보시마 세이치로 오늘 서 선생이 정 선생을 폼나게 '과묵한 사람', '거의 말이 없는 사람'이라고 소개하셨는데, 정말로 과묵한 사진가시군요. 어디에 써 있었는지 기억나지 않지만, 작가는 흥미롭게도 '세잔 이후, 예술과 민중은 대결 상태에 있다.'고 말했지요. 재미있어요. 저는 세잔의 큐비즘은 화가가 작품으로 언어화하는 원초라고 줄곧 생각했고, 세잔 이후 마침내 회화가 언어가 되었다고 생각했는데요. 정 선생은 화가가 뭔가 사상을 가지고 주장하는 것 자체가 감상에 방해가 된다, 그래서 대중은 사진 한 장도 소박하게 볼 수 없게 되었다는 말씀을 역설적으로 하셨습니다. 그 세잔 이후에 대해 묻고 싶습니다.

정주하 제 짧은 예술 지식으로 여기 대가들 앞에서 답변을 드리다가 잘못하면 엄청나게 혼날 것 같습니다. 하지만 질문 주셨으니까 간단하게 제 소견을 밝히겠습니다. 다들 잘 아시는 것처럼, 세잔 이후 회화는 추상화된 길을 급격히 걷게 됩니다. 그가 시작한 「생 빅투아르 산」 연작 이후, 회화는 큐비즘의 길로 들어서게 되지요. 세잔이 스스로 이야기한 "세상은 원통과 원추와 원뿔로 되어 있다. 따라서 나는 이 구조로 세상을 해체하여 다시 내 의지대로 재구성하겠다."라는 주장은 엄밀히 말해서 예술이 대중과 '이혼'하는 장면 앞에 우리가 서게 됐다는 것을 뜻하지요. 좀 더 극단적으로 말하자면, 이제는 우리가 '예술의 구조'를 학습하지 않고서는 예술을 이해할 수 없는 지경에 이른 것이라고 생각합니다. 이것이 현재 '현대예술(Contemporary Art)'의 출발점이라고 생각하면 아마도 쉽게 이해되리라고 봅니다.

사실 사진도 '예술 세계의 사진(Art-World-Photography)'과 '사진 세계의 사진(Photo-World-Photography)'이라는 두 가지 개념으로 나뉘어 있습니다.

구보시마 세이치로 세잔보다 어렵군요.

정주하 죄송합니다. 깊이 이해하지 못하니 설명이 어려워졌습니다.

서경식 그럼 제가 조금 다른 각도에서 질문 드리지요. 오늘 이곳에서 보셨을 텐데, 무라야마 가이타의 그림은 어떻게 보셨는지요?

정주하 네, 그 작품은 명료하지요. 작품 속의 다섯 사람은 서로 각기 다른 시선을 갖고 있습니다. 그들의 시선을 확인해보면 모두 다른 곳을 향하고 있어요. 결국 분열이나 불안을 상징하는 것이라고 저는 읽었습니다. 명료하게요.

서경식 무라야마 가이타 같은 사람들은 세잔 이후의 화가이긴 하지만, 선생이 지금 말씀하신 것 같은, 공부하지 않으면 맛볼 수 없는 예술과는 다릅니다.

구보시마 세이치로 일본에는 매우 다행스럽게도 다이쇼(大正, 1912년~1926년—옮긴이)라는 정말 짧은 시대가 있었습니다. 그때까지는 서양화가들의 방식, 특히 세잔에 이르기까지 서양화의 사조, 즉 서양화는 이렇게 그리는 것이라는 방식을 수입했습니다. 예를 들면 우메하라 류자부로(梅原龍三郎), 오카 시카노스케(岡鹿之介), 후지시마 다케지(藤島武二) 등은 유럽에 가서 배우고 일본으로 돌아와 미술학교에서 가르쳤지요. 그런데 다이쇼 시대가 되자 갑자기 실제로 피카소도 본 적 없고, 르누아르도 본 적 없는, 다시 말하자면 독자적 화풍을 가진 화가가 그 시대에만 꽃 피웠던 것입니다.

　무라야마 가이타, 세키네 쇼지, 그리고 저희 미술관에 작품은 없지만, 요로즈 데쓰고로(萬鉄五郎) 등 일련의 '자아(自我) 시대'가 기시다 류세이(岸田劉生)까지 한동안 이어집니다. 그렇기 때문에 '일본의 근대미술'이라는 전시회를 보시면 아실 텐데, 구로다 세이키(黒田清輝)나 야스이 소타로(安井曾太郎)까지는 누가 봐도 외국에서 열심히 그림을 배웠구나 싶은 유화가 발표되지만, 다이쇼 시대에 들어선 순간 자아를 담은, 자기만의, 일본인의 유화라고 할 만한 회화가 등장합니다.

왜 그 시대에만 유독 그런 화풍이 성행했는가 하는 점에 대해서는 여러 가지 설명이 있는데요. 러시아와의 전쟁이 있었고, 결핵이라는 병이 인간의 사상이나 표현 능력을 순수하게 만든 시대였다고나 할까요. 물론 이들은 전몰 미술학도와 마찬가지로 20세 전후에 죽었기 때문에, 더 오래 살았다면 더 많은 그림을 그렸을 텐데 하는 안타까움은 있지만, 무라야마 가이타도 세키네 쇼지도 실로 행복한 화가였던 것 같습니다. 세잔의 사조와 전혀 상관없이 그림을 그릴 수 있었던, 매우 좋았던 짧은 시기에 개화한 재능입니다. 근대미술의 흐름을 화집으로 넘겨가다 보면 그 부분에서만 확 바뀝니다. 그리고 나면 다시 파리 유학에서 돌아온 아방가르드 화가들이 서양에서 가져온 화풍으로 돌아가기 때문에 불가사의하지요. 이 다이쇼 시대만이 일본인 천재 화가를 길러낸 천재의 시대였습니다.

서경식 정말 흥미로운 수수께끼입니다. 저도 여기저기서 그림을 많이 보는데요, 발가벗은 스님이 오줌을 누고 있는 그림을 볼 수 있는 곳은 이곳 시나노데생관밖에 없는 것 같습니다. 어째서 그런 것을 그렸고 어째서 다들 태연하게 그 그림을 보고 있는 것일까요? 여기에 대해 어떻게 생각하시나요?

정주하 저는 도발적이라는 느낌을 많이 받았습니다. 모르긴 해도 비웃음 같은 게 있지 않을까 싶어요. 비웃어주고 싶은 마음 말이지요. 어쨌든 엄격한 일본 모더니즘의 한 축이라고 느껴지는데요. 모더니즘의 대표적 현상 중 하나가 '전통과의 결별'이지요. 어쩌면 그림을 그린 분들은 이미 그 이전의 예술에 대해 화도 나고, 지치고, 경멸하고, 비웃어주고 싶은 그런 마음으로 가득할지 모른다는 생각이 들었습니다.

혹시 여러분이 허락하신다면, 영화의 한 장면을 소개해드리고 싶습니다. 레오나르도 디카프리오가 주연을 맡았던 「토탈 이클립스」라는 영화가 있는데요, 시인 랭보를 다룬 것입니다. 영화에서 랭보가 중견 시인의 연애시 발표장에 가서, 시를 읽고 있는 시인의 손바닥에 오줌을 싸는 장면이 나옵니다. 만약 문학에서 랭보나 보들레르를 모더니즘의 선두 주자라고 할 수 있다면, 이곳에 전시된 작품의 작가들 역시 그렇다고 생각합니다. 아마 당시 일본에서 전통적으로 이루어지고 있던 진부한 예술혼에 대해 경멸이나 비웃음을 던지는 작업이 아닐까요. 그래서 그 작업들에는 엉성하고 어린애들이 그린 듯한 천진함이 묻어 있다고 생각합니다.

구보시마 세이치로 바로 무라야마 가이타는 그런 화가의 대표 격입니다. 화가는 모두 그런 천진난만함을 추구하는 어린이로 돌아가고 싶어 그림을 그리는 면이 있다고 생각합니다.

마지막으로 총괄해서 이번 전시회에 대해 여쭙겠습니다. 어떤 형태로 이 전시회를 의식하고, 다음 시대, 내일, 모레로 이어갈지가 지금 우리

무라야마 카이타, 「오줌 늦는 나승裸僧」, 시나노데생관 소장

들에게 던져진 과제인데요. 이번 전시회에 관해 새롭게 제안할 방향, 또는 덧붙이고 싶은 내용이 있으면 말씀해주세요.

미술사를 알고 자신을 안다

서경식 정 선생과 교류하고 한국을 오가며 드는 생각 중 하나는, 미술관 문화의 차이입니다. 두 사회는 근대라는 시대를 전혀 다른 방식으로 경험했습니다. 일본은 방금 구보시마 선생이 말씀하신 것처럼, 서양에서 미술이론을 받아들이고, 서양에서 유학을 하고, 또 미국에서 화가로 지내다 돌아온 사람도 있고, 미술학교가 있고 여기저기 공립미술관이 세

워지는 식이었습니다. 국가의 장악력이 강하면서도 근대미술작품이 도
쿄의 국립서양미술관이나 오하라(大原)미술관, 브리지스톤미술관 등에
소장되어 있습니다. 동아시아에 그런 곳은 없습니다.

　그렇기 때문에 저는 일본에 오는 한국 사람들이 미술관을 꼭 가보
았으면 합니다. 일본이 훌륭하니 배우라는 것이 아니에요. 자기가 살아
온 시대의 컨텍스트를 발견하기 바랍니다. 한국은 그 시대에 서양회화
를 하는 사람은 극히 소수였고, 유럽에 가고 싶어도 거기까지는 못 가고
일본으로밖에 올 수 없었습니다. 우에노의 도쿄미술학교(현재의 도쿄예술
대학)에서, 혹은 제국미술학교(현재의 무사시노미술대학)에서 공부하면서도
일본의 학생들과는 다른 문제에 직면하고 있었기 때문에, 어떻게 하면
자기만의 독자적인 회화세계, 예술세계를 개척할 수 있을까 고민하였습
니다. 게다가 식민지시대가 겨우 끝났을 때에는 조국이 남북으로 분단되
어 버린 것입니다. 그래서 한국에는 근대미술을 제대로 소장하고 있는
미술관이 없는 것이지요.

　그렇지만 현대미술은 삼성 등 세계적으로 유명하고 돈도 많은 대기
업이 작품들을 사모으고 있습니다. 예술작품, 미술품은 불균등하게 편
재되어 있어서, 어느 시대부터 다음 시대까지 고스란히 축적되는 것이
아니지요. 예를 들어 1920년대에는 파리에 중심이 있었다가, 그 후 전쟁
이 끝나자 바로 뉴욕으로 넘어갔던 것처럼 말이죠. 또 일본은 1920년대
의 제1차 세계대전 후 경기가 좋을 때부터 최근의 버블경제기까지 미술
품들을 모았기 때문에 그 시기 작품들이 어느 정도 공립미술관에 잘 모
여 있는 것입니다. 한국과 중국에는 그 후의 현대미술이 많이 있지요.

이런 식으로 드문드문 퍼져 있다는 것입니다. 우리는 가능하면 전체로서 보고 싶지만, 한 나라 안에서 그 나라에 갇힌 시야로만 보면 이런 전체적인 경향이 잘 보이지 않습니다. 이것이야말로 예술이다 하는 지극히 자기본위적인 이야기를 머릿속에 만들어버리게 됩니다. 일본 미술의 흐름이라든지, 한국 미술의 흐름이라는 틀로밖에는 볼 수 없는 것이지요. 그것을 서로에게 비추어 전체적인 상(像)을 보아야 하는 것입니다, 즉 어떤 상이 보이면 이쪽 편에서도 보고 건너편 측에서도 볼 수 있어야 하는데, 이를 위해 필요한 것은 평화롭고 자유로운 교류입니다.

그리고 또 한 가지, 이번에 일본에서 마루키미술관, 사키마미술관, 시나노데생관 등에서 이 전시회를 열어주셨습니다. 실례가 되는 말씀이지만 이런 미술관은 가난합니다. 일본에서 이런 일을 공적기관이 후원해주는 경우는 없습니다. 한국에서는 더더욱 없기 때문에 정 선생은 일본의 상황에도 감동하지만, 저는 감동하고 있을 때가 아니라고 생각합니다. 일본의 시민들, 미술 애호가들이 자기 본위의 이야기에만 관심을 가질 것이 아니라, 열린 눈으로 여러 가지 예술에 눈을 돌리고, 자신들도 밖으로 나가야 합니다. 이는 스스로를 이해하는 데에도 필요합니다. 자기의 미의식이 어떻게 형성되었는지, 동일한 하나의 사물을 조선에서 보면 어떻게 보일지 알기 위해서도 필요한 일이라고 생각합니다.

이번 정 선생의 전시는 후쿠시마 원전사고라는 한국과 일본 쌍방에게 매우 절박한 관심사를 중심에 두고 있기 때문에 이런 일이 어느 정도 가능했지만, 이 전시를 계기 삼아 교류가 활발해지면 좋겠다고 생각합니다. 미술사를 아는 것은 현대를 살아가는 우리들의 미적 정체성이 어떤 식으로 만들어지고 있는가 이해하는 일입니다. '이것이야말로 아름다움이다.'라는 생각이 실은 유럽에서 직수입되어 흘러들어온 것뿐일 수도 있습니다. 그런 의미에서 이번 전시가 좋은 기회가 되지 않았나 생각합니다.

정주하 짧게 말씀드리겠습니다. 후쿠시마는 제 작업에서 단순한 '소재'가 아닙니다. 흐르는 물에 잠시 발을 담근 것이 아니라, 움직이는 바다에 몸을 던진 것과 같지요. 지난 1월부터 지금까지 미나미소마의 바깥, 그러니까 오다카를 중심으로 주변 지역을 둘러볼 수 있었습니다. 미나미소마를 나와 그 지역으로 들어가 사진을 찍으면서 2013년 겨울, '미나미소마 밖으로 들어가다'라는 제목으로 작업을 했습니다. 이 작업을 정리한 후, 내년 여름에는 미나미소마를 방문해 작업해볼 계획입니다. 이처럼 후쿠시마에 대한 관심을 지속시키는 것은, 후쿠시마에 일어난 일이 단순히 '그때 거기'에서 일어난 일회성 사건이 아니라, '지금도 여전히' 우리의 시간, 우리가 살아가고 있는 이 시대의 시간과 함께 흘러가고 있는 문제이기 때문에 그렇습니다. 이것이 제가 가진 사진가로서의 의무이기도 하고, 그동안 주변에 계신 많은 훌륭한 분들에게 배운 것이기도 합니다. 와주셔서 감사합니다.

'상상의 경계선'을 극복한다

일본 내 여섯 곳을 순회한 사진전의 마지막은 교토 시에 있는 리쓰메이
칸대학 국제평화뮤지엄에서 이루어졌다. 갤러리 좌담에는 많은 일반 시
민과 학생이 참석하였다. 사회는 국제평화뮤지엄 부관장인 가쿠니 다카
시(加國尚志)가 담당하였다. 발언자는 교토에 살고 있는 시인 가와즈 기
요에와 작가 서경식, 사진가 정주하가 참가했다. 가와즈는 토크를 위해
「여름 꽃」이라는 시를 지어, 좌담 중에 직접 낭독했다. 정주하는 '빼앗긴
들에도 봄은 오는가' 이후에 미나미소마 주변에서 촬영한 작품 시리즈
'미나미소마 밖으로 들어가다'를 영상으로 보여주고 설명했다.

2014 · 5 · 3

정주하 + 가와즈 기요에(河津聖恵) + 가쿠니 다카시(加國尚志) + 서경식

통역 배영미

교토 도 교토 시 리쓰메이칸대학(立命館大学) 국제평화뮤지엄

가쿠니 다카시 이 자리에 오신 것을 환영합니다. 오늘은 정주하 선생, 작가인 서경식 선생, 시인인 가와즈 기요에 선생께서 와주셨습니다.

이번 사진전에서는 정주하 선생이 찍은 후쿠시마 사진을 전시하고 있습니다. 리쓰메이칸대학 국제평화뮤지엄에서는 동일본대지진, 후쿠시마의 원전사고를 계기로 2012년에 '방사능과 인류의 미래'라는 전시를 진행한 바 있습니다. 그때 이 뮤지엄의 명예관장인 안자이 이쿠로(安斎育郞) 선생의 감수로 방사능이 초래하는 영향에 대한 보고를 진행했습니다.

그로부터 꼭 2년, 원전사고로부터 3년이 지났는데, 후쿠시마의 상황은 매우 우려스럽습니다. 13만 명 넘는 분들이 피난 중에 계세요. 방사능에 의한 피해, 삶을 예측할 수 없는 상황, 많은 문제가 발생했지만 미디어에서 보도되는 기회는 매우 줄어들고 있습니다. 일본 내에서도 후쿠시마가 망각되는 것은 아닌지, 우리들은 그런 걱정을 품고 있습니다. 그런 가운데 이번 정주하 선생의 사진전을 열 수 있어서 매우 기쁘게 생각합니다.

현재 일본은 동아시아—특히 한국이나 중국—와 매우 바람직하지 못한 관계에 들어섰습니다. 배타적인 혐오발언(hate speech)이 등장했습니다. 이 대학에서도 그런 문제가 발생했어요. 우리들은 다시 한 번 동아시아, 일본, 중국, 한국과의 관계를 재검토할 필요가 있는 시기에 와 있습니다. 그것과 후쿠시마 문제—미디어의 보도가 줄어들고, 어떤 피해가 있는지도 잘 알려지지 않게 된 상황—를 중첩시켜 이 두 가지를 동시에 생각할 기회를 이번 정주하 선생의 사진이 우리에게 제공해주고 있습니다.

정주하 선생은 2012년 3월 원전 피해 후의 후쿠시마 풍경을 찍은 '빼앗긴 들에도 봄은 오는가'라는 개인전을 서울에서 열었고, 지난 2013년에는 미나미소마 시의 중앙도서관, 사이타마 현의 마루키미술관, 도쿄의 갤러리 세션하우스가든, 오키나와의 사키마미술관, 나가노 현의 시나노데생관 별관 가이타암에서 순회 전시를 하셨습니다. 간사이(関西)에서의 전시는 이곳 리쓰메이칸대학 국제평화뮤지엄이 처음입니다.

서경식 선생님은 이곳 박물관에서 2011년 가을에 개최한 프리모 레비 전시 때도 강연자로 와주셨습니다. 그때도 2011년 3월의 후쿠시마 원전사고와 그 후의 상황, 그리고 아우슈비츠에서 생환한 프리모 레비의 인생을 중첩시키며 말씀해 주셨습니다.

최근에 출간된 두 권의 책을 소개해드리고 싶습니다. 한 권은『후쿠시마 이후의 삶-역사, 철학, 예술로 3·11 이후를 성찰하다』로 서경식 선생, 도쿄대학의 다카하시 데쓰야 선생, 한홍구 선생, 세 분의 대담 형식으로 출간되었습니다. 후쿠시마 그리고 오키나와와 한국의 미군기지 문제라든지, 그런 피해를 입은 장소에 대한 이야기를 나누며 근본에 놓여 있는 문제를 매우 깊이 고찰한 내용입니다.

우리는 어떤 문제들이건 분리해서 후쿠시마의 문제, 일본의 문제로 국지화합니다만 실은 가장 근본에 있는 국가의 구조를 생각해야 한다는 것이지요. 예를 들어 일본에서 패전 전부터 연면히 이어지는 권력의 모습, 권력의 구조 같은 것, 그것이 일본뿐만이 아니라 동아시아에까지 영향을 미치고 있다는 것입니다. 그런 시각을 이 책에서 배울 수 있었습니다.

또 한 권의 책은 서경식 선생의 평론집으로『시의 힘—절망의 시대, 시는 어떻게 인간을 구원하는가』(서은혜 옮김, 현암사, 2015년)라는 책입니다.

그리고 가와즈 기요에 선생님입니다. 가와즈 선생은 도쿄에서 태어나서 교토대학 문학부를 졸업하셨습니다. 1985년에 제23회 현대시 수첩상을 수상하셨습니다. 시집으로『언니의 붓끝(姉の筆端)』(思潮社, 1987),『구우칸쿠라게(クウカンクラーゲ)』(思潮社, 1991) 등이 있고,『여름의 끝(夏の終わり)』(ふらんす堂, 1998)으로 제9회 역정(歷程) 신인상을 수상하셨습니다.『아리아, 이 밤의 나체를 위하여(アリア、この夜の裸体のために)』(ふらんす堂, 2002)로는 제53회 H씨상을 수상하셨고, 현대시문고183에『가와즈 기요에 시집』(思潮社, 2006)을 수록하셨습니다. 그 밖에 평론집도 내셨고,《조선학교 무상화 제외 반대 문집》의 발행인도 맡고 계십니다.

오늘 이 기획전의 내용에 맞춰 시를 한 편 지어오셨기 때문에, 나중에 소개해주실 것입니다. 이제 좌담을 시작하겠습니다.

'3·11'과 기억의 투쟁

서경식 안녕하세요. 교토에 오면 '돌아왔다'는 느낌이 들어서 그리운 사람들의 얼굴도 보고, 폭넓게 이야기를 하고 싶지만, 주제가 좀처럼 그럴 수 없게 하네요. 끝까지 함께해주시기를 부탁드립니다.

이번 '빼앗긴 들에도 봄은 오는가'라는 제목은 이상화라는 1920년대 쓰여진 조선 시인의 시 제목입니다. 이 시의 제목을 이번 사진전의 제목으로 삼은 것은 조선 식민지지배와 후쿠시마의 원전재해를 하나의 상상력으로 잇기 위한 비유입니다. 조선, 한국 사람들이 후쿠시마에서 일어난 사건을 상상하고자 할 때, 그 실마리로 식민지시대 자신들의 경험을 참조한다는 의미이고, 역으로 일본 사람들은 조선인들이 식민지시대에 받은 마음의 아픔, 상처를 후쿠시마를 실마리로 참조하여 생각한다는, 서로의 상상력을 잇기 위한 시도입니다.

시도가 성공했는지 아닌지는 저는 당사자라서 뭐라고 말할 수 없네요. 여러분이 어떻게 받아들이시는가의 문제인데, 의도한 바는 원전사고 같은 사건을 하나의 국가나, 하나의 국민의 이야기로만 가둬서는 안된다는 점입니다. '국난(國難)'이라는 말이 사용되는데, 복구과정에서 국난을 극복해간다는 이데올로기는 틀렸을 뿐 아니라 위험합니다. 그래서 '참조할 수 있는 것을 만든다', '보조선을 넣어본다'는 시도였던 것입니다.

2011년 3월 원전사고가 있었던 직후부터 저는 조만간에 일본이 망각의 파도에 뒤덮일 것이라고, 혹은 망각하게 하려는 악의를 가진 힘이

대두할 것이라고 느끼고 있어서, 그에 관해 여러 차례 글을 썼습니다. 현실은 저의 예상을 뛰어넘어 고작 3년이 지났을 뿐인데도 세상은 그런 방향으로 흘러가고 있습니다. 이미 '망각'이라기보다 '부인(否認)'하는, 그러니까 알고는 있지만 인정하지 않는 방향으로 흘러가고 있는 것이 아닌가 생각합니다.

특히 아베 신조 총리가 도쿄올림픽을 유치하기 위해, 후쿠시마 사고는 완전히 통제되고 있다고 말했는데, 거짓말이지요. 이것이 정말이라고 생각하는 사람은 아무리 그래도 소수일 겁니다. 일본의 대부분 사람들은 거짓말임을 알고 있다고 생각해요. 알고 있는데도 거짓말을 밀고 나가려는 것이지요. 이것은 더 이상 '망각'이라고 부를 수 없습니다. 그리고 거짓말하는 쪽에 서는 편이 유리할 수 있다든지, 무난할 수 있다고 생각하는 사람들이 세상에서 큰 흐름을 만들어내고 있습니다. 원전에 관한 여론조사를 보면 절반 이상의 사람들이 탈원전을 바라지만, 그런 목소리는 '부인'이라는 파도에 뒤덮여 있습니다. 부정당하고 있는 것이지요.

'기억의 투쟁'이라는 말이 있습니다. 과거에 아우슈비츠에서 있었던 일, 과거에 전쟁에서 있었던 행위를 기억하는 것 자체가 평화를 위한 투쟁이라는 뜻입니다. 30~40년 지난 시점에도 과거의 일을 기억하기 위한 투쟁, 과거의 일을 상기해서 다시 한 번 표현하기 위한 투쟁이라는 의미의 말이었는데, 후쿠시마의 사건은 동시진행입니다. 지금 일어나고 있는 일을 지금 기억하는 투쟁을 하는 것이고, 해야 하는 것입니다. 이것은 가쿠니 선생도 말씀하신 것처럼, 일본만이 아니라 동아시아의, 나아가서는 전 세계의 평화와 관련한 중요한 투쟁이 되었습니다. 그렇기 때문에 지금 이곳에서 동시진행으로 이루어지고 있는 '기억의 투쟁'은 아시아와 세계의 평화를 위한 투쟁이라고 생각합니다.

이후 진행 흐름에 대해 말씀드리겠습니다. 가와즈 선생은 제가 특별히 함께해주십사 청해서 오셨습니다. 좌담 후반부에 기억의 투쟁을 위한 표현으로 무엇을 할 수 있는지, 표현하는 사람은 어떤 표현을 통해 그 투쟁에 참가할 수 있는지, 즉 망각을 강요하는 힘, 부인하는 힘에 대항해 표현의 힘은 무엇을 대신할 수 있는지, 이런 이야기까지 할 수 있었으면 합니다.

정주하 안녕하세요, 정주하입니다. 방금 가쿠니 선생과 서경식 선생께서 후쿠시마 문제가 일본에서 잊혀져가고 있다는 말씀을 하셨는데요, 이렇게 많은 분이 저의 사진과 후쿠시마에 대해 같이 생각하기 위해서 오신 것을 보면, 그래도 일본이 희망적이지 않나 하는 생각이 듭니다.

후쿠시마에 대한 이야기 전에 서경식 선생이 말씀하신 기억과 기억의 부인(否認)에 관련하여, 현재 한국에서의 일을 먼저 이야기해볼까 합니다. 여러분도 미디어를 통해서 잘 아시겠지요, 2014년 한국의 남쪽 바다에 세월호가 침몰해서 304명의 희생자가 났습니다. 그리고 아직도 70여 명의 주검이 구출되지 못하고 차가운 바다 속에 있습니다. 이번 사건도 시간이 지나면 망각되고 부인되겠지만, 이 사건이 부인되거나 망각되지 않도록, 여기 오신 여러분께 간곡히 부탁드리고 싶습니다. 이 사건을 기억하고 마음을 함께해주셨으면 합니다.

서경식 다음으로 가와즈 선생님 부탁드립니다.

사진에서 드러나는 '불안감'

가와즈 기요에 안녕하세요. 오늘은 전시된 작품을 볼 수 있었는데요, 얼마 전에 NHK 교육방송에서 방영된 '마음의 시대'라는, 정주하 선생의 후쿠시마에서의 여정이랄까, 사진을 찍는 자세를 담은 다큐멘터리가 있는데, 녹화된 것을 보고 왔습니다. 사진을 봐도 그렇고, 오늘 본 방송도 여러 가지를 생각하게 합니다. 지금 시대를 생각하는 데에도, 시를 쓰는 데에도 매우 직접적으로 호소하는 무엇이 들어 있다고 생각합니다.

우선 사진에서 받은 저의 솔직한 감상부터 말씀드리겠습니다. 저는 이 사진전을 위해 사진집의 사진을 보면서 시를 지었습니다. 저는 원전에 대해서도, 한국에 대해서도 정치적인 차원에서는 공부가 얕은 사람이기 때문에 제가 시를 쓰게 된다면 어떻게 쓰면 좋을까, 무엇을 쓰면 좋을까 고민했습니다. 저뿐만이 아니라 3·11 이후, 시를 쓰는 사람들은 거의 대부분이 근본적으로 혼란스러운 상태입니다.

물론 실제로 피해를 입은 시인도 있고, 3·11 직후에는 전반적으로 원전사고나 방사능 오염에 관해서 생각하고, 앞으로의 사회를 생각하는 시를 써야 한다는 움직임이 조금씩 생겨났지만 역시 일반 세상과 마찬가지로, 1년 지나고 2년 지나니 시 잡지에서도 그런 특집은 사라지고, 3·11 관련 작품이 보이지 않게 된 것이 사실입니다. 그러나 당연히 앞으로도 쭉 몇 십 년이 아니라 몇 만 년 동안이나 방사능 오염은 남아 있을 것입니다. 시를 쓰는 사람은 그런 사실을 줄곧 마음에 담고 가지 않으면 안 되고, 시의 언어도 변해가지 않으면 안 된다는 그런 압박감이 있어요. 그런데 정주하 선생의 사진은 시를 쓰는 사람에게도 영향을 끼칩니다.

NHK교육방송 프로그램에서 정 선생이 '봄'이라는 한국어 속에는 '보다'라는 동사가 들어 있다고 말씀하셨어요. '봄'이라는 명사에는 '직시하다', 즉 '똑바로 본다'는 의미가 포함되어 있고 '보는' 행위를 통해 대상 속에 있는 본질이 나온다고요.

사진전 제목에 '봄'이라는 단어를 사용하고 계신데, 이 사진에는 분명히 정 선생의 시선이 느껴집니다. 편견, 선입견 없이 마음을 열고 대상의 본질을 보고 있는 시선을 느낄 수 있어요. 제가 이번에 쓴 시를 들어보면 아시겠지만, 정 선생 작품을 보고 있으면 창작자인 정 선생의 시선을 느끼면서도 제 자신은 시선의 주체가 되지 않아요. 무슨 말인가 하면, 사진을 보아나가는 과정에서 보는 주체로서 제가 안정되게 쭉 유지되지 않고, 보고 있는 사이 점점 불안해지는 느낌이었어요. 정 선생의 작품에는 중심이 정해져 있지 않다는 느낌을 받았어요. 그래서인지 어느 틈엔가 사진 쪽에서 나를 보고 있는 듯한, 그 사물이 무언가 내 쪽에 시선을 주고 있는 듯한 불안감, 또는 신선한 느낌이 들었습니다.

여러분도 생각하셨을지 모르겠네요. 저는 사진을 보았을 때 어디선가 본 풍경이라고 생각했습니다. 언제부터인가 일본에서는 도시에서 떨어진 농촌이나 지방 도시가 적막해지고, 농촌에 가면 어딘가 방치된 느낌이 드는 풍경과 마주치는 일이 많아졌습니다. 사진은 그와 같은 풍경의 기억을 환기시켰습니다. 즉 금전적인 것이나 사람들의 시선, 또는 젊음에서 점점 소외되어가는 풍경입니다.

시를 쓰려고 했을 때, 이 사진에서 받은 불안한 감촉은 무엇을 참조하면 이미지로 연결될까 궁리했습니다. 제가 지금 줄곧 '꽃'이라는 테마로 시를 쓰고 있어서 그 영향도 있겠고, 혹은 원전이라는 점에서 원폭투하 이후 얼마 지나지 않아 쓰여진 하라 다미키(原民喜)의 소설『여름 꽃』을 꺼내보았어요. 하라는 소설가이면서 시인이기도 합니다.『여름 꽃』은 이전에 읽은 적이 있지만, 다시 읽어 보았지요.

매우 감동했고 오히려 지금 보니 더 와닿는 말이 많았습니다. 하라는 원폭투하 후의 광경, 즉 세계 전체가 붕괴되어버리고 말을 할 수 없는 풍경을 눈앞에서 봅니다. 더 이상 일본어, 보통의 언어로는 쓸 수 없기 때문에 어느 장면부터 돌연 가타카나로 갈겨씁니다. '이러한 인상은 아무래도 가타카나로 갈겨쓰는 것이 어울릴 듯하다.'라며, 갑자기 행을 나누고 시로 바뀌고 표기도 가타카나가 되는 것입니다. 인간의 사체라든지 전복된 전차, 또는 말의 부풀어오른 몸뚱이, 전선이 타닥타닥 타들어가거나 하는 비참한 상태를, 이제 가타카나로밖에는 쓸 수 없다며, 게다가 거기에 무슨 리듬이라도 있는 듯이 묘사합니다('번쩍번쩍한 파편/회백색의 타다 남은 재가/드넓은 파노라마처럼/벌겋게 타들어간 인간 시체의 기묘한 리듬/모든 것이 있었던 일인가 있을 수 있는 일인가/홀딱 벗겨져버린 뒤의 세계/전복된 전차 옆의/말 몸뚱이의 부풀어오른 모습은/타닥타닥하고 타오르는 전선의 냄새' 이상 전문(全文)).

하라가 느낀 리듬은 무엇인가 하면, 인간이 죽어갈 때 경련하고 고통스러워하는―사체에서는 고통의 움직임이 실제로는 이미 보이지 않지만 한순간에 발버둥치며 경직된 사체는—'일종의 괴이한 리듬'을 '포함하고 있다', 즉 정지해 있으면서도 리듬감을 지니고 있다는 것이지요. 물론 정 선생의 사진에는 인간의 사체도 피도 아무것도 남아 있지 않지만, 저는 무엇인가 거기에서 하라 다미키가 본 풍경과 멀리서 이어지는, 보이지 않지만 꿈틀거리는 비참함이나 고통을 느꼈습니다.

　마지막으로 후쿠시마의 지금 이 비극을 조선이 식민지지배로 입은 비극에 비유하는 것이 가능할까 하는 것은, 사진을 본 한 명 한 명이 본인 스스로에게 물어야 할 문제라고 생각합니다. 저도 여러 가지 생각을 했는데, 이 둘은 동떨어진 이야기인가 하는 의문이 당연히 떠오릅니다. 일본의 식민지주의, 또는 식민지지배는 진정 끝난 것인가요? 저는 끝나지 않았다고 실감합니다. 여러분도 사회적 문제와 관련하여, 비슷하게 실감하는 경우가 있지 않으신가요? 저는 조선학교의 무상화 제외라는 역사적 사건에 반대하기 위해, 79명의 시인들을 모아 문집을 내고, 저희 나름대로 문부성이나 정부에 항의를 계속했습니다. 무상화 제외는 2010년 2월 하순에 떠오른 사건입니다. 기묘하게도 2011년 3월보다 1년 정도 전이어서, 이미 거기서 대규모의 인재가 발생한 것입니다. 무상화 제외는 원전사고에도 필적할 만한 '법의 파괴'랄까요, 헌법이 보장하는 교육을 받을 권리, 또는 60년간 줄곧 각자의 삶의 터전에서 교육 받고, 생활해온 사람들의 일상을 조금도 상상하지 않고 통째로 파괴하려 했다는 의미에서, 그야말로 방사능 오염과 나란히 논할 수 있는 사건이었다고 생각합니다.

서경식 사진의 촬영 현장 중 몇 군데에 함께 있었습니다. 저기 파괴된 신발장 같은 것과 시계도 함께 본 것인데요, 미나미소마의 가이바마(萱浜)라는 곳에 있는 욧시랜드라는 노인시설입니다(사진 8, 9). 그곳에 쓰나미가 덮쳐 많은 분들이 돌아가신 후 나중에 가서 찍은 사진입니다. 들판에 파란 하늘이 펼쳐져 있는 사진에서 하늘을 날고 있는 것은 까마귀(사진 10)입니다. 이 사진을 보면 저는 고흐가 마지막에 그린 「까마귀가 나는 밀밭」이라는 그림이 떠오릅니다. 안개가 끼어 있는 단풍이 물든 산의 사진(사진 1)에 대해서도 말씀드리고 싶네요. 정주하 선생은 자신의 신념으로 사진에 제목을 붙이지 않으세요. 설명 없이 사진만을 보여주는 것이 철학입니다. 하지만 오늘은 시인도 모셨고 해서, 제가 굳이 말씀드리는데요, 여기는 료젠입니다. '료젠'이라는 발음과 이 영상은 울림이 서로 통하지요. 그리고 '료젠'이라는 발음을 '靈山(신령스러운 산)'이라고 쓴다는 것을 알면, 그것은 삼중의 울림을 낳습니다. 저렇게 아름다운 산이 방사능에 오염되었어요. 저는 두 번 갔는데, 두 번째 갔을 때에는 저 산의 그늘에 오염된 폐기물이 대량으로 쌓여 있었습니다. 즉 '료젠'이라는 지명의 음과 '靈山'이라는 한자의 뜻과 영상이 저에게는 매우 잘 어울리는 것처럼 보이고 들린다는 것을 말씀드리고 싶었습니다.

한 가지 더 말씀드리고 싶은 것은 사이토 미쓰구 시인의 시입니다. 이분은 미나미소바 시 오다카 구에 있는 고등학교의 국어선생님이었는데, 「너는 먼지이니」 등 많은 시를 쓰셨습니다. 사이토 선생의 「생명의 빛이」라는 시에는 '허식의 혀로/부드럽게, 희망을 노래하지 마라./위선의 목소리로/소리 높여, 사랑을 외치지 마라.'라는 구절이 있습니다. 이것은 아까도 이야기한 '부인(否認)'에 대한 항의입니다. '허식의 혀'나 '위선의 목소리'로 소리 높여 희망을 말하는 것은 그만두라고 낮은 소리로 가만히 시인은 노래하고 있습니다. 이런 목소리가 '부인'하는 힘에 당장 저항할 수 있을지는 매우 의문이지만, 기억의 투쟁으로서 이 시가 사람들에게 계속 회자되고 읽혀질 수 있기를 바랍니다.

그럼 이번에는 가와즈 선생께서 오늘을 위해 지은 시를 낭독해 주시겠습니다.

하라 다미키의 시선

가와즈 기요에 「여름 꽃」이라는 작품입니다.

여름 꽃

세상이 고요하게 말려 올라간다
누군가에 의해 뜯겨지는 것이 아니다
저절로 말려 올라가 뒤집히는 것이다
그것은 소망(燒亡)이라기 보다
심연의 여름의 개화(開花)
계절을 초월해 버린 이래로

차가운 어둠 속을 떨어지면서 피는 꽃잎의 감각

그날 이전에도 등을 어루만지며 그것은

살포시 지나가지 않았던가

손끝이나 안구나 고막에도

말과 감정은 물론이고

침묵과 어둠을 향해서만 피는 꽃들이 피고

그때마다 입술은 무언가를 말하려고

희미하게 달싹 열었다가는 닫히지 않았던가

"오랜 동안 위협하던 것이, 마침내 올 것이, 오고야 만 것이다."

그날

통제 불가능한 타나토스의 말발굽 소리가 들렸다

어렴풋했던 검은 말의 그림자는 마침내

백두(白頭)의 괴물이 되어 실재(實在)하고

계절과 꽃들을 순식간에 짓밟았다

세상이 세상 밖으로 뛰어들려는 찰나

흰 연기와 검은 연기가 피어올랐다

그것도 역시 꽃들이었다

악의 꽃—

한순간에 영원의 상실을 죄인들의 이마에 각인하고

그것은 홀연히 모습을 감췄다

꿈의 강도(强度)만을

들이란 들마다 생생히 남기고

그리고는 누구나의 고향 같은

버려진 아름다움이 더해갔다

세상이 세상을 뜯어내는 아픔

초침(秒針)이 세상의 살점을 찌르는 고통

그러나

그 한가운데로부터 그리움은 그지없이 빛을 뿜어냈다

**

"나의 사랑하는 이여 바라건대 서둘러 뛰어라"

불가사의한 목소리가 들렸다

말기(末期)에 하늘로 향하는

여름 꽃들의 목소리인 듯하다

부름을 받은 것은 분명 나비나 제비일 텐데

이상하리만치 맑은 울림에 나는 부름을 받는다

나를 어딘가에 잃어버린 나의 시선만이

논두렁을 격렬하게 내달린다

나를 부르는 꽃은 어디인가—

나를 부르는 꽃은 어디인가—

시선은 희미하게 숨을 내뿜고

추위에 얼어붙은 수풀과 나무 들의 잎을 불어 덥혀서

소생시키려 하지만

'고통의 몸부림'도 없이 '일순간에 발버둥치며 강직된 듯한'

녹슨 축구 골대나 폐허의 콘크리트 벽

'번쩍번쩍' 하지 않는 태고의 어두운 '파편'

풀이 무성한 어스레한 철로에

시선은 길고 긴 팔로 느끼며 가는데

얼어붙은 가을 꽃은 나타나도

사랑스러운 여름 꽃은 찾아볼 수 없다

이윽고 시선은

돌연히 멀리멀리 퍼져나간다

'순수 모성' 같이 빛나는 태양이

젖과 같이 빛나는 강과

생명의 저편에서 죽음의 물가로 밀려오는 바다에 의해

시체도 없고 피도 없고

'공허한 잔해' 만이 흩어진 해변 혹은

'영혼이 다 빠져나간' 지상(地上)

여기에 꽃은 피는 것인가 왜 피는 것인가

구름 깊은 하늘에 아직 미세하게

그러나 분명히 존재하는 한 방울의 눈물 때문인가

'무(無)로써 푸른 빛을 띠는 허공'에

지금도 여전히 무수한 별이 태어나기 때문인가

'별을 노래하는 마음'이 '허무의 확산'에 저항하여 몸을 일으키면

죽음의 파편 아래에서도 꽃은 피겠지

이름 없는 '노란 소판(小瓣)의 가련한 야취(野趣)를 띤'
여름 꽃의 환영(幻影)은 피겠지
'뭔가 잔혹한 무기물의 집합처럼 느껴지는'
인간의 고향에 희미한 자취와 함께

***

그리고 시선은 흩어지고
무수한 시선이 되어 채워져간다
바다와 하늘 꿈과 현실 사이에
여름의 뒷면을 태워가는 겨울의 흰 빛에
눈벌레처럼
누구의 것도 아닌 시선이 흩어져간다
모든 것이 '보고 있는' 것이다
아득히 먼 과거로부터 돌아보고
죽은 자가 산 자를 목격하듯
여기에 '보여지는' 것은 이제 아무것도 없다
신화처럼
마른 가지의 끝조차 선조의 눈이 응시하고
따가는 사람 없는 감에 보이지 않는 젖먹이는 눈을 뜬다
무덤에 새겨진 이름도
치유되지 못하는 눈에 파묻힌 집들의 창도

시간의 철조망 같은 송전선도

모든 살아있는 것의 구난신호 같은 노란 손수건도

무(無)의 둥지 같은 마른 숲도

구부정한 노파의 은발도

세상의 저 깊은 곳에서는

맥없이 주저앉은 네 개의 종이 스스로 울리기 시작했다

종은 짐승이고

몇만 년 미래까지 혹은 고대까지

상처 입은 자의 신음소리를 울려퍼지게 할 것이다

그 잔혹한 슬픔을 내버려두고

고향은 세상 밖으로 또 한 발 조용히 물러나려 한다

세상의 늪에서는

사람 같은 탑 같은 실루엣이 그저 멍하니 배웅할 수밖에 없다

아무리 밤이 깊어도

그것들을 어둠으로 묘사해 낼 칠흑의 그림물감은

세상에서 끊이지 않는다

배웅하는 사람의 자취는 늘고

아득한 탑은 동경하듯 빽빽이 늘어선다

그러나 죽을 수 없는 네 마리 희생 제물의

포효를 들어주는 것은

제물들을 둘러싼 망각의 강가에

은밀하게 피어나는 여름 꽃뿐

세상 고통의 진흙에 마침내 태어난

반세계(反世界)의 작은 나신(裸身)의 꽃뿐

혹은 꽃이라는 지극히 작은

세상의 추억, 추도의 기도하는 모습

따옴표 안에 들어 있는 부분은 대부분 하라 다미키의 『여름 꽃』에서 인용한 것입니다. '무(無)로서 푸른 빛을 띠는 허공'이라는 부분은 헨미 요(辺見庸)가 지진 후에 쓴 시 「그들 뼈 속에 있는 뼈」에서 인용했습니다. '별을 노래하는 마음'은 윤동주의 「서시」에서 인용했습니다.

서경식 감사합니다. 혹시 보충하실 말씀이 있습니까?

가와즈 기요에 아까 정 선생 사진의 시선에 대해 언급했는데, 지금 읽은 시에 나오는 사람들도 '죽은 자가 산 자를 목격하는' 장면이 있습니다. 실은 여기에는 하라 다미키의 이미지가 들어 있습니다. 하라는 자살로 생을 마감했습니다. 왜 자살했는지에 대해서는 여러 가지 추측이 있는데, 어떤 평론가는 이렇게 말합니다. 부인이 죽고 바로 원폭이 투하되어 정말 많은 사람들이 잔혹하게 죽어가는 모습을 목격한 하라는 자신이 살아 있는 것은 물론이고, 그냥 죽는 것만으로도 부족하다고 생각한 것은 아닐까 했다고요. 고통스러운 채 가장 잔혹한 모습으로 죽어간 사람들의 탄식을 마음 깊은 곳에서 쭉 들으며 살았기 때문에 그보다 더한 방법으로 죽지 않으면 그 사람들 곁으로 돌아갈 수 없다고 생각한 것은 아닐까요.

하라는 선로에 드러누워 있다가 죽었는데, 바로 직전에 두 명의 젊은 여자와 마주칩니다. 여자들은 뭔가 좀 이상하다고 생각해서 뒤돌아보았고, 하라도 선로로 가기 전 뒤돌아서서 두 여자를 물끄러미 보았다고 합니다. 그때 하라는 무엇을 보았던 것일까 하는 의문이 제 마음속에 줄곧 있어요. 이 시의 '시선'에도 하라의 시선이 저절로 겹쳐진 것 같습니다. 하라도 역시 이 세상의 일들이 마음에 걸려서, 아득한 미래인 지금, 이 원전사고 후의 풍경을 과거로부터 계속 보고 있는 것처럼 느낍니다.

제목인 「여름 꽃」은 하라의 『여름 꽃』에서 따왔지만, 현실 체험도 담겨 있습니다. 2011년 여름에 저는 라이브 카메라로 매일같이 후쿠시마 제1원전을 보고 있었는데, 어느 날 하얀 꽃이 피어 있다는 트윗이 나돌아서 라이브 카메라를 보니 정말로 원전 바로 곁에 꽃이 피어 있었어요. 하얀 꽃이었는데 비교적 큼직했고, 무슨 꽃인지는 몰랐지만 꽃이 피었다는 사실이 뜻밖이었습니다. 희망인지 반대로 절망인지 몰라도, 꽃이 피어 있다고 놀랐던 그때의 기억을 시에 담았습니다.

서경식 사족일 수도 있지만, 짧게 저도 보충하겠습니다. 하라 다미키는 추오센(中央線)에 몸을 누이고 죽었습니다. 제가 현재 근무하고 있는 대학 바로 옆인데, 수업 중에 이 이야기를 할 때에는 언제나 그 장소에 대해 이야기합니다. 추오센은 인사 사고로 자주 멈추는데 그때마다 하라 다미키를 떠올리게 됩니다. 저도 떠올리지만 학생들도 떠올리도록 하고 있습니다. 이렇게 말하면 오히려 감각이 일상화되어버릴지도 모르지만 요.

하라 다미키의 자살에 대해서는 지금 말씀하신 대로지만, 오늘 시작부터 문제제기하고 있는 것과 중첩시켜 말하자면, 원폭 피해를 당하고 나서 고작 2~3년이 지났는데도 도쿄에서는 그런 일이 없었다는 듯이, 3년이라는 시간이 흘렀고 '히로시마에서 일어난 일로 도쿄와는 별개다.'라고 하면서 공간적, 시간적으로 이중의 벽 건너편으로 떠밀려났다는 점을 하라 다미키는 여러 곳에서 쓰고 있습니다. 일상생활 속에서 아무리 '그런 일이 있었다.'라고 해도 사람들이 생각한 것 같은 반응을 보이지 않는다고도 썼어요. 원전사고 후 3년이 지난 지금 후쿠시마와 도쿄의 관계와도 매우 닮아 있다고 생각합니다.

하라 다미키가 자살한 것은 바로 조선전쟁이 한창이던 때였는데, 미국의 트루먼 대통령이 전쟁의 국면 전환을 위해 원폭사용을 검토한다고 발표하는 방송을 그가 들은 것입니다. 이것도 오늘날 세계의 현상과 매우 흡사합니다. 따라서 우리는 다 읽은 책의 페이지를 넘기듯이 전쟁의 참화나 핵의 위협을 과거의 일로 넘길 수가 없다고 새삼 생각하며 조금 전 말씀을 들었습니다.

가와즈 선생의 시에 '세상이 세상 밖으로 뛰어들려는 찰나'라는 구절이 있는데, 이것도 우연히 부합됩니다만, 실은 정주하 선생은 이번 작품 후에 '미나미소마 밖으로 들어가다'라는 연작을 만들고 계십니다.*

'밖으로 들어가다'라는 것은 무슨 의미인가 하면, 그야말로 시라고 생각합니다.

그럼 정주하 선생에게 '미나미소마 밖으로 들어가다'의 작품 소개와 지금까지 나온 이야기에 대한 답을 청해 듣겠습니다.

정주하 이 흑백 사진들은 제가 2011년 11월부터 2012년 2월까지 작업했던 컬러사진들을 전시한 이후 다시 2013년 봄부터 미나미소마에 가서 촬영하기 시작한 작품입니다. 사진에 관심 있는 분들은 아시겠지만,

● 2011년 가을부터 2012년 겨울에 걸쳐서 촬영된 '빼앗긴 들에도 봄은 오는가' 이후에도 정주하 교수는 미나미소마에 가서 작품 제작을 계속하고 있다. 2013년에는 출입이 가능해진 오다카 지역을 중심으로 촬영한 '미나미소마 밖으로 들어가다'를, 2014년 여름에는 노마오이 마쓰리(野馬追い祭り)를 방문해 길에서 만난 사람들을 스냅 사진 형식으로 포착한 '노마오이(野馬追)'를 제작했고, 2015년 봄부터는 피난생활을 하고 있는 사람들의 가족사진 '가족'을 촬영하기 시작했다.

오늘 이 공간에 전시된 컬러 사진은 디지털카메라로 촬영한 것입니다. 하지만 저는 실은 흑백 필름으로 작업하는, 즉 요즘 말로 아날로그 사진을 전문으로 하는 사람입니다. 그래서 2012년 3월에 한국에서 핵안보정상회의 일정에 맞추어 작업했던 디지털 사진과는 달리 2013년부터는 흑백 필름으로 촬영해서 흑백 사진으로 다시 후쿠시마 작업을 하고 있는 것이지요.

한 번 작업을 마친 장소에 다시 사진가가 가는 것에 대해 약간 의아해하실 수도 있겠는데요, 서경식 선생의 조언이 큰 역할을 하였습니다. 제가 서경식 선생의 조언을 죽을 때까지 잘 받들어서 지속할 수 있을지는 모르겠지만, 선생님 말씀의 뜻은, 이렇게 1회적으로 어떤 지역에서 작업하고 그 목적을 이루고 나면 끝내는 것이 아니라, "가능하다면 긴 시간 동안 정기적으로 찾아가서, 후쿠시마가 변해가는 모습을 죽을 때까지 촬영할 수 있다면 좋은 기록이 되지 않겠는가."라는 것이었습니다.

저 역시 후쿠시마에 간 것이, 그리고 후쿠시마에서 작업한 것이 단지 제 작업의 대상으로서만은 절대 아닙니다. 사진가는 그 '대상 앞'에 서는 사람입니다. 그곳에 서지 않는다면 볼 수도 작업을 할 수도 없지요. 이 부분이 여타의 다른 예술과 다른 점이라고 생각합니다. 서 선생 말씀처럼 제가 적어도 1년에 한 번씩만이라도 지속해서 후쿠시마의 현장을 찾는다는 것은 제 삶 속에 이 일을 깊이 받아들인다는 의미입니다. 2013년부터는 사고가 있었던 제1원전에서부터 10킬로미터까지만 위험 지구로 제한 구역을 좁혔습니다. 제가 처음 갔을 때는 제한 구역이 20킬로미터까지였습니다. 그 말은 20킬로미터에서 10킬로미터 이내에 있는,

그동안 가보지 못했던 곳을 이제는 누구나 갈 수 있다는 뜻입니다.

제가 후쿠시마에서 알게 된 두 어른이 계십니다. 니시우치 선생과 사사키 선생님입니다. 그분들이 어릴 적 살았던 곳이 오다카입니다. 그곳은 미나미소마로부터 제1원전 지역까지 약 7~8킬로미터 안쪽으로 들어가는 조그만 지역입니다. 그래서 제가 2013년에 여러 차례 후쿠시마를 오가면서 오다카를 중심으로 이 흑백작업을 시작했던 것입니다. 오다카만이 아니고 오다카를 둘러싼 주변 경치와 해안, 피해 지역을 돌아보면서 조금씩 제 관심을 넓혀가며 촬영하였습니다.

'숲속의 꽃동산'

서경식 그럼 여러분에게 질문을 받은 후에 저희가 한 가지씩 답하겠습니다.

청중 A 오사카에서 왔습니다. '빼앗긴 들에도 봄은 오는가'라는 제목을 보고 한국의 사진을 전시하는 것이라고 생각했는데 인터넷으로 찾아보니 3·11 이후 후쿠시마를 찍었다고 되어 있어서, 기대하고 왔습니다.

간사이에 있으면 솔직히 말씀드려 후쿠시마, 동일본대지진에 관해서는 저 자신도 무관한 일처럼 느낍니다. 게다가 회사에 가 있으면 더 그렇습니다. 얼마 전 직장 동료가 진지한 얼굴로 '그렇게 소란스럽게 후쿠시마에서 피난할 필요는 없었잖아?'라고 묻는 데에는 정말 놀랐고, 더이상 말을 잇고 싶지 않았습니다. 정말 한심한 이야기지만, 같은 일본 안

에서도 그런 분위기가 있습니다. 아까 상상력을 잇는 작업이 필요하다
는 이야기가 있었는데, 실제로 한국에서는 3·11, 그리고 후쿠시마의 사
고에 대해 어떻게 받아들이고 있는지 여쭙겠습니다.

청중 B 단바 사사야마(丹波篠山)에서 왔습니다. 정주하 선생님의 사진에
대한 질문인데요, 인물이 거의 찍혀 있지 않습니다. 정 선생님의 철학을
여쭙고 싶습니다.

이 질문을 드리고 싶어진 이유는 제가 사는 단바 사사야마는 경치
가 좋은 곳이고 검은콩도 맛있는데, 3·11 후에 처음으로 재가동한 오이
(大飯)원전을 비롯해 원전이 집중되어 있어 원전긴자라고 불리는 와카사
(若狭) 만에서 50킬로미터 정도 떨어진 곳에 있습니다. 후쿠시마 제1원전
으로부터 35~50킬로미터 정도 거리에 위치하는 이다테무라는 주변 지
역과 합병하지 않고 자립한 형태로 아부쿠마(阿武隈) 고원의 자연 환경
을 살리면서, 냉해와 싸우며 자연농법으로 쌀농사를 짓는다든지, 이다
테 소를 브랜드화하는 노력으로 아름다운 마을을 만들어왔어요. 그런
곳이 오염되어 전 지역 피난 명령이 내려지고 지금도 피난생활이 계속되
고 있습니다. 저는 몇 번이나 이다테무라에 갔었는데, 3년간 가설주택에
서 피난생활을 하는 동안 몸이 안 좋아져서 자택으로 돌아가 살고 계신
분을 만났어요. 73세인 그분은 93세인 어머니와 함께 아다테무라에서
가장 오염이 심한 나가도로(長泥) 지구 옆에 있는 고미야(小宮) 지구, 비교
적 오염이 심한 지역에서 살고 계십니다.

그분은 아버지 대부터 숲속에 수로를 만들어 논농사나 밭을 일궈

오셨고, 그곳에 꽃동산을 만드는 것이 어린 시절부터의 꿈이었다고 합니다. 원전사고로 꿈이 산산조각 났다고 생각했는데, 다시 한 번 그 꿈—그 분은 가타카나로 씁니다만—〈숲속의 꽃동산〉을 만들고 싶다는 계획을 세워 지원하는 사람들과 의논해서 2014년 4월 13일에 식수제(植樹祭)를 하셨습니다. 용담과 도라지, 수선화와 코스모스도 심어서 그런 꽃동산을 만들려는 것입니다.

저도 시를 쓰는데요, 아까 가와즈 선생 말씀 중에 원전 바로 옆에 핀 꽃이 희망의 꽃인지 절망의 꽃인지 모르겠다는 이야기가 있었는데, 고미야 지구에 〈숲속의 꽃동산〉을 만들려고 하는 할아버지가 심으려는 꽃은 무슨 꽃일까요, 그 분은 왜 그 꿈을 가타카나로 썼을까요? 제 생각에는 오염된 후의 꽃동산을 표현하기 위해서가 아닐까 싶지만, 여러 가지가 멸종되어버린 묘지에 바치려는 꽃의 의미도 담겨 있는 것 같습니다. 그분이 말로 설명하지 않기 때문에 주변에서 추측하는 수밖에 없습니다. 다만 꽃동산을 만든다는 행위를 통해 자신의 시랄까요, 자기 표현을 하려는 사람의 본연의 모습, 그런 사람의 목소리를 들을 수 있다면, 그것이야말로 표현이 해야 할 일이고 할 수 있는 일이 아닌가 생각했습니다.

청중 C 교토 출신의 재일조선인입니다. '망각에 저항한다'는 것에 관해서는 이번 3·11이나 원전사고에만 해당되지 않는다고 봅니다. 조국통일과 재일조선인의 민족적 권리 실현을 바라는 사람으로서, 망각은 최근에 시작된 것이 아니고 꽤 오래전부터 이어져왔다는 생각이 강하게 듭니다. 예를 들면 동화, 귀화, 일본 이름 강요 등도 이 세상에서 재일조선인의 존재를 지우고 싶은 일본 국가의 의도를 표현하고, 그에 저항하지 않는 일본 사회의 낮은 민의에도 분노를 느낍니다.

'망각에 저항'하기 위해서 살아 있는 자는 죽은 자에 대해 이야기하지 않으면 안 된다고 생각합니다. 피해자는 두 번 살해당합니다. 한 번은 전쟁이나 학살이나 원폭, 식민지지배에 의해서, 두 번째는 망각에 의해 살해당하는 것입니다. '망각'은 원전사고의 피해자 분들만이 아니라, 전 세계의 식민지 피해자, 차별 피해자, 전쟁 피해자 등 모든 경우에 해당된다고 봅니다.

하라 다미키는 자살했다고 전해지지만, 저는 자살한 것이 아니라 살해당했다고 생각합니다. 불의에 의해 학살된 것이라고요. 만일 이 세상이 전쟁도 차별도 핵무기도 없고, 사람이 사람답게 살 수 있는 사회였다면 하라 다미키가 자살하는 일은 없었겠지요. 그런 의미에서 하라 다미키는 살해당했다고 생각합니다. 미국이 조선반도에서 핵무기를 사용할 듯한 긴장상황은 현재도 지속되고 있습니다. 매년 한미합동 군사훈련을 할 때마다 미군은 조선반도에서의 핵폭탄 투하 훈련을 하고 있습니다.

'망각에 저항'하기 위해서 산 자는 죽은 자에 대해 이야기해야 하고, 어느 하나의 문제에만 한정하는 것이 아니라 전쟁 피해, 차별 피해, 식민지 피해 등 넓게 적용시키며 생각해나가는 것이 중요하다고 말하고 싶습니다.

청중 D 오사카에서 왔습니다. 정주하 선생께 질문드립니다. 사진만 보면 아무런 변화도 없는 풍경, 일본의 산과 들로, 그곳이 후쿠시마나 미나미소마라는 것을 모르고 본다면, 무슨 작품인지 잘 모르겠습니다. 그래서 왜 제목이나 사진 설명을 달지 않는지 여쭙고 싶습니다.

또 한 가지, 방사능은 눈에 보이지 않습니다. 보이지 않는 공포 같은 것을 표현하려면, 많은 어려움이 있으실 텐데요. 그런 갈등에 대해서도 말씀해주십시오.

청중 E 교토 시에 사는 대학생입니다. 저도 여러 차례 후쿠시마 제1원전 주변 지역을 돌아본 적이 있어서, 오늘 정주하 선생님의 사진을 보고, 그때 느꼈던 을씨년스러움이나 황량함이 떠올랐습니다.

개막 좌담에서 가와즈 선생님은 정주하 선생님의 사진을 보고, 일본의 버려진 듯한 지방의 분위기를 떠올렸다고 하셨고, 서경식 선생님은 조선 식민지지배의 역사를 떠올렸다고 하셨는데, 정주하 선생님 본인은 그와 같은 풍경을 실제 접하시고 어떤 생각을 하셨는지, 어떤 감각, 어떤 기억을 자극 받으셨는지 듣고 싶습니다. 일본과 조선의 역사와 관련한 이야기도 좋고, 그렇지 않은 것도 괜찮습니다.

청중 F 군마(群馬) 현의 마에바시(前橋)에서 왔습니다. 우연히 이쪽에서 한동안 지내게 되어 이 전시회를 꼭 보고 싶었습니다. 군마 현은 후쿠시마의 이웃이기 때문에, 사고가 일어났을 때에는 저희 집 뜰에 가꾼 텃밭 야채도 먹을 수 없었습니다. 저희는 농가는 아니지만 직접 피해를 입었고, 사진전의 제목처럼 정말 회복할 수는 있는 것인가 하고 친구와 자주 이야기를 나눴습니다. "연령상 나는 괜찮지만 아이들이나 임산부에게는 먹일 수 없지."라고요, 상당히 절박했습니다.

후쿠시마의 미나미소마 사람들은 더욱 절박했으리라고 생각하는데, 간사이에 오니 온도차를 크게 느꼈습니다. 3·11을 자기네 나라에서 일어난 일이라고 생각하긴 하나 싶을 정도로요. 후쿠시마에 대한 이야기가 전혀 화제가 되지 않아서 어떻게 된 일인가 했습니다. 틀림없이 큐슈나 시코쿠 사람들은 더하겠지요. 그렇기 때문에 시간이 지나면서 아베 수상 같은 자들이 태연하게 동남아시아에 원전을 수출하자고 하는 것이 아닌가요. 일본의 정치가는 두려움에 대한 절박함이 없다는 것 같습니다. 한국에도 원전이 있는데, 한국의 정치가들은 어떻게 생각하는지 궁금합니다.

서경식 대단히 감사합니다. 정주하 선생, 그리고 가와즈 선생의 순서로 대답해주시겠습니다.

정주하 답변 가능한 범위 내에서 말씀드리겠습니다. 한국도 일본과 마찬가지로 여러 종류의 사람들이 있습니다. 어디나 마찬가지겠지만 관심이 있는 사람과 관심이 없는 사람, 두 종류가 있지요. 한국에 사는 굉장히 많은 사람들, 다수의 대중은 일본이 그런 것처럼 다 잊어버렸어요. 더 정확하게 이야기하면, 잊어버리고 싶어하며 살고 있습니다.

반면에 후쿠시마를 반면교사로 삼으려는 움직임도 있는데, 그러니까 일본에서 일어났던 일을 교훈 삼아 한국에서는 그런 일이 없도록 해야겠다는 사람들이 있지요. 그러나 일본이 지금 중동이나 동남아시아에 원전을 수출하고 싶어하는 것처럼, 한국에도 원전을 수출하고 싶어 안달인 사람들도 있습니다. 아마 이 지점에서 우리 모두의 성찰과 연대가 필요한 것이 아닌가 생각합니다.

관심이 없거나 이를 이용해서 뭔가 자신의 이득을 얻어내려는 사람들은 '저쪽'에 있습니다. 관심을 가지고 이 문제를 통해 좀 더 나은 세상을 바라는 사람들은 지금 '이쪽'에 있는 것이고요. 저는 그 '이쪽'과 '저쪽' 사이에 예술가들이 있다고 생각하는데요. 그래서 여러분들께서도 한국에서 일어나는 상황에 대해서 관심을 가져주시고, 한국에서도 여전히 잊혀져가는 후쿠시마에 대한 기억을 계속해서 환기하려는 사람들이 있어서, 함께 성찰해나가는 세상이 왔으면 좋겠습니다.

그리고 사진에 인물이 없는 것에 대해서 거칠게 말씀드리면, 처음 작업할 때부터 이렇게 찍으려고 의도했습니다. '에잇! 젠장, 그래도 여전히 자연은 아름답단 말이야!'라는 것이 저의 모토였습니다. 느끼시겠지만, 이미 이 풍경은 능동적이고 자연스러운 풍경이 아닙니다. 인간에 의해서 만들어진 풍경이지요. 그냥 자연으로 보이는 저 나무 위에는 만지면 안 되는 나뭇잎들이 매달려 있고, 저 아래로 흐르는 물은 절대로 손을 담그면 안 되는 그런 풍경들입니다. 아까 서경식 선생이 말씀하셨듯이 료젠을 한국말로 풀이하면 신령스러운 산이란 뜻이에요. 하지만 제가 그곳에 갔을 때 많은 사람들이 절대로 낙엽을 밟지 말고, 떨어지는 빗물도 절대 맞지 말라고 했습니다. 가장 위험하다고요. 드물게 사람을 볼 수는 있었지만 화면에 넣지 않은 것은 제가 목적한 바는 거기에 살고 계신 사람들의 고통스러운 모습이 아니라, 자연의 입장에서 드러나 보이는 이 풍경은, 실은 인공적으로 인간에 의해서 만들어진 풍경이고, 그럼에도 여전히 아름답다는 사실을 역설적으로 보여드리고 싶었으니까요.

이다테무라에서 새로운 희망을 품는 분들에 대한 생각을 질문하셨는데, 저도 자그마한 에피소드가 있습니다. 제가 료젠을 방문했을 때, 료젠을 넘어가는 길목에서 트랙터를 몰며 농사를 짓는 분을 마주쳤습니다. 그래서 다가가서 여쭤보았습니다. "지금 여기서 농사지은 것을 먹으면 안 되는데 왜 농사를 짓고 계세요?"라고요. 그랬더니 그분 말씀이 "맞아요, 여기는 너무 위험해서 여기서 나오는 쌀을 먹으면 안 됩니다. 농사지으면 안 되는 곳인 줄은 나도 알아요." 그리고 나서 이렇게 말씀하셨어요. "알지만 그래도 그냥 하는 겁니다."라고요.

사진 설명에 대한 대답은 제가 두 번째 말씀드린 내용과 비슷한데요. 설명을 붙이면 좋은 안내가 되기도 하지만, 속박이 되기도 합니다. 저는 여러분께 사실을 보여드리려 한 게 아니고, 사실을 관통해서 우리가 무엇을 생각하고 성찰해야 하는가를 보여드리고 싶었습니다. 사진 설명이 때로는 제가 제시하는 언어를 통해서 다른 분의 생각을 속박할 수 있기 때문에, 가능하면 제 작업의 경우에는 설명을 달지 않으려고 노력합니다.

그리고 공포와 같이 보이지 않는 것을 표현하는 어려움을 질문하셨는데요. 그것이 제가 사진을 하는 이유이기도 합니다.

그다음으로 이런 풍경 앞에 섰을 때, 어떤 감정이 생겼는가에 대해서 질문 주셨지요. 실은 이미 말씀드렸는데요, 저도 처음 본 풍경이었고, 뭐라고 형용할 수 없는 힘든 마음이었습니다. 하지만, 2003년부터 2007년까지 원전 주변을 작업해본 경험이 있었고, 그것의 연장이었기 때문에 눈을 감지 않을 수 있었습니다.

마지막으로 군마 현에서 오신 분이, 군마라는 비교적 가까운 곳에서 느끼는 절박함에 비해 간사이에서는 온도차가 있는 것에 대해 질문하셨는데, 여러분이 아실지 모르겠지만, 실은 도쿄의 방사능 수치보다도 서울의 방사능 수치가 높습니다. 한국 동해안의 강릉, 속초 지역은 도쿄의 2배에 달하는 방사선 수치를 기록하고 있습니다. 2배라니요! 지구가 둥글고 대기가 순환하는 한 위험성 문제는 저와 여러분만의 문제가 아닌 것입니다. 저는 뭐라고 말씀드릴 수 없습니다. 정말로 잘 모르겠어요.

그리고 한국 정치가들의 핵에 대한 생각을 물으셨는데요. 한국에는 '핵 마피아'라는 표현이 있습니다. 이게 얼마나 좋은 기회인지, 한국의 핵을 세계에 팔 수 있다니! 일본이 핵 문제로 위험한 듯하니, 한국의 핵 마피아들이 속으로 얼마나 기뻐하겠습니까. 일본 정치가들이 긴장해야 하는 대목이라고 봅니다. 이상 마치겠습니다. 고맙습니다.

가와즈 기요에 앞으로의 표현의 과제에 대해 말씀드리겠습니다. 원전사고의 해명도 끝나지 않았는데 정부는 원전의 재가동이나 수출로 방향을 잡고, 국민도 무관심한 것처럼, 지금 세상 전체가 '부인(否認)'을 계속하고 있어요. '표현의 자유'라는 문제와 연관하면, 표현할 수 있는 사람이 여러 형태로 표현하는 것이 정말 중요한 시대입니다.

특히 현대시라든지 현대미술과 같이 '현대'라는 이름이 붙는 예술은 현대성을 주제로 하기 때문에, 현재진행형으로 무엇이 문제인지를 끊임없이 찾아야 합니다. 지금은 정말 위태로운 시대지요. 단순한 '부인(否認)'은 '인정하지 않음'이라서, 오늘날의 문제를 잘 찾지 않으면 분명 앞이 완전히 보이지 않는 암흑이 나타날 테니까요. 진정 우리는, 발을 내디딜 수 없는 불안에 내몰리고 있다는 사실을 표현해야 해요. 그것도 아름다움을 통해서 호소해야 합니다.

아까 질문하신 분이 소개한 〈숲속의 꽃동산〉에서도 역설적이지만 신화적인 아름다움을 느낍니다. 이 가타카나 이름은 하라 다미키의 가타카나 이름과 서로 통하는 울림이 있습니다. 오염된 후의 꽃동산을 표현하기 위해서가 아닌가 말씀하셨는데요, 꽃들이 몇만 년이라는 신화적인 미래를 향해 계속 핀다는 이미지에는, 사람이 없어지고 난 뒤에도 꽃들의 애도나 의지는 오히려 도도해져가는 그런 미지의 아름다움조차 느껴집니다. 앞으로의 시는 이러한 아름다움을 언어화해가야 하지 않을까요.

또 저는 원전에 관해서도 여러 활동에 참여하고 있는데, 그러면서 알게 된 사실은 많은 사람들이 안으로는 불안을 숨기고 있으면서도, 겉으로는 '부인'하며 문제를 지나치고 있다는 것이지요. 서명 운동을 하는 사람과 그냥 지나치는 사람, 어느 쪽이 행복한가 하면, 역시 스스로 행동하고 호소하는 사람이 자기의 표현 욕구를 충족시키기 때문에 훨씬 행복합니다. 그냥 지나쳐버리고 부인하는 것은 불행한 일이고, 아름다움에서 멀어지는 일이라고 호소하는 표현 활동을 계속할 수 있으면 좋겠습니다.

서경식 '성찰과 연대'라는 좋은 말씀을 정주하 선생께서 해주셨습니다. '저기'와 '여기'가 분리되어 있고, '여기'에 있는 사람으로부터 성찰과 연대를 넓혀간다는 그런 말씀이었지요. 오사카에서 오신 분의 질문에도 있었고, 마지막에 군마 현에서 오신 분도 그런 말씀을 하셨는데, 우리에게는 근거없는 지명—'후쿠시마'에서 일어난 일이고 '오사카'와는 관계 없다—따위로 구분짓고 남의 일로 생각하려는 심리 같은 정신적인 함정이 숨겨져 있어서 빈번히 이용되고 있습니다.

조금만 생각해보면 알 수 있는데, 방사능 오염은 현의 경계에서 멈춰주지 않습니다. 미야기 현의 남부나 군마 현의 북부, 혹은 치바 현까지 심하게 오염된 곳이 있는데, 근거도 없이 왠지 치바에 있는 것만으로 '후쿠시마는 남의 일'이라는 심리가 되고, 국가는 후쿠시마 현 사람이 아니면 피난 보조금도 주지 않는 언어도단의 정책을 시행해도 '아, 그런가?' 하는 식으로 지나쳐버립니다. 그런 '상상의 경계선'이 우리를 성찰이나 연대로부터 멀어지게 합니다.

그것은 후쿠시마와 도쿄, 도쿄와 오사카 사이에만 있는 것이 아니고요, 아까 젊은 분이 차별, 식민지주의라고 말씀하셨는데, 일본과 외국 사이에도, 한국과 일본, 한국과 중국, 유럽과의 사이에도 보이지 않는 무수히 많은 경계선이 놓여 있는 것입니다. 그렇기 때문에 보이지 않는 것을 보고, 보이지 않는 경계선을 극복하는 것은 매우 중요한 도전이고, 그렇게 할 수 없다면 성찰도 연대도 불가능합니다. 저는 그렇게 생각합니다.

　그리고 방사능 오염의 경우, 논의되었던 것은 주로 공간적 거리에 대해서였는데요, 시간적인 면도 있습니다. 즉 자신들의 세대가 끝난 후에 벌어질 일들에 대한 상상력을 펼칠 수 없으면, 시간적으로도 남의 일로 끝나버립니다. 그러나 당장의 이익만을 얻으려는 사람들이 있는 것도 사실입니다. 또한 내면의 불안을 억누르면서 이익을 추구하는 사람들을 따라가려는 대다수가 있습니다. 일본에도 한국에도 온 세계에도요, 이런 구도라고 생각합니다.

　보이지 않는 것을 어떻게든 포착해서 찍으려는 작품에 화답하는 것은, 우리가 스스로 상상력을 한정하고 있는, 보이지 않는 벽을 뛰어넘는 성찰과 연대를 하는 것이고, 그것이 오늘의 결론이 아닌가 저는 생각합니다.

가쿠니 다카시 정 선생님, 서 선생님, 가와즈 선생님, 대단히 감사합니다. 또 좋은 질문을 해주신 객석의 여러분께도 감사드립니다.

　오늘 이야기를 해나가면서 3·11과 후쿠시마의 원전사고 이후, 표현은 어떤 의미를 가질 수 있는가에 대해 매우 진지한 성찰을 엿볼 수 있었습니다. 또 표현 행위가 '망각'이나 '부인'이라는, 현재 일본에서 정부와 미디어를 통해 확대되고 있는 힘에 대한 저항이 될 수 있을까 하는 물음도 있었습니다. 대단히 감사합니다.

식민지주의라는 시각

리쓰메이칸대학 국제평화뮤지엄에서는 학생들과 젊은 세대를 대상으로, 두 번째 좌담이 기획되었다. 대학이기 때문에 가능한 의미있는 시도라고 할 수 있다.

　이 좌담은 다카하시 데쓰야와 리쓰메이칸대학 조교수인 안자코 유카의 발언으로 시작되었다. 안자코 교수는 조선사 전문가로 특히 일본의 조선 식민지지배 문제를 주제로 연구하고 있다. 다카하시, 안자코의 발언 후에 학생들로부터 의견 표명과 질의응답이 이루어졌다. 양방향의 진지한 대화가 오갔는데, 거기서 안자코 교수가 제시한 핵심어는 '상상하는 것'과 '연결하다'였다. 사회는 가쿠니 다카시가 맡았다.

2014 · 6 · 7

다카하시 데쓰야(高橋哲哉) + 안자코 유카(庵逧由香) +

가쿠니 다카시(加國尚志) + 학생

교토 도 교토 시 리쓰메이칸대학 국제평화뮤지엄

가쿠니 다카시 '빼앗긴 들에도 봄은 오는가' 전시회의 개막에는 정주하 선생, 서경식 선생, 가와즈 기요에 선생이 오셔서, 3·11 원전사고 후의 '망각'이나 '부인(否認)'에 저항하는 예술의 힘, 표현의 힘이란 어떤 것인 가를 중심으로 이야기를 전개해주셨습니다. 오늘은 두 번째 자리로 도 쿄대학 대학원 종합문화연구과 교수인 다카하시 데쓰야 선생과 리쓰메 이칸대학 문학부 조교수인 안자코 유카 선생이 와주셨습니다.

다카하시 선생은 일본의 전쟁 책임이나 전후 책임을 묻는 많은 저 작을 내셨습니다. 그중에서도 『결코 피할 수 없는 야스쿠니 문제』(현대송 옮김, 역사비평사, 2005년)는 매우 큰 반향을 불러일으켰습니다. 2013년 12 월 26일 아베 신조 수상이 야스쿠니에 참배해서 동아시아를 비롯해 커 다란 파장을 불러일으켰는데, 이러한 문제를 고찰하는 데에 단서가 되 는 저작이라고 생각합니다.

선생 자신이 후쿠시마 출신인 점도 있어서 원전사고 문제에도 매우 깊숙이 관계하고 계십니다. 『희생의 시스템 후쿠시마 오키나와』라는 저

작에서는 후쿠시마의 원전사고와 일본이 전후 일관되게 군사기지를 떠 맡겨온 오키나와라는 존재를 국가가 강요하는 '희생의 시스템', '희생의 이코노미'라는 관점에서 논하고 계십니다. 이 '희생'이라는 주제가 최근 다카하시 선생님 연구의 근간을 차지하고 있습니다.

또 정주하 사진전에 맞춰 서경식 선생, 한홍구 선생과의 대담 형식 으로 『후쿠시마 이후의 삶』이라는 책도 내셨습니다. 거기서도 후쿠시마, 오키나와를 한국, 조선의 군사기지 문제와 연결지어, 중층적으로 문제 를 바라보는 관점을 제공하셨습니다.

안자코 유카 선생은 리쓰메이칸대학의 코리아연구센터 연구원이 기도 합니다. 조선사 전공으로 일본의 조선 식민지지배 문제, 특히 '종군 위안부'나 성폭력 문제를 중심으로 연구하고 계십니다. 공저로 『군대와 성폭력―한반도의 20세기』(박해순 옮김, 선인, 2012년)를 내셨습니다.

먼저 두 선생님의 말씀을 듣고 나서, 리쓰메이칸대학 학생들이 정 주하 사진전을 본 감상을 토대로 질문하고, 다시 답을 듣는 순서로 진행 하겠습니다.

보이지 않는 것을 느끼게 하는 사진

다카하시 데쓰야 이곳에서 전시되고 있는 정주하 선생의 사진을 보고 여 러분은 무엇을 느꼈는지 꼭 듣고 싶습니다. 제가 이 사진과 처음 만난 것 은 한국의 서울에서였습니다. 제 친구 중 한 명인 한국의 역사학자 한홍구 선생이 운영하는 평화박물관에서 처음으로 전시회가 열렸는데, 그때 우연히 볼 기회를 얻었습니다.

후쿠시마 원전사고를 다룬 사진전이라고 해서 어떤 사진인가 했는데, 처음 보고 놀랐습니다. 2011년 3월 11일의 큰 소동이 일었던 사건을 둘러싼 사진임에도 불구하고 매우 고요한 사진이 전시되어 있었습니다. 사진에서는 원전사고의 흔적이 거의 보이지 않았습니다. 일부 사진에, 예를 들어 건물 사진 등에는 일부 사고를 연상케 하는 것이 있었지만, 대부분 후쿠시마 피해지역의 차분한 전원풍경을 중심으로 한 사진이었어요.

처음 본 인상은 아무튼 차분한 사진이라는 것과, 보고 있으려니 매우 아름다운 느낌이 들었고, 특히 저는 그리운 느낌마저 들었습니다. 방금 전 소개해주신 것처럼 저는 후쿠시마에서 나고 자랐는데, 특히 초등학생, 중학생 때는 후쿠시마에서도 도시 지역이 아닌 인구 1~2만 정도의 작은 마을에서 살았습니다. 그때는 학교가 끝나면 뛰어놀곤 했는데 그 장소 그 광경이 사진에 찍혀 있었습니다. '대체 이것은 무엇인가?', '원전사고는 어디로 갔는가?' 생각했습니다.

적막함과 아름다움과 그리움이 저의 첫인상이었는데, 거듭 생각하니 뭔가 등골이 서늘하고 오싹한 감각이 들었습니다. 방사능이라는 것은 눈에 보이지 않습니다. 원전사고로 대량의 방사성 물질이 방출되어 퍼진 지역, 더 농후하게 퍼져서 사람이 살 수 없게 되고, 사람이 도망가지 않을 수 없게 된 지역, 살아도 방사성 물질에 오염될지 모르는 불안을 안고 살아갈 수밖에 없게 된 지역, 그런 지역, 그 사진이 여기에 있는 것이라는 생각이 들더군요. 그 순간 오싹하는 두려움을 느꼈습니다.

아마 학생들의 발언에서도 논의되겠지만, 정주하 선생의 사진이 어떤 형태로 원전사고를 표상, 표현하고 있는지, 이 사진을 통해 무엇을 호소하고자 하는지, 그런 것을 시간이 경과할수록 더 깊이 생각하게 한다고 느꼈습니다.

또 이 일련의 사진 전체에 '빼앗긴 들에도 봄은 오는가'라는 제목이 붙어 있습니다. 저도 40대가 된 후에 알았는데, 이상화라는 조선의 유명한 시인의 대표적인 시 제목입니다. 조선의 풍요로운 전원풍경을 노래하고 있지만, 그 속에 구일본제국의 식민지지배에 의해 나라를 빼앗기고, 토지를 빼앗기고, 부를 빼앗긴 것에 대한 고발을 조용하게 노래하는 그런 시에요. 이것을 후쿠시마 원전사고를 둘러싼 일련의 사진 전체의 제목으로 정주하 선생이 선택한 의미는 무엇인가, 우리는 이 전시를 보면서 그것을 생각하지 않을 수 없게 됩니다.

최근 일본과 한국의 관계가 매우 악화되고 있어요. 동아시아에서 일본과 중국의 관계가 지극히 악화되고 있는 것과 마찬가지로 한일관계도 악화되어, 오늘 아침 《요미우리신문》에 실린 여론조사 결과는 일본과 한국이 서로 '신뢰할 수 없다'고 답한 응답자의 비율이 각각 80퍼센트로 증가했다고 나왔습니다. 중국과의 관계에서도 제가 최근에 본 조사에서는 양쪽 모두 90퍼센트 이상이 '신뢰할 수 없다'고 했고요. 인터넷 세계에서 밖으로 뛰쳐나와 타민족, 특히 재일조선인이나 한국 사람들을 향해, 듣기에도 끔찍한 '혐오발언'을 쏟아내는 사람들도 일부 나타나고 있습니다.

이런 상황에서 정주하 선생이 사진을 통해, 이 나라의 다수파 일본인에게 호소하고 있는 것은 무엇일까요? 조선 식민지지배 시절에 빼앗긴 들에 대해, 들을 빼앗은 자를 고발하는 이상화의 시, 그것을 후쿠시마에 중첩시키는 의도는 어디에 있는 것일까요, 메시지는 무엇일까요? 방금 말씀드린 한국과 일본의 최근 상황에서는 거의 기적같이 느껴지는, 그런 물음이 아니었나 생각합니다.

이번 주 수요일에 다시 후쿠시마에 다녀왔습니다. 후쿠시마 역 앞에서 자동차로 시내의 와타리(渡利) 지구를 거쳐 료젠마치(靈山町), 그리고 미나미소마 시의 바바노(馬場野) 지구를 지나, 마쓰카와(松川) 만이라는 해변의 경승지에 갔습니다. 2011년 3월 11일 이후, 한 달 정도 지난 4월 17일에 처음으로 후쿠시마에 갔을 때도 거의 같은 코스를 더듬어 소마(相馬)까지 갔습니다. 그로부터 3년 남짓 지났는데요, 3년 전과 현재를 비교해보면, 그 때는 소마 항구, 마쓰카와 만은 지진이나 쓰나미로 엉망이었기 때문에, 그런 상황은 분명히 대부분 개선되었다는 느낌이 들었습니다.

그러나 그야말로 정주하 선생의 사진이 보여주는 것처럼, 거기에 덮여 있는 방사성 물질은 실은 아무리 제염을 해도 계속 유입되는 상황으로, 방사능에 대한 불안이 완전히 사라지지 않은 채로, 이 지역에 사는 사람들은 불안을 끌어안고 있습니다. 피해지역에서는 지금도 13만 명이 피난하고 있습니다. 그중 수만 명은 이미 고향을 잃어버렸어요, 즉 귀환곤란 구역으로 고향이 지정되어버려 귀환할 수 있는 가능성이 거의 없습니다. 원전사고는 사람이 살 수 없는 토지를 만들어버렸고, 그래서 고향을 잃은 사람들이 많이 생겨난 것입니다.

이것도 금년에 나온 숫자인데요. 피난민에게 설문 조사를 한 결과, 60퍼센트 정도의 사람들에게 PTSD(외상 후 스트레스 장애)가 인정된다는 결과가 나왔습니다. PTSD란 트라우마가 되는 큰 사고나 사건을 당했을 때의 충격이 심적인 증상이 되어 계속 악몽을 꾸거나 혹은 재경험 현상(flashback)을 겪거나 하는 것입니다. 지진, 쓰나미, 게다가 엎친 데 덮친 격으로 원전사고, 거기서 입은 트라우마로 3년이 지나도 60퍼센트 정도의 사람들은 여전히 고통받고 있다는 것이지요.

이런 것도 밖에서는 좀처럼 알 수 없는 현실입니다. 따라서 원전사고가 가진 '보이지 않는' 성격을, 정주하 선생의 사진을 통해 곰곰이 성찰하지 않으면 안 됩니다. 그런 생각으로 이끄는 사진이 아닌가 합니다.

보이지 않는 '빼앗긴 것'을 표현한다

안자코 유카 여러분 안녕하세요. 저는 조선사를 전공하는데, 특히 식민지시기의 식민지정책에 대해 연구하고 있습니다. 이번에 정주하 선생이 이상화라는 식민지시대 시인의 시를 제목으로 정하신 관계로, 식민지에 관한 이야기를 조금 하려 합니다. 저는 일본이 어떤 식으로 조선반도에서 식민지지배를 했는지에 대해 20년 이상 연구하고 있는데요, 그 일환으로 한국이나 조선민주주의인민공화국에 가서 실제로 그 시기를 겪으신 분을 인터뷰하거나, 농촌에 직접 가서 농촌 내부의 상황을 살피는 농촌 현장연구도 하고 있습니다.

왜 농촌 현장연구를 하냐면, 식민지시기에 조선반도 인구의 80퍼센트 이상이 농민이었기 때문입니다. 전쟁 말기가 되면서 많은 사람들이 노동자로 동원되는데, 전쟁이 끝나고 고향으로 돌아와서는 대부분 농민으로 되돌아갔습니다. 그래서 제가 이미지로 갖고 있는 식민지의 조선 사회는 농민들의 사회입니다.

실은 후쿠시마 원전사고가 일어났던 2011년 3월에 이곳 평화뮤지엄에서는 한국병합 100년에 맞춰 '거대한 감옥, 식민지 조선에 살다'라는 전시가 있었습니다. 바로 이곳에서 그 전시를 하던 중에 지진과 쓰나미가 일어났고 원전사고가 터졌습니다.

그때에도 이상화의 「빼앗긴 들에도 봄은 오는가」라는 시를 전시했습니다. 그때의 전시는, 식민지란 어떤 사회였는지를 알기 위해 가급적 시각적 자료를 사용해 전하고자 했고, 많은 분들이 오셨습니다. 이상화의 시도 전시만 한 것이 아니었고, 이 시는 한국에서 노래로 만들어졌기 때문에 안치환 씨가 부른 그 노래를 배경으로 식민지시대의 영상을 상영했습니다.

그래서인지 저는 정주하 선생의 '빼앗긴 들에도 봄은 오는가'라는 제목을 보고 강렬한 인상을 받았습니다. 그 이야기를 조금 더 하고 싶습니다.

여러분은 제목의 '들'을 듣고 어떤 '들'을 떠올렸나요? 아마 일본인이 '들'이라는 말에서 떠올리는 것은 풀이 많이 난 넓은 토지가 아닐까 싶습니다. 그런데 조선어의 '들'은, 시에서도 나오지만 '토지'가 아니고

사진 A 경성 시가

사진 B 동양수리조합저수지

사진 C 수원군 음덕면 남양리 공자 묘

사진 D 금강산 부근의 민가

사진 E 개성 포목상

사진 F 서양식 혼례

사진 G, H 민족문제연구소 소장 자료

사진 I 정도선 『회령에서 남긴 사진 1936~1943』 (눈빛, 2003)

사진 J 정도선 『회령에서 남긴 사진 1936~1943』
(눈빛, 2003)

사진 K 정도선 『회령에서 남긴 사진 1936~1943』
(눈빛, 2003)

'논밭'입니다. 추수를 마친 논밭에는 토지를 쉬게 할 때 여러 풀이 자라납니다. 봄이 되면 다시 그곳을 일구어 쌀을 재배하고 농작물을 재배합니다. '들'이 곧 논밭이고 농사를 짓는 생산 현장입니다.

전시되어 있는 사진과 시를 비교해가며, 맨 먼저 생각한 것이 정주하 선생 사진전의 구성과 이상화 시의 구성이 같다는 점이었습니다. 정주하 선생은 매우 보편적인 시각을 유지하려고 하시는 것 같아요. 이곳이 후쿠시마라는 것을 모른다면 정말 깨끗한 자연, 아름다운 자연이 찍혀 있습니다. 그렇지만 그 자연을 보고 있으면 중간 중간에 퍼뜩 '아, 이곳은 피해지역이구나.' 또는 '쓰나미가 있었던 곳이구나.'라고 깨닫게 됩니다.

이상화의 시도, 중간 부분의 예를 들어 '바람은 내 귀에 속삭이며/한 자국도 섰지 마라, 옷자락을 흔들고/종다리는 울타리 너머 아씨같이 구름 뒤에서 반갑다 웃네.'라든지 '너는 삼단 같은 머리를 감았구나. 내 머리조차 가뿐하다.'는 부분을 보고 있으면 아름다운 봄의, 이제 막 여러 생명이 싹트려고 하는 정말 아름다운 '들'을 상상하게 됩니다. 그러나 마지막에는 '그러나 지금은—들을 빼앗겨 봄조차 빼앗기겠네.'라고 합니다. 그러한 구성, 표현 방식이 정주하 선생의 작품구성 방식과 비슷하다고 느꼈습니다.

그리고 또 한 가지, 여러분에게 식민지 사회는 어떤 곳이었나를 전달하려면, 당시의 사진을 보는 것이 가장 쉽다고 생각합니다. 실제로 식민지시대의 사진은 많이 남아 있습니다. 예를 들면 가쿠슈인(学習院)대학 동양문화연구소 동아시아학 가상박물관에 공개된 사진처럼 인터넷에서 간단히 볼 수 있는 것도 있어요. 이 가상박물관에 있는 사진을 조금 소개하면, 예를 들어 서울의 사진입니다(사진 A). 요즘 식으로 말하면 청와대(대통령 관저)가 있는 곳입니다. 산기슭에 있는 조선총독부 건물도 보입니다. 이것도 식민지시기의 사진입니다. 전주에 있는 동양척식회사가 만든 수리시설 사진도 있고요, 이 시설은 1920년대에 사용되었습니다(사진 B). 그밖에도 평범한 농촌에 있는 공자 묘(孔子廟)의 사진(사진 C), 평범한 농가의 사진도 있습니다(사진 D).

왜 이런 사진을 보여드리는가 하면, '이것은 식민지 시대의 사진입니다.'라고 하면 '아, 그렇구나.' 하며 보시겠지만, 예를 들어 총독부 건물 자체는 1995년까지 서울에 있었어요, 만일 이것이 '1950년대, 식민지시기 후의 사진입니다.'라고 설명을 듣는다고 해도 아마 여러분은 판별할 수 없을 거에요. 그 밖에 상점 사진도 있고(사진 E), 어떤 사진에서는 서양식 결혼을 하기도 합니다(사진 F). 아마 이 사진들에서는 식민지라는 현실이 그다지 느껴지지 않을 거라고 생각합니다.

식민지란 무엇인가 하면 국권이 빼앗긴 상태입니다. 이것은 눈에는 보이지 않습니다. 보이지 않는 '국권'은 근대 이후, 인간이 살아가기 위해 가장 중요한 기본적인 정치적 권리 중 하나입니다. '국권'이란 국가 구성원이 자신이 속하는 국가의 미래를 스스로 선택할 권리라고 저는 이해하고 있습니다. 이렇게 중요한 '살아가는' 권리의 가장 기본적인 자기결정권을 빼앗긴 상황이 식민지입니다. 이렇게 말로 설명하면 이해가 되지만 방금 보여드린 것처럼 생활을 찍은 사진에서는 식민지지배가 보이지 않습니다.

한편, 식민지 정책의 표어 중 하나인 '내선일체'를 일본이 강요했던 사실을 알 수 있는 사진(사진 G)이라든지, 집에 있는 놋쇠를 전부 가져오게 하여 모은 것을 찍은 사진(사진 H)이 있는데, 이와 같이 식민지 정책을 직접 묘사한 사진이라면 식민지시기의 사진이라는 것을 알 수 있지요.

하지만 이 사진들(사진 I~K)은 조선 북부의 회령에 살았던 정도선이라는 조선인 사진가가 찍은 것인데요, 식민지시기 중에서도 전쟁 기간에 해당하는 1936년~1943년에 촬영된 사진입니다. 그렇지만 식민지시기 사진이라는 것은 사전에 듣지 않으면 모릅니다.

정주하 선생의 사진에서도 '빼앗긴 것', 즉 무엇을 빼앗겼는지는 보이지 않습니다. 말이나 문장보다도 사진이나 영상이 사실을 있는 그대로 전달하는 힘이 분명 있는데 그런 것이 보이지 않습니다. 역으로 말하면, 이들 사진 속에 '빼앗긴 것'이 있다는 사실을 알지 못하면 그 사진이 갖는 의미도 모르고 전달되지도 않는다고 생각합니다.

마찬가지로 이 사진들도 그곳에서 식민지지배가 있었다는 사실을 모르는 한, 계속 보이지 않는 채로 있습니다. 이 점이 정주하 선생이 이번 사진 속에서 표현한 부분과 겹치지 않나 생각했습니다.

가쿠니 다카시 다카하시 선생님, 안자코 선생님 감사합니다. 다카하시 선생은 직접 후쿠시마에서 보고 오신 현재의 상황을 포함하여, 그 속에서 정주하 선생의 사진이 우리에게 던지는 물음에 대하여 말씀해주셨습니다. 그리고 안자코 선생은 조선사를 연구하시는 입장에서 일본이 식민지지배를 하던 무렵의 한국 사진을 보여주시고, 그런 사진과 이번 정주하 선생 사진과의 맥락과 관계를 말씀해주셨습니다.

아름다운 예술 작품과 가혹한 현실의 사이

가쿠니 다카시 그럼 지금부터는 학생들이 사진전을 보고 느낀 점을 포함해 질문을 하고, 선생님들이 답을 하는 형식으로 진행하겠습니다. 우선 리쓰메이칸대학 문학부 철학전공 4학년 N씨 부탁합니다.

N 먼저 감상을 말씀드리겠습니다. 이 기획을 알았을 때 한국인 사진가가 피해지역을 촬영했다고 하기에 어떤 사진을 찍었는지 흥미가 생겼습니다. 게다가 평화뮤지엄에서 전시를 한다고 해서 더욱더 흥미를 가지고 왔습니다. 그런데 실제로 전시된 사진을 봤더니, 생각했던 것과 다르다고 할까요, 전혀 모르겠다는 느낌이었습니다.

안자코 선생님이 말씀하신 것처럼, 물론 뉴스 등을 통해 지진에 대해서는 듣고 있었지만, 아무것도 몰랐다고나 할까요, 이 사진에서 보는 아름다운 풍경이나, 완전히 변해버린 풍경, 그 속에서 무엇을 보면 좋을지 모르겠어요. 무슨 말이냐면 지진이라는 사실이 있지만, 후쿠시마 사람들, 정주하 선생님, 저 사이에는 어떤 차이가 있고 공유할 수 없는 부분이 있어서인지 제게는 사진이 어렵게 느껴졌습니다.

정주하 선생님 작품은 지진 후의 후쿠시마라는 장소를 전하고 있을 뿐 아니라, 구도나 색채를 깊이 생각하신 예술 사진입니다. 제가 모르겠는 점은 사실과 예술이 결합된 작품을 보는 방식입니다. 단순한 객관적 사실이 아니고 그 안에 담긴, 사실 이상의 무엇이 전해지는 것은 예술작품이기 때문이라고 생각하는데요, 사진이나 다큐멘터리 영화 같이 사실과 결합된 예술 작품을 보는 방식을 잘 모르겠네요, 어렵다고 느꼈습니다.

다카하시 데쓰야 정주하 선생이 찍은 사진이 예술 작품인지, 그렇다고 한다면 그것은 사실의 묘사와 어떤 관계가 있는지 묻는 질문이지요. 매우 어려운 철학적 의문을 제기했는데, 후쿠시마 원전사고 혹은 동일본대지진이라는 큰 사건, 사람들에게는 재앙이 된 사건, 이것을 예술 작품으로 표현하는 것은 물론 가능합니다.

제가 지금 떠올린 것은 피카소의 「게르니카」라는 그림입니다. 나치 독일이 스페인의 게르니카를 폭격해서 많은 시민이 죽은 것에 대해 피카소가 항의의 의미를 담아서 그린 그림이지요. 피카소의 그림은 거의 전부 그런 면이 있는데, 상당히 데포르메(변형)된, 여러분도 잘 아는 그 화법이지요. 피카소의 그림은 게르니카의 현실을 있는 그대로 표현한 것이 아니라, 어디까지나 피카소의 눈을 통해, 피카소의 붓을 통해 데포르메되었지만, 그래서 오히려 사실 이상을 전달하는 힘이 있다고 생각합니다. 그렇기 때문에 지금 N씨의 말씀을 듣고 현실과 예술과의 관계에 매우 정확한 관점을 지니고 있구나 생각했습니다.

다만, 한 가지 큰 문제는 이 사진을 보고 매우 아름답다고 느꼈다고 한 것입니다. 사고 자체는 피해지역에 매우 비참하고 고통스러운 재앙입니다. 그것을 아름답다는 감각을 통해 받아들여도 좋은가 하는 문제도 있습니다. 이것은 실은 지금까지도 계속 논의되고 있는 주제의 하나입니다.

아우슈비츠라는 이름으로 상징되는 나치독일이 행한 유대인 대학살에 대해서도 그렇습니다. 테오도르 아도르노라는 유대계 철학자가 전쟁이 끝난 후 "아우슈비츠 이후에 시를 쓰는 것은 불가능하다."라는 유명한 말을 남겼습니다. 시라는 예술 작품은 '세상을 노래하'는 것이라서 홀로코스트에서 유대인이 대량으로 살육된 참극의 비참함과는 너무나 거리가 있지요. 시를 읽는 것으로 쾌감을 느끼는 그런 시어로 표현해도 되는가 하는 문제제기라고 생각합니다.

틀림없이 중요한 문제제기지만, 아우슈비츠 이후에, 그것도 독일어로 아우슈비츠의 경험을 전하는 엄청난 시를 쓴 시인이 있습니다. 파울 첼란(Paul Celan)은 이 문제에 대해 고통스러워하면서도 훌륭한 시를 남겼습니다. 그를 통해 아우슈비츠의 경험에 대해 우리가 사고할 수 있게 된 면도 있어요. 그렇기 때문에 정주하 선생의 사진을 보고 저도 '아름답다'고 생각하지만, 그것이 후쿠시마의 현실을 전하는 데에 반드시 방해가 되는 것은 아니라고 봅니다. 예술 작품을 통해서가 아니면 계승할 수 없는 기억이 있는 것 같아요. 잘 정리되지 않은 것도 같지만, 우선은 이상입니다.

안자코 유카 방금 다카하시 선생 말씀처럼, 사실과 예술의 차이는 크고 어려운 문제입니다. 그렇지만 정주하 선생의 사진을 보고 N씨가 사실

이상의 뭔가가 전해진다는 의미에서 예술이라고 생각했다면, 이미 스스로 답을 가지고 있는 것입니다. 다만 이 아름다움에 대해서는 이상화의 시 역시 아름다운 정경을 묘사하고 있지만, 그것을 빼앗겼다는 사실을 알게 된 순간에, 즉 '빼앗긴 것'이라고 인식한 순간에, 그 빼앗긴 것이 얼마나 아름답고, 얼마나 사랑스럽고, 얼마나 소중한 것이었는지, 알면 알수록 그 상실에 대한 소중함이 전해지는 것이 아닌가 생각합니다.

가해자는 가해 사실을 잊고 지낼 수 있다

가쿠니 다카시 다음은 리쓰메이칸대학 정책과학부 3학년인 O씨입니다.

O 먼저 사진전에 대한 솔직한 감상은, 처음에 사진전의 취지나 내용을 모르고 포스터의 사진을 보았을 때, 저도 '아름답다'고 느꼈어요. 실제로 사진을 보고 지난 번 좌담에 참가하고 나서야, 사진 속에 지진이 할퀸 자국이나 원전사고가 할퀸 자국이 생생하게 담겨 있음을 알았습니다. 그러자 왠지 모를 죄책감을 느꼈습니다. 그것은 제 안에서 지진이나 원전사고를 과거의 사건으로 취급하고 있던 생각, 멀게만 느끼고 있었던 마음에 대한 죄책감이었습니다.

지난 좌담 때, 시인인 가와즈 기요에 선생님이 '사진이 보내는 시선을 왠지 직시하기 어렵다.'고 말씀하셨는데, 저도 마찬가지로 사진의 시선을 직시하기 어려웠습니다. 아마 제가 가지고 있던 지진과 원전사고에 대한 죄책감 때문이었다고 생각합니다. 이 죄책감 때문에 사진이 보내는 시선을 직시하지 않고 그대로 방치하면 간단하지만, 그럼에도 지금, 애써 이 사진의 시선을 직시하지 않으면 안 되며, 직시함으로써 원전사고나 피해지역에 대한 저의 생각이 이전과는 달라진다고 느꼈습니다.

다른 감상으로는, '부흥'도 앞으로 중요한 주제가 되리라 예상할 수 있었습니다. 그런데 경제적 부흥이 끝난 뒤 사람들의 마음속 부흥은 언제까지 계속될까 하는 의구심도 들었어요.

사진전의 취지에서는 조금 벗어날지 모르지만 질문을 드리겠습니다. 이렇게 지진이나 재해, 원전사고 등 큰 문제가 발생했을 때, 그것이 자기 생활권 안이나, 자기와 가까운 사람들에게 직접 영향이 없으면, 왠지 먼 일처럼 대하는 것에 대해 매우 안타까움을 갖고 있습니다. 극단적인 예를 들자면 어딘가 먼 나라에서 분쟁이 일어나도 저는 내일 수업의 과제를 우선시하는 일이 많은데요, 이런 마음을 어떻게 받아들일 것인지 혹은 극복할 것인지 두 분 선생님께 여쭙고 싶습니다.

가쿠니 다카시 한 사람 더 질문 받겠습니다. 정책과학부 3학년인 S씨, 부탁합니다.

S 우선 감상부터 말씀드리겠습니다. 저도 개막 좌담에 참가해서 매우 고요한 사진이라는 인상을 받았습니다. 그렇지만 사진에는 방사성 물질이 있다고 듣고서 제 경험에 비추어 방사능에 대한 공포를 깊이 생각했습니다. 저는 지진 당시 센다이 시내 중심부에 있는 고등학교에 다니고

있었는데요, 그날 밤에 가족이 모여서 라디오를 들었습니다. 라디오에서 영상이 없는 상태로 후쿠시마 제1원전이 폭발했다는 뉴스를 들었습니다. 원전에 대해서 그때까지는 잘 몰랐지만, '무섭다'고 생각했어요.

다음날 아침 저는 "이웃 현이니까 혹시 방사능이 날아오면 어쩌지?"라고 생각해서 집안의 환기구나 틈새를 신문지와 셀로판테이프로 붙였습니다. 별다른 의미 없는 행동이었을지 모르지만, 가족들도 '이상한 행동을 하는구나.'라고 하면서도 내버려두었습니다. 그때 일이 문득 떠올랐습니다. 당시 저는 고등학교 2학년이었고 학교가 한동안 휴교 상태였기 때문에, 제 자신과 사회에 대해 분노가 쌓여서 당시에는 대학에 갈지 말지 망설였어요. 그래도 역시 사회에 대해 공부해야겠다고 생각해서 대학에 온 것입니다.

지난 좌담 때 그런 일들을 다시 떠올렸는데요, 떠올렸다는 것은 지금까지는 잊고 지냈음을 깨닫게 되었다는 의미입니다. 그리고 '빼앗긴 들에도 봄은 오는가'의 '봄'은 한국어로는 '직시한다'는 뜻도 있다고 개막 좌담에서 들었는데요, 간사이라는 조금 떨어진 장소에 있으면 일상이 너무나 자연스럽게 흘러가고 있는 것처럼 보여서, 나는 어디에 있는 것인가 깊이 생각하게 되었습니다.

감상은 이 정도로 하고, 질문 드리겠습니다. 후쿠시마와 식민지시기의 조선이나 오키나와를 연관지어서 보는 것, 나란히 이야기하는 것은 매우 위험하지 않은가 하는 위화감이 들었습니다. 억압의 구조나 아픔의 경험 등에서는 비슷하다는 생각도 들지만, 어떤 이유로 나란히 생각하는지 궁금합니다.

오키나와 역사에서 본토로부터 계속 무시당한 것에 대한 이야기도 들었습니다. 최근에는 오키나와에서도 반원전 운동이 일어나고 있는데, 참가자 본인이 '오키나와 사람들도 3·11이 일어나기 전에는 원전을 몰랐다.'라는 발언도요. 그것은 그것대로 위화감이 들었습니다. 어떤 식으로 다른 맥락을 가지고 있는 것인가를 다시 생각해보고 싶습니다. 거기에 대해 말씀해주세요.

가쿠니 다카시 그럼 선생님들께 답변 부탁드립니다.

안자코 유카 먼저 O씨의 질문은 자신이 피해지 또는 원전 피해와 항상 연결되어 있지 않은 것은 아닌가 하는 고민이었지요. 단순하지만 저도, 지금 이곳에 오신 다른 분들도 같은 고민, 즉 어느 사이엔가 망각해가고 있는 자신과 마주했던 경험이 있을 거라 생각합니다. 이 문제는 매우 중요하지요.

이 세상에는 정말로 중요한 문제가 많은데, 그 문제들에 전부 똑같이 관계할 수는 없습니다. 그렇지만 우리는 여러 문제가 여러 곳에서 이어져 있다는 사실을 알고 있지요. 자신은 어느 하나를 열심히 하고, 그러느라 다른 쪽은 별로 협력할 수 없어도, 어딘가에서는 계속 연결되고 계속 생각하는 것이 '이어진다'는 일의 기본정신이 아닌가 합니다.

그리고 S씨가 말한 식민지와 오키나와의 대비에 대해서인데요, 이 질문을 받고 식민지와 원전사고에 의한 피해와의 공통점과 차이점은 무엇인가 생각해보았습니다. 한 가지 공통점은 둘 다 자기의 소중한 것을 빼앗겼다는 점이지요. 이상화의 시에서도 노래하고 있는데, 빼앗긴 측에서는 누가 빼앗는가를 선택할 수 없어요. 바꿔 말해 '빼앗는 주체'를 선택할 수는 없습니다. 그냥 당하는 객체가 되어버린 것이지요.

일본인으로서 오해를 무릅쓰고 말하자면, 일본 패전 후에 태어난 일본인도 어쩌다 보니 식민지지배의 가해자로 태어났습니다. 그렇지만 피해자와 가해자의 가장 큰 차이는, 피해자는 피해를 강요당하면서 살아갈 수밖에 없지만, 가해자는 가해를 잊고 지낼 수 있습니다. 예를 들어 한국 사람들이라면, 1945년 이후에 태어났더라도 할머니나 할아버지, 또는 저와 같은 세대라면 아버지와 어머니, 친척 누군가 중에 식민지지배의 피경험자가 있어서, 어떤 계기로든 그 이야기를 듣게 됩니다. 후쿠시마 분들은 실제로 사건 현장에 살고 계십니다. 일상적으로 피해의 한가운데 놓여 있는 것입니다.

하지만 가해자는 ○씨가 말한 것처럼, 가해 사실을 잊어도 전혀 문제없이 살 수 있어요. 선택할 수 없는 입장은 마찬가지라고 하더라도 거기에 큰 차이가 있지 않나 싶습니다. 정주하 선생이 조선의 식민지 피해와 후쿠시마의 원전사고 피해를 같은 선상에 놓으려 한 것은 아닐 겁니다. 후쿠시마의 현실이 식민지 같은 것이라고 말하려는 것도 아닐 겁니다. 아마 한국 사람에게 후쿠시마의 현실을 전하는 수단으로 가장 이해하기 쉬운 핵심어가 '빼앗긴 들'이라서 이 제목을 붙였다고 생각합니다. 사진에는 드러나지 않는 배경을 상상하기 바란다는 메시지가 아닐까 하고요.

다카하시 데쓰야 먼저 O씨지요. 안자코 선생과 겹치는 부분도 있지만 답하겠습니다. 우선 자기에게 직접 영향을 미치지 않는 사건이나 사고가 멀게 느껴진다고 했는데, 저는 그것이 생물로서 자연스러운 현상이라고 봅니다. 인간도 생물이라서, 자기 생명에 직접적인 위험에는 당연히 민감하게 반응합니다. 그에 반해 멀리 떨어져 있고 조금이라도 정보를 접한 것까지, 완전히 자신의 일로 받아들여 모든 일에 반응한다면, 아마 살 수 없을 거에요. 그만큼 이 세상에는 끊임없이 여러 사건 사고가 발생하고 있습니다. 그렇다면 먼 것이라고 해서 무관심하게 넘기고 생각하지 않아도 된다는 말은 아닙니다. 아마 거기서 인간의 사고가 시작된다고 생각합니다.

나에게서 멀고 관계없다고 해도 실은 잘 생각해보면 이어져 있고 관계가 있습니다. 예를 들어 후쿠시마 사고라면, 간사이에 있으면 그다지 방사능의 위협은 느끼지 않을지도 모르겠네요. 다만 일본의 원전이 큰 사고를 일으켰다면, 간사이에 가까운 원전도 언젠가 사고를 일으킬지 모르지요. 그런 의미에서 보면 관계없지 않아요. 즉 일본이 국책으로 진행한 원전 추진은 일본 국민 전체에 대한 문제이기 때문에, 실은 관계없다고 볼 수 없는 일입니다.

그리고 무관심한 채로 있으면 언젠가 자기에게 그 일이 닥칠 수 있습니다. 나치독일 시대를 산 어느 목사님의 이야기가 있습니다. "처음에 나치는 공산주의자를 체포하러 왔다. 나는 공산주의자가 아니기 때문에 내버려두었다. 다음에 그들은 사회주의자를 잡으러 왔다. 나는 사회주의자가 아니기 때문에 내버려두었다. 다음에 그들은 자유주의자를 잡으러 왔다. 이것도 내버려두었다. 유대인 때에도 나는 유대인이 아니기 때문에 그냥 두었다. 결국 마지막에는 나에게 왔다."

그러니까 나와는 상관없다고 방치하면 그 결과가 실은 돌고 돌아 나에게 오는 경우가 있으니, 인간은 필시 그런 것에 대해 경계하는 감성을 가지고 있어요. 처음에는 멀리 있으면 당연히 남의 일처럼 느껴지겠지만, 그것을 어떻게 받아들이는가는 이쪽의 태도와 관계있지 않나 생각합니다.

그리고 S씨는, 후쿠시마, 오키나와, 조선을 연관짓는 것에 대해서 물었지요. 후쿠시마와 오키나와를 연관지은 것은, 2012년 1월에 발간한 『희생의 시스템 후쿠시마 오키나와』라는 책에도 썼습니다. 실은 그 책을 쓸 때, 주저하는 마음도 있었습니다. 지금 S씨도 이야기했지만, 오키나와가 후쿠시마보다 훨씬 긴 고난을 강요당했지요. 게다가 오키나와에 있는 미군기지는 오키나와 전쟁 때 들어온 미군이 그대로 눌러앉아버렸고, 일본이 미일안보조약으로 그것을 인정했다는 점에서, 전혀 바라던 바가 아니었습니다. 오키나와 사람들이 미군기지를 유치한 것이 아니지요. 그에 반해 원전 건설은 그 지역의 동의가 없으면 불가능하기 때문에 우선 그 출발점이 다릅니다. 그 후에도 몇 십 년에 걸쳐 미군기지에 의한 여러 가지 피해가 오키나와에 강요되고 있습니다. 이 책은 원전사고 1년 후에 쓴 것인데, 고통당한 기간으로 놓고 보면 사고난 지 1년이나 2년 된 후쿠시마는 오키나와는 비교할 수 없지 않나 하는 것도 당연한 감각입니다.

제가 2012년 초에 낸 책은, 오히려 순서가 거꾸로였지요. 2011년 3

월 11일에 대지진이 일어나고, 원전사고가 발생하자 일본의 미디어나 정치의 관심이 모두 그쪽으로 쏠렸습니다. 그 전에 무엇이 있었나 하면, 실은 오키나와의 후텐마기지 이설이 큰 문제였어요. 연일 도쿄의 신문기사가 그것으로 채워지던 시기가 있었는데 원전사고가 일어나자 모두의 관심이 완전히 그쪽으로 쏠려서 오키나와 문제가 잊혀지고 있다는 감각이 있었습니다.

그래서 이 두 가지를 동시에 거론하고자 했고 저는 '희생의 시스템'이라는 관점에서 바라볼 필요가 있다고 본 것입니다. 그 책에서 저는 '식민지주의'라는 말을 사용했습니다. 오키나와나 후쿠시마에 대한 일본 국가, 국가 중심부의 관여가 식민지주의적인 부분이 있다, 이것은 식민지지배가 아닌가 이야기했어요. 다만 후쿠시마와 오키나와 사이에도 물론 차이가 있고, 타이완이나 조선에 대한 과거의 식민지지배와도 다릅니다.

조선에 대한 식민지지배 때는 오키나와도 후쿠시마도 일본 측, 즉 식민지지배를 하는 측이었지요. 그리고 오키나와에 대해서는 후쿠시마가 식민지지배를 하는 측이었습니다. 그러나 원전사고 또는 원전정책 하에서는 도쿄에 전력을 공급하기 위해 도쿄전력에서 전력공급을 받지 않는 후쿠시마에 원전이 있다는 점에서, 일종의 식민지적인 관계가 있습니다. 각각이 다르긴 하지만, 실은 공통되게 식민지주의적 지배와 피지배의 관계가 있는 것이 아닌가, 그것을 '희생의 시스템'이라는 표현으로 파악하면 어떤가 생각합니다.

조선 식민지지배, 오키나와에 대한 미군기지의 강요 또는 식민지지배, 혹은 후쿠시마 등 경제적으로 취약한 지역에 원전을 강요한 것, 이들은 모두 일본 국가가 국책으로 추진하여, 각 지역에 심대한 피해를 입힌 것입니다. 이 점에서는 공통성이 있다고 할 수 있지요.

저는 이런 관점에서 일본의 국책이 가지고 있는 지배적인 경향성을 '식민지주의적'이라고 불렀습니다. 이런 연관성을 염두에 두고 파악할 필요가 있다고 봅니다. 다만 당연히 각각은 다릅니다. 역사적인 사안은 각자 다르기 때문에, 완전히 같은 것은 아무것도 없습니다. 개별 사안은 각각 유일하지만, 그 안에서 우리는 어떤 공통점을 찾아내고, 여러 가지 문제를 함께 생각할 수 있을 것입니다.

역사를 배우고 상상하고 이어간다

가쿠니 다카시 네 번째, 다섯 번째 학생이 이어서 질문하고, 한꺼번에 답을 듣는 형식으로 진행하겠습니다. 먼저 도시샤(同志社)대학 대학원생 T 씨입니다.

T 대학원에서 정치사상과 페미니즘 이론을 공부하고 있습니다. 이번 사진전을 보고, 밤바다인지 새벽바다인지 바다 사진이 매우 좋았습니다. 처음 봤을 때에는 정말 아름답다고 생각했고, 앞쪽에 파도가 소용돌이치고 있어 불안한 느낌도 들지만, 바다 깊숙한 곳에 빛이 있어서 희망도 느껴졌어요. 개막 좌담 때 정주하 선생님이 이 사진들을 통해 생각하는

계기가 되면 좋겠다고 발언하셨습니다. 개막 좌담도 오늘의 좌담 행사도 대단히 훌륭한 기획이라고 생각합니다.

이렇게 시민들이 모여서 일본 전체와 관련한 문제를 논의하는 장은 꽤 있고, 저도 자주 참가하는데, 실제 정치에는 전혀 반영되지 않는 것 같습니다. "이게 문제야. 바꾸지 않으면 안 돼."라는 이야기를 하지만 좀처럼 정치에 반영되지는 않아요. 자민당 정권도 결국은 탈원전을 하지 않고, 계속해서 외국에 원전을 수출하려는 것 같고요, "잠깐, 멈춰!"라고 말하고 싶습니다.

원전사고 발생 후, 엄마들이 방사능의 영향을 걱정하면서 자녀들에게 방사성 물질에 오염된 음식을 먹이고 싶지 않다고 하는 이야기를 들으면서, '여성'과 '낳다'가 직결된 말과 행동이라는 점에 위화감을 느끼지만, 한편으로는 엄마들이 말하는 것이 이해가 되고, 이에 대해 '히스테리'라고 반응을 보이는 것은 좋지 않다고 느끼고 있습니다.

왜 희생 당하기 쉬운 소수자의 의견, 마이너리티의 의견은 정치에 반영되지 않는가—반영되지 않기 때문에 마이너리티이지만요—어떻게 이것을 돌파해가면 좋을까 항상 고민하고 있는데, 다카하시 선생님께 여쭙고 싶습니다. 안자코 선생님께는 식민지지배 하의 조선사를 들을 수 있으니, 식민지 하의 여성들이 어떻게 일상생활 속에서 식민지지배와 대치했는지에 대해 듣고 싶습니다.

가쿠니 다카시 리쓰메이칸대학 정책과학부의 I씨입니다.

| 안녕하세요. 저는 한국의 국민대학교에서 1년간 교환학생으로 와 있습니다. 원래 전공은 일본학으로 일본의 경제나 역사를 공부합니다. 이 사진전을 두 번째 관람하게 되었습니다. 2년 전 한국에서 보았을 때는 만약 '빼앗긴 들에도 봄은 오는가'라는 제목으로 일본에서 순회 전시하게 되면 후쿠시마를 비롯한 일본 분들이 어떻게 생각할까 궁금했습니다.

한국인 입장에서 보면 후쿠시마는 정말 중요한 문제지만, 식민지지배 하에서 할아버지나 할머니가 겪은 경험은 후쿠시마와는 배경도 맥락도 전혀 다르지 않은가 하는 생각도 들었습니다. 이들을 비교한다면 일본 분들은 전혀 다른 종류의 일인데 왜 식민지 이야기가 나오는 것인가 하고 생각하지 않을까 했고요. 조금 위험할 수도 있겠다는 입장이었습니다.

하지만 개막 좌담 때 여러 이야기를 들으면서 제 생각이 바뀌었습니다. 처음에는 이 제목의 의미가 너무 큰 탓에 거기에 짓눌려서 사진전을 보는 의미를 잃을 수도 있다고 생각했는데, 실제로 제가 20점의 사진을 보니 사진마다의 제목이 없이 상상하는 자유가 있다는 점에서, 단순히 식민지 문제뿐만이 아니고, 국가와 시민의 관계나 역사 문제, 희생된 사람들, 피해자와 가해자의 관념이라든지, 이런 것들을 후쿠시마 원전 사고 문제를 포함해서 생각할 수 있게 되었습니다. 사진에 제목이 없기 때문에 제가 지금 말하는 중에도 여러 이야기가 나온 것 같습니다.

다카하시 선생님께 질문 드리겠습니다. 저는 다카하시 선생님이 후쿠시마와 오키나와와 한국을 중첩시켜서 쓰셨다는『희생의 시스템 후쿠시마 오키나와』를 읽었습니다. 개인적인 경험인데요, 한국의 서울 이 남에 평택이라는 작은 도시가 있는데, 평택으로 미군기지를 이전하는 계획을 반대하는 운동에 참가했습니다. 그때는 대학 1학년이었는데 아 무것도 모르는 채, 그저 평택에 있는 할아버지, 할머니가 농사짓고 있는 '들'을 빼앗기게 된 것에 저항하여 데모를 하고 경찰과 충돌하면서도 지 키려고 했지만, 결국 지키지 못했습니다.

하지만 이제는 아무도 그런 이야기를 기억하지 못합니다. 망각하는 것이지요. 우리 시민이나 대학생이 강력하게 추구하는 말이나 생각이 정말로 이 나라의 구조를 바꾸는 힘을 가진다는 생각이 들지 않아 실 망하고 있는데요, 선생님들은 어떻게 생각하시는지요? 지금의 대학생이 후쿠시마 문제를 포함해 새로운 시대를 위해 어떤 자세로, 어떤 행동을 하는 것이 필요한지 말씀해주셨으면 합니다.

다카하시 데쓰야 먼저 T씨에게. 이런 장소는 얼마든지 있고, 지금까지 참 가해왔고, 여기서도 여러 가지 원전 문제에 대해 깊이 생각할 수는 있지 만, 정치와 연결되지는 않는다고 말씀하셨지요. 아까, 며칠 전에 후쿠시 마에 다녀왔다고 이야기했는데요. 이번에 가서 만났던 후쿠시마의 피해 지역 사람들 대부분은 아베정권이 추진하는 원전 재가동, 수출, 그리고 증설까지 가능한 에너지 기본계획을 만드는 것에 심각한 절망감을 느끼 고 있었습니다. 자기들이 완전히 버려졌고, 희생당한 채 방치되고 있다, 기민(棄民) 대상이 되었다는 감각을 가지고 있었어요. 아까 PTSD라고 했는데, 피난지시가 내려져 피난 간 사람들 이외에도 상당한 마음의 병을 안고 사는 사람이 늘었다고 말합니다. 도쿄와 피해지역인 후쿠시마와의 거리감이 상당히 커졌습니다. 어째서 피해자나 약자에게 마음을 모으는 사람들의 마음은 그 나라의 정책에 반영되지 않는 것인가 의아할 만합니다.

원전 문제에 대해서만 말해볼게요. 먼저 민주당 정권에 대해 2030년대에는 원전제로라는 기본 계획을 만들게 했습니다. 그때에는 국민의 의견을 모아서 공청회를 열기도 하고, 여러 가지 활동을 통해서 원전제로를 향해 가자는 의견이 많았기 때문에 이를 고려해야 했습니다. 그리고 매주 금요일 수상 관저 앞에서 열리는 데모에 보기 드물게 많은 사람들이 모였기 때문에, 그 당시 노다(野田) 수상이 데모의 대표자를 만났지요. 그것이 단순한 연기였다고 하는 사람도 있었지만, 여론이 강하게 탈원전을 요구하고 있다는 압력이 정권에 가해지면 정권은 역시 고려하지 않을 수 없습니다.

그렇기 때문에 시민의 의사가 겉으로 드러나는 것, 정권에 대해 압력이 가해질 만큼 강력하게 드러나는 것이 우선 필요합니다. 국회에서는 아무래도 전력회사의 노조나 여러 관련된 의원들이 움직이고 있기 때문에, 역시 시민이 목소리를 높이는 것이 민주주의의 기본인 것이지요. 다만, 오키나와 문제에 대해서는 저도 책에서 썼듯이, 그런 평범한 의미에서의 민주주의로 접근해봐야, 오키나와 사람들은 '오키나와 전체'가 한목소리로 소리를 높여도 인구로 보면 일본 전체의 1퍼센트밖에 안되니까요. 본토 측의 압도적 다수인 80퍼센트 정도의 사람들이 일본에 미군 기지를 두고 일본의 안전보장을 꾀해야 한다며 찬성하는 상황에서는,

아무리 오키나와 사람들이 목소리를 높여도 그것만으로는 변할 수 없습니다.

그래서 정말 소수파인 경우에는, 다수파가 소수파 사람들의 입장에 대해 상상력을 가지고 함께 생각하거나, 혹은 고통을 조금이라도 함께 나누는 '공감'이 필요합니다. 그렇게 하더라도 소수파 사람들의 마음이 널리 전달되지 않는 것에는 변함이 없죠. 그게 현실입니다. 일본에서는 시민운동이 좀처럼 정치에 반영되지 않습니다. 유감스럽지만 사실입니다. 그러나 바꿔나가기 위해서는 아무리 작아도 이런 장소에서부터 출발해야 하기 때문에, 포기하지 않고 추구해나가야 합니다.

I씨는 학생으로서 앞으로 어떻게 해나가는 것이 좋은가 물었지요. I씨는 한국에서도 일본에 대해 공부했고 일본에 와서 공부하는 한국 학생이니 양국의 역사에 대해서는 충분히 알 거라고 생각합니다. 저는 조선 식민지지배 문제도, 오키나와 문제도, 후쿠시마 문제도 역사를 아는 것이 우선이라고 생각합니다. 어떤 경위로 현재의 문제가 일어났는가. 이것을 모르면 아무것도 시작할 수 없습니다.

그런데 안타깝게도 일본의 학교교육에서는 근현대사를 가르치지 않았습니다. 저도 배우지 못했어요. 대학에 들어가면 안자코 선생님에게 배울 수도 있겠지만, 고등학교까지는 좀처럼 배울 기회가 없어요. 저는 이것이 앞으로 동아시아에 커다란 장애가 되리라 생각합니다. 특히 일본의 젊은이들이 역사를 모릅니다. 우선은 역사를 아는 것이 중요하고, 이를 위해서는 신뢰할 수 있는 전문가의 저서 등을 통해 배워야 합니다.

다만 지식만으로는 안 되기 때문에, 지난 번에도 이야기한 것처럼 상상력을 가지고 자신의 경험과 타자의 경험을 이어가는 작업을 해야 합니다. 어떻게 하면 좋을까요? 각자가 각자의 장소에서 해나갈 수밖에 없는데, 우선은 역사를 알고 자신의 경험과 타자의 경험을 연결하는 노력을 하는 것부터. 우선 이렇게 답하겠습니다.

안자코 유카 지금 다카하시 선생이 마지막에 말씀하신 '상상하는 것'과 '연결하는 것'에서, '연결되는' 이 아니고 '연결하는'입니다. 즉, 스스로 의지를 가지고 상대방과 커뮤니케이션해야 합니다. '스스로 손을 내민다'는 의미에서의 '연결하는'이 제가 오늘 마지막 마무리로 말하려고 한 핵심어였습니다.

'상상하는 것'은 인간에게 주어진 가장 큰 힘의 하나입니다. 분명히 완전히 같은 경험을 하지 않는다면 온전히 그 사람의 마음을 알지는 못해요. 예를 들어 우리는 팔이 잘려나간 경험은 없지만, 작은 상처를 입은 경험을 가지고, 도끼로 팔을 잘렸다면 얼마나 아플지 상상할 수는 있습니다. 피해와 가해의 관계에 대해서도 같지 않을까요? 피해자에 관해서 피해 실태를 전부 아는 것이 아니라, 여러 형태로 상상해 보는 것이 연결하고자 하는 첫걸음이라고 생각합니다.

아까 T씨가 여성에 관해 이야기했는데, 여성들이 여러 가지 일에 민감한 것은, 정치적인 행동력이라든지 경제력, 발언력은 남성들에게 뒤질지도 모르지만, 지금도 여성들이 사회의 다양한 곳에서 '여성'이라는 이유로 불이익을 느끼는 기회가 일상적으로 있기 때문에, 피해자에 대해 공감을 느끼기 쉽기 때문이 아닐까요.

식민지 하의 여성들에 대해서도 상상을 펼치는 일밖에 할 수 없습니다. 여성이기 때문에 이해하는 게 아니라, 상상하는 하나의 힘으로 여성성을 자각하는 것은 매우 중요하다고 봅니다.

그리고 I씨에게. 저도 실은 10년 정도 한국에서 생활하며 한국의 대학에서도 가르쳤는데, 지금은 I씨 같은 학생이 거의 없어졌어요. 보기 드물게 강한 문제의식을 가지고 활동도 하는 학생이라고 생각했습니다. 말씀하신 평택은 한국인인 제 남편의 고향으로, 저의 시댁은 미군기지에서 100미터 정도 떨어진 곳이었습니다. 지금은 서울로 이사 갔는데, 5대 이상 그 땅에서 쭉 살아온 집이었어요. 평택은 한자로는 '平澤'이라고 씁니다. 평평하고 산이 없어요. 산이 없기 때문에 미군의 통신기지가 있는 것입니다. 통신기지가 있기 때문에 조선반도에서 가장 마지막까지 남을 미군기지, 이전할 수 없는 미군기지입니다.

식민지와 후쿠시마의 공통점과 차이에 대해 한 가지 더 이야기하려고 합니다. 방금 전 다카하시 선생이 어린 시절 뛰어놀던 풍경이 사진 속에 있었다고 말씀하셨지요. 역시 후쿠시마에 살았으니까, 후쿠시마의 시선으로 보기 때문에 아마 사진에서 보는 것이 전혀 다르고, 보편적인 아름다움 속에서도 피해의 현실을 읽어낼 수 있으신 거겠지요. 그렇지 못한 저의 경우는—'상상'이라는 것과 연결되겠지요—읽으려 하지 않으면 읽을 수 없어요.

학생이 정치에 무엇을 할 수 있느냐고 물으셨는데, 부끄럽지만 저도 지금 같은 생각으로 안타까워하며 고민하고 있다고 말씀드립니다. 내가 할 수 있는 일이 대체 무엇인지, 이 사회를 어떻게 하면 움직이게 할 수 있을지를요. 강제연행, 강제동원 피해, 식민지지배 피해의 상처가 지금도 많이 남아 있는데, 어떤 식으로 회복해갈 수 있을까를 생각하고 있습니다. 예를 들면 '위안부' 문제는 관심 갖는 사람이 많지만 강제동원 문제는 거의 관심이 없다든지, 다양한 문제에 대해 열심히 관여하고는 있지만 실제로는 거의 아무것도 바뀌지 않는 현실이 있습니다. 아마 평생 고민을 안고 갈 각오를 하지 않으면 안 되겠구나 생각합니다. 절망적으로 들릴지도 모르겠지만 그래서 더더욱 지속적으로 생각하는 일이 매우 중요합니다.

| 감사합니다. 저의 현재 고민을 털어놓게 되었는데요 원전문제로 후쿠시마 사고에서 알 수 있는 것은 도호쿠의 땅이 도쿄를 위해 희생당하고 있다는 사실일 것입니다. 그러나 많은 사람들이 "이 지진은 천벌이다."라는 식의 이야기를 하면서, 누구든 가해자에서 피해자로 입장이 바뀔 수 있다는 점을 잊고 있어요. 지금 한국에서는 원전에 여러 문제가 있다는 이야기를 들어도, 주변에서는 전혀 반응하지 않습니다. 친구들에게 물어봐도 "그 일은 나랑은 상관없어. 나는 거기 살지도 않고 내 일도 아닌데, 뭐."라고 말하는 겁니다. 듣고 있자면 자기 일이 아니라는 말에 화가 납니다. 모두가 공유하려면 무슨 일을 하면 좋은가. 이것이 지금은 가장 큰 고민입니다.

안자코 유카 그것이 진정으로 I씨가 답을 찾아내야 하는 문제입니다. 한

사람 한 사람이 고민해야 하는 문제이기도 하고요.

문제의식을 확장하다

가쿠니 다카시 감사합니다. 학생 여러분의 뜨거운 질문에 선생님들도 대단히 성실하게 답해주셨습니다. 이제 다시 한 번씩 선생님들 말씀을 듣고 마무리하겠습니다.

안자코 유카 여러분 덕분에 제가 준비한 이야기는 거의 다 했습니다. 한가지만 아주 짧게 덧붙이겠습니다. 한국에서 이 '빼앗긴 들에도 봄은 오는가'라는 제목을 받아들이는 방식과 일본의 방식이 다르다는 사실입니다. 원래 한홍구 선생이 이 제목을 제안하셨는데, 한홍구 선생은 조선현대사 연구자로서, 전달 대상으로 염두에 두었던 것은 아마 한국 사람, 한국 사회였을 것입니다. 한국에서는 중고생들도 알고 있는 시라서 '빼앗긴 들에도 봄은 오는가'라는 이미지, '빼앗긴'이라는 이미지가 잘 전달된다고 볼 수 있습니다.

　　물론 아까 I씨 말씀처럼 일본과 한국을 동일선상에 놓을 수 있는가 하는 반발은 있었을 텐데, 후쿠시마의 현실에 대해 한국 사람이 가장 상상하기 쉬운 통로가 아니었나 합니다. 역으로 일본에서는 거의 알려지지 않은 시이지요. 이 제목은 식민지의 시라는 사실을 모른다면 무슨 이야기를 하는지 전혀 전달되지 않을 겁니다. 그런 의미에서 이 제목을 여기에 사용하는 것은 하나의 커다란 모험이었고, 아마 보다 넓게 확장하고자 한다면, 일본에서는 전달되기 어렵다고 봅니다. 그러나 아마 이것 또한—일본과 한반도의 관계가 불균형하고 모순된 관계에 있다는 사실도 포함한—하나의 전달 방식이었다고 봅니다.

가쿠니 다카시 다카하시 선생님, 부탁드립니다.

다카하시 데쓰야 저는 '희생의 시스템'이라는 말과 식민지주의와의 관계에 조금 더 덧붙이고 싶습니다. '희생의 시스템'은 전혀 어려운 내용이 아니고, 누군가의 이익이 타인의 희생 위에서만 얻어지고, 유지되는 것이 시스템으로 확립되어 있을 경우에, 이것을 '희생의 시스템'으로 부를 수 있다고 생각했습니다.

그렇다면 조선 식민지지배에 대해서도, 오키나와에 대한 미군기지 강요에 대해서도, 후쿠시마와 도쿄의 원전에 관한 관계에 대해서도 '희생의 시스템'이라고 말할 수 있는 것이 아닐까요. 식민지지배는 가장 전형적인 '희생의 시스템'인지도 모르겠습니다.

후쿠시마에 도쿄를 위한 원전이 있다는 사실은, I씨도 말씀하셨지만, 도쿄 사람조차 사고가 일어나기 전까지는 대부분 몰랐습니다. 도쿄전력의 원자력발전소는 도쿄에 없는 것은 물론이고 간토 지방에도 없습니다. 후쿠시마 제1원전, 제2원전과 니가타(新潟)의 가시와자키(柏崎), 가리와(刈羽)에 있어요. 후쿠시마와 니가타는 도호쿠전력 관할로, 도호쿠전력의 전기를 사용하고 있습니다. 도쿄와 간토 지방, 즉 도쿄전력 관내에서는 자기들 지역 밖에 있는 후쿠시마, 니가타에 원전을 만들고 거기서 전력을 가져와서 사용합니다. 이런 구조인데, 사고가 일어나고 나서야 알았다는 사람들이 꽤 있었습니다.

이것이 식민지 구조와 매우 흡사하다고 생각지 않습니까? 당연히 후쿠시마나 니가타에는 많은 돈이 떨어집니다. 원전을 유치하는 전원3법* 교부금 등 여러 법률에 의해 돈을 투하할 수 있게 되어 있고, 고용도 늘어 현지는 경제적으로 윤택해지기 때문에, 수지 균형은 맞는 것이 아닌가 하는 논의도 있었습니다.

그러나 이를테면 '식민지 조선에 일본이 많은 투자를 하지 않았나, 일본이 부담하지 않았나, 그것으로 조선이 근대화되었으니 잘된 것 아닌가.'라는 논의가 있는 것은 아시는 바대로입니다. 오키나와에서도 그렇지요. '미군기지를 강요당하고 있다지만, 오키나와에 진흥기금이 많이 투하되고 있지 않은가.'라고요. 즉 돈이 건너가고 현지 사람들이 그것으로 윤택해졌으니 불만을 말하는 것은 이치에 맞지 않는다는 이야기가 실은 공통됩니다.

하지만 왜 그런 돈을 지불하면서까지 감행하는 걸까요? 조선에 대한 투자는 돌고 돌아서 어디로 회수되었는가 생각해보면 일본의 국가권력과 그와 결탁한 다양한 자본이 이익을 회수하는 구조입니다. 그 점에서도 비슷하다고 봅니다.

● 원전 입지 지역 주민의 이해와 협력을 얻어 원전 건설을 원활히 추진하기 위해 1974년에 제정된 법으로 「원전개발촉진세법」, 「원전개발촉진대책 특별회계법」, 「발전용시설 주변지역 정비법」을 말한다—옮긴이

조선과 오키나와 후쿠시마가 여러 각도에서 문제제기가 이루어져 여기에 나란히 놓였는데요, 연결은 어느 한쪽을 강조해서 다른 쪽의 존재를 흐리게 하거나 문제의식을 좁히는 일이 아니라, 모든 일에 대해 생각하기 위해 문제의식을 확장해가는 일입니다.

아까 안자코 선생이 보여주신 사진 중에 수력발전소 사진이 있었습니다. 후쿠시마 나미에마치(浪江町)의 피해자 중에, 미나마타(水俣)에 가서 미나마타병으로 고통받는 사람들과 의견교환을 했다는 분이 계십니다. 미나마타 사람들이 후쿠시마 사람들에게 자기들의 이야기를 꼭 들려주고 싶어했다고 합니다. 후쿠시마 사람들이 가서 이야기를 듣고, 이를 통해 자기들이 처한 위치를 잘 알 수 있었고, 앞으로 어떻게 해나갈 것인지 힌트를 얻은 것 같다는 보도가 있었지요.

미나마타병도 패전후 일본 경제성장의 그늘에서, 미나마타의 평범한 어민들이 큰 희생을 치른 사건입니다. 칫소(Chisso)라는 기업이 일으킨 일이지만, 칫소의 전신은 노구치(野口) 재벌이 만든 일본질소비료주식회사이며, 이 회사가 실은 식민지시대에 조선에 진출했었지요. 지금의 북조선에 속하는 흥남에 세계 최대 규모의 대형 공장, 콤비나트를 만들었고, 동시에 수력발전도 했습니다.

전원(電源)개발과 미나마타병과 연관된 칫소의 화학공업은 식민지 지배 하의 조선에 진출했고, 거기서 많은 이익을 거두었던 것입니다. 그런 데까지 생각을 확장하는 것은 무엇인가를 경시하려는 것이 아니라, 오히려 모든 일에 문제의식을 확장하려는 것입니다. 이를 위한 단서나 계기가 오늘 이 장소에 부여되었다고 생각하면 좋겠습니다.

동아시아 공통의 문제 원전과 핵

가루니 다카시 마지막으로 학생들의 질문 두 개를 소개하고 선생님들의 답변을 듣겠습니다. 첫 번째 질문입니다. "저는 후쿠시마 제1원자력발전소 사고와 일련의 일들을 가타카나로 フクシマ라고 표기하는 것에 강한 저항감이 있습니다. 다양한 사람들이 다양한 장소에서 겪은 경험을 하나로 뭉뚱그리는 이야기는 너무나도 대략적이라고 생각하기 때문입니다. '후쿠시마의 비극'이라고 하면, 누구의 어떤 비극인가요? '후쿠시마의 교훈'이라고 하는데, 정말로 후쿠시마 혹은 후쿠시마 사람에게 교훈이 되나요? フクシマ라는 호칭을 사용해 버리면 이런 의문에 대해 파고드는 것이 소홀해집니다. 다른 한편으로는 이 호칭을 사용하면, 광범위하게 기억된다는 장점도 있습니다. フクシマ라는 형태로 상징화하는 것의 장점과 폐해, 이 딜레마를 어떻게 극복해야 하는가에 대해 다카하시 선생님의 의견을 듣고 싶습니다."라는 질문이 하나입니다.

그리고 다음 질문입니다. "『후쿠시마 이후의 삶』을 읽고 나서 오늘의 이야기를 듣고 싶었지만 그러지 못해 죄송합니다. 서경식 선생님, 한홍구 선생님과 세 분의 대담을 통해 무엇이 보였는지 조금 말씀해주시면 감사하겠습니다."라는 질문으로, 둘 다 다카하시 선생님께 드리는 질문입니다. 부탁드립니다.

다카하시 데쓰야 첫 번째 질문은 반드시 문제가 되는 중요한 지적입니다. 2011년 3·11 전에 후쿠시마는 한자로 쓴 '福島'일 수밖에 없었지만, 그 후 여러 미디어에서 가타카나로 쓰기 시작했어요. 물론 알파벳으로 전 세계로 확산되었다는 이유도 있습니다. 그때 나가사키의과대학에서 후쿠시마현립의대로 온 원폭피해 치료를 연구하는 학자가 "나가사키는 졌다, 앞으로는 후쿠시마, 후쿠시마, 모두가 후쿠시마라고 할 것이다. 세계적으로 후쿠시마가 유명해졌다."고 작은 소리로 말씀하셨습니다. 무슨 의미인가 하고 후쿠시마 사람들이 당혹해했다고 합니다만, 실은 히로시마, 나가사키, 후쿠시마, 그리고 오키나와에도 해당되는 이야기입니다.

시간이 없으니 간단히 제 견해를 말씀드리면, 가타카나로 썼을 경우에는, 물론 가타카나이기 때문에 일본 내에서밖에 통용되지 않지요. 한국에서도 미국, 유럽에서도 가타카나로 쓴다고 해서 읽을 수 있는 것이 아닙니다. 일본 내에서 일본어가 통하는 권역에서 한자로 '福島'라고 쓰지 않고 가타카나로 쓰면, 뭔가 일종의 보편적인 문제로서 フクシマ를 가리킨다는 것이 일반적인 감각 아닐까요.

그래서 실제 후쿠시마의 다양성이 경시되거나 무시될 위험성이 있다는 것은 말씀하신 바와 같고, 얼마 전에 『맛의 달인』(카리야 테츠(雁屋哲) 원작의 음식만화—옮긴이)를 둘러싼 소동(후쿠시마를 방문한 주인공이 코피를 흘리는 장면에 관해, 불안을 부추긴다는 비판이 쇄도했다. 이 때문에 관계 지자체나 방사선 및 의료 전문가 등의 기고를 특집으로 발행해, 피폭의 표현 방법에 대해 다양한 의견이 개진되었다.)의 원인을 제공한 '후쿠시마에서는 더 이상 살 수 없다.'는 표현에 대해서도, 정말로 귀환 곤란 구역이 되어버린 곳과 서부의 아이즈(会津) 지방 등 비교적 방사선량이 낮은 곳은 전혀 다르게 받아들입니다. 각자의 운명이 바뀌어버렸기 때문에 하나로 이야기할 수는 없지요.

후쿠시마 원전사고의 피해는 후쿠시마 현 경계에서 멈춘 것이 아니고, 주변인 간토 지방에까지 미치고 있기 때문에, 가타카나 *フクシマ*로 표기하게 되면 그런 것들을 전부 포함하는 보편적인 문제로서의 *フクシマ*를 나타낼 수 있을지도 모르겠습니다. 이것이 장점이라면, *フクシマ*라는 이름이 현실의 피해나 다양성을 잊게 해버린다는 것을 단점으로 크게 나눠볼 수 있지 않을까 합니다.

두 번째 질문 『후쿠시마 이후의 삶』에 대해서인데요, 아까 안자코 선생이 말씀하신 한홍구 선생, 5월의 개막 좌담에서 발언하셨던 서경식 선생, 저 셋이서 5회에 걸쳐 대담을 나눈 내용을 정리한 책입니다. 후쿠시마의 피해지역을 정주하 선생 일행과 함께 돌아보고 나서 후쿠시마 시에서 한 대담으로 시작하여, 한국에서 2회, 도쿄에서 1회, 그리고 오키나와에서 1회 진행했습니다.

동아시아의 현대사에서 다양한 사건이 일어나고 다양한 상처가 남아있는 지역을 몇 군데 돌아보고, 각각의 논의를 가능한 범위에서 공유하자는 의미로 진행된 대담입니다. 저는 한마디로, 후쿠시마의 원전문제는 후쿠시마나 일본만의 문제가 아니고 동아시아 차원에서 생각해야 한다는 점을 가장 강조했습니다.

한홍구 선생이 탈원전, 탈핵 평화운동에 관여하고 계시기 때문에, 한국의 원전을 둘러싼 문제를 매우 상세하게 들었습니다. 대담 전에 한국에서 고리 원전사고가 있었다고 합니다. 후쿠시마에서 2011년 3월에 사고가 일어나고 1년도 지나지 않은 다음 해 2월에 한국에서 가장 오래된 고리원전 1호기에서 전원상실사고가 일어난 것입니다.

후쿠시마 제1원전과 마찬가지로, 그대로 두면 냉각할 수 없게 되고 멜트다운되는 상황으로, 비교적 가까운 거리에 부산이라는 대도시가 있어서 풍향에 따라서는 엄청난 일이 벌어질 우려가 있었는데, 다행히 곧 전원이 복구되었다고 합니다. 한국에도 20여 기 원전이 있고 게다가 앞으로도 증설 예정이라고 하니, 이것은 거의 운명공동체적인 면이 있다고 생각했습니다.

일본도 일본해 쪽 원전에서 사고가 나면 직접 한국에 피해가 미칠 우려가 크고, 한국도 동해 쪽에서 원전사고가 나면 일본에 직접 피해를 줄 가능성이 높습니다. 중국, 대만으로까지 확대해서 보면 동아시아는 세계적으로 원전 집중지역이고, 앞으로도 더 그렇게 되어갈 것입니다.

그렇다면 연계해서 원전문제를 생각해야 하는 것이 아닌가요. 이것도 중요한 안전보장 문제입니다. 한국 입장에서 원전문제는 핵무기 문제—북조선의 핵보유, 또는 한국에서도 과거 박정희 정권 때 문제가 되었던 핵보유—즉 한국전쟁 이후 상황과 떼어놓을 수 없는 부분이 있습니다. 반대로 그럼 일본의 원전은 핵무기와 아무런 관계도 없는가 하면, 실은 그렇지 않고, 일본에서도 '잠재적 핵억지력'으로 설정되어 왔습니다. 언제라도 핵무기 개발이 가능한 기술을 유지하기 위해서라는 명분으로 원전을 포기하지 않는 측면도 드러나고 있어요. 한국과의 관계에서 원전을 둘러싼 여러 가지 문제들을 동아시아 공통의 문제점으로 인식해야 합니다.

가쿠니 다카시 다카하시 선생님, 안자코 선생님, 그리고 학생 여러분께 감사드립니다.

이번 정주하 사진전에서 사진 그 자체는 보기에는 그저 아름다운 후쿠시마 풍경입니다. 사진 설명을 달지 않는 조건으로 전시하고 있습니다. 그 점에 대해서 개막 좌담 때, 정 선생님은 설명글 때문에 이미지가 제한되는 것을 피하기 위해서라고 말씀하셨습니다. 전시하는 측 입장에서 잘 전달될까 하는 불안이 있었지만 작가의 의도가 잘 전달된 듯합니다. 오늘 좌담을 듣다 보니 후쿠시마 원전사고의 역사적인 확장(원자력발전소의 역사에 머물지 않고 일본이라는 국가가 동아시아에서 행한 것에 대한 역사)과 공간적인 확장(후쿠시마만이 아니라 오키나와, 조선반도와의 관계 속에서의 공간)이라는 다층적인 문제 안에 사진 속 후쿠시마 풍경이 자리하고 있음을 재확인했습니다. 감사합니다.

부록 1

미나미소마 일기

2013년 3월 26일 정주하

1

기억, 기억은 참으로 시간과 더불어 나로부터 멀리 나아간다. 벌써 미나미소마를 마지막으로 다녀온 지 1년이 지났다. 2011년 11월 처음으로 후쿠시마를 다녀온 후 지금에 이르기까지 여러 번 그곳을 다녀왔다. 너무나 잘 알려진 사실은 오히려 밋밋한 느낌을 주게 마련이다. 후쿠시마가 가진 시대적 역사적 유혹은 망각일 것이다. 잊고 싶거나 잊어야 한다는 중압감이 다른 모든 것을 감싸고 있을 터이다. 그러나 우리들 시대의 책무는 동시에 기억하는 것이다. 기억은 증언을 욕망하지만, 흐르는 시간에 뒤섞이면 색이 바래기 마련이다. 이는 나와 우리가 그곳에 가서 두 눈으로 보아야 하는 이유이면서, 동시에 내 사진의 존재 이유이기도 하다. 그렇게 두 해 동안 종종 그곳에 다녀왔고, 그 사이에 작업한 사진을 가지고 전시도 하고 책도 출간하였다. 한국에서 두 번 그리고 일본에서 여섯 번을 전시하였다. 그리고 나는 그 사이 새롭게 후쿠시마를 촬영하고 있다.

　나는 후쿠시마를 미나미소마라는 작은 지역에서부터 실감한다. 도쿄전력 제1원전에서 북쪽으로 20킬로미터 정도 떨어진 곳에 있는 작은 도시다. 동시에 후쿠시마 현의 수도인 후쿠시마 시에서 동쪽으로 약 70

킬로미터 떨어진 곳이며 해안에 근접해 있는 곳이다. 나는 이곳을 매우 깊은 애정을 가지고 바라보고 있으며, 앞으로 죽을 때까지 지속적으로 방문할 작정이다. 지금 쓰고 있는 이 작은 에세이는 2013년 3월 미나미소마를 다녀온 기억이며 이 기억 속으로 여러분들을 초대하고자 한다.

돌아오는 날 공항에서의 일은 무척 당황스러웠다. 여행 마지막날의 아침을 편안하고 알차게 지내려 돌아다닌 도쿄 시내는, 별다른 일이 없었다. 하지만 높은 빌딩 사이로 부는 바람은 걷는 것을 방해할 만큼 강했다. 도쿄의 동쪽 태평양에서 불어오는 해풍(海風)은 거리에 세워둔 자전거와 오토바이를 넘어뜨리고 행여 건물 높은 곳에 매달린 간판이 쏟아져내리지나 않을까 하고 걱정될 정도였다. 그래도 다행히 별일은 없었고, 돌아다니는 걸음이 다소 비장해지기는 했지만 무사히 호텔로 돌아와 공항으로 출발할 수 있었다. 나리타 공항은 두 개다. 제1청사와 제2청사로 나뉘어 있다. 보통 한국으로 돌아가는 여행객들은 도쿄에서 데려다주는 기차가 마지막 정거장에 도착할 때까지 무심하게 기다리다가 내린다. 하지만 타고 갈 비행기가 JAL(일본항공)일 때에는 한 정거장 미리 내려야 한다. 우리 일행은 이 사실을 다같이 1청사에 짐을 끌고 도착해 안내데스크에 JAL의 위치를 물어보고 나서야 알았다. 아직 시간이 좀 있었기에 망정이지 비행기를 놓칠 뻔한 일이었다. 부랴부랴 일행을 2청사로 보내고 나는 타고 갈 비행기 DAL(델타항공)을 찾았다. 짐을 부치고 좌석표를 받기 위한 데스크에 긴 줄이 늘어서 있어 다소 의아하기는 했다. 순간 DAL사 직원이 큰 소리로 서울 가는 분이 없느냐고 소리치며 내 앞으로 왔다. 손을 드니까 이리 오라고 하면서 사람들이 늘어선 사이로 펜스 줄을 열어 앞으로 가란다. 고마운 일이다. 서울 가는 일이 이처럼 순탄하다니. 혹은 서울 가는 사람을 우대하는 법이라도 생겼나? 데스크 앞에서 여권을 내보였고, 짐은 계량대 위에 올렸다. 문득 좌측기둥에 붙어있는 시계를 보니 출발 시각이 2시간 30분이나 남았다. '휴우, 긴 휴식이겠구나' 생각하는데, 앞에서 여자승무원이 캔슬! 캔슬! 하며 내 여권을 도로 내준다. 자세히 물으니 바람이 너무 세서 오늘 비행기가 서울로 돌아가지 못한다는 것이다. 그러니까 비행기 출발이 취소된 것이다.

2

일주일 전 3월 6일에 나리타에 내려서 가마쿠라 상이 이끄는 NHK팀과 함께 미니버스로 미나미소마로 가기 두 달 전, 나는 혼자 승용차를 렌트하여 도쿄에서 미나미소마로 갔었다. 이미 여러 차례 다녀본 길이어서 어렵지는 않았다. 다만 왼쪽으로 도로를 주행하는 것이 여전히 낯설어서 속도가 잘 나지 않는 것뿐이다. 장장 일곱 시간에 걸쳐 미나미소마에 도착했다. 늦은 저녁이 되었다. 니시우치 선생이 예약해주신 호텔로 갔다. 호텔 로비에서 선생이 나를 반갑게 마중해주었다. 자그마한 키에 순박하게 생긴 모습이다.

선생께서는 내가 짐을 방에 넣고 내려오자 대뜸 나를 끌고 저녁 식사를 하러 가자 하신다. 물론 손짓으로 하는 소통이다. 나는 일본어를 모르고 선생께서는 한국어도 영어도 모르신다. 하지만 오늘 처음 대면한 우리 두 사람의 얼굴과 몸짓에 당황함은 없다. 어차피 입을 아주 조금 벌리면서 이야기하시는 선생의 일본어는 내가 얼마간 공부했다손 치더라도 알아들을 길이 없었을 터이다. 나중에 들으니 도호쿠 지방의 사투리도 쓰신단다. 선생님 역시 한국어를 조금 하시는 것보다, 혹은 영어를 몇 마디 하시는 것보다, 차라리 서로가 전혀 언어를 거치지 않고 경험과 서로를 이해하려는 애정으로 소통하는 것이 나을지도 모른다.

식당은 호텔에서 얼마 떨어지지 않은 작은 골목에 있었다. 첫눈에도 이곳 토박이들이 드나드는 전통과 역사가 있는 술집 같았다. 미닫이 문을 열고 들어가니 매우 작은 곳이지만 이미 여러 손님이 왁자하게 술과 음식을 먹고 마시고 있었다. 우리는 배정받은 작은 다다미방에 들어갔다. 마주 앉았지만, 게다가 니시우치 선생께서 쉬지 않고 무엇인가를 알려주시고 확인하시고 설명해주셨지만, 전혀 알아들을 수는 없었고, 그저 선생의 따스한 눈초리와 애정 어린 마음만 전해져왔다. 스시가 나왔다. 도마 하나에 가득 담아내온 것이기는 하나 둘이 먹기에는 좀 부족한 듯했다. 나는 맥주를 마시겠느냐는 선생의 말씀에 감격하여 고개를 연신 아래위로 흔들었다. 하이! 하이!

선생께서 자기 몫의 스시를 내게 밀어주셨다. 아마도 내가 하도 게걸스럽게 그리고 맛있게 먹으니 사양하시는 듯했다. 눈치도 없이 주신 것을 모두 먹고 나니 선생께서 주인을 부르신다. 그리고 뭔가를 더 주문하신 듯한데, 잠시 후 나온 것은 스시처럼 생긴 김밥이었다. 아마도 3인분은 족히 될 듯한 많은 양의 김밥스시가 나왔다. 니시우치 선생과의 첫

대면은 이러했다. 이제 73세이신 어르신. 이곳 미나미소마에서 태어나 지금까지 살고 계시는 토박이다. 2011년 3·11 이후에도 고향을 떠나지 않고 지키고 계신다. 그는 지금 자신을 향한 탯줄의 끝이자, 존재 이유이 기도 한 이곳 미나미소마의 재활을 꿈꾸고 있다. 그의 태생적 긍정성 혹은 유쾌한 낙천성은 그가 아직 건강하게 활동하는 근원이기도 하지만, 더불어 자신을 관통해서 미래의 아이들에게 고향을 다시 돌려주어야 한다는 신념을 지니게 한 에너지이기도 할 것이다. 문득 멀리 타국에서 온 이방인에게 그가 보여준 것은 이같은 환대였다.

3

미나미소마는 내게 대상이자 출발점이다. 이미 한국에서 원자력발전소 주변에 살아가는 사람들의 모습을 '불안, 불-안'이라는 주제로 작업해 온 나로서는 이 미나미소마의 모습이 매우 익숙하다. 아직 내 눈으로 파괴된 도쿄 제1원전의 모습을 직접 보지는 못했지만, 그리고 비록 3·11 이후의 모습으로만 미나미소마와 후쿠시마를 기억하지만, 원전 주변 마을이 가지는 몇 가지 공통된 분위기를 느끼기에는 충분했다. 어느 나라든 거대한 자본 혹은 권력이 국익과 시민의 안위를 앞세워 무엇인가 일을 할 때는 대체로 비슷한 과정을 겪는다. 무엇보다도 위치할 곳 주민들의 동의를 얻는 과정과 주고받는 이익의 크기와 형태 그리고 이를 둘러싼 주민들의 태도가 그것이다. 미나미소마도 예외는 아니었다. 근원적으로는 불안한 모습을 깊숙이 가지고 있지만, 드러난 모습으로는 전혀 눈치 채기가 어렵다. 다른 농촌 어촌과 비교하면 사회나 국가의 배려가 좀 더 많이 전달된 모습과 그에 따른 혜택의 결과는 내가 경험한 한국의 원전 주변과 무척 흡사하다. 아니다. 한국의 모습은 그나마 이만 못하다. 특히 세워진 지 오래된 고리 혹은 영광의 원전 주변은 아직 주민과 원전 (한국수력원자력) 측의 소통이 원활하지 않아 고통의 모습이 여실하게 남아 있기도 하다.

이처럼 대상화된 한 도시의 모습이 내 작업의 출발과 맞닿아 있는 모습은 마치 발전소에서 전기가 만들어진 후 밖으로 나가는 듯하지만, 다시금 개별 가정 안으로 들어가는 실제와 많이 닮아 있다. 인류가 아직은 선(線)을 통해 전기를 실어나른다. 이 선은 발전소를 나와 다시 어디론가 들어간다. 즉 전기란 밖으로 들어가는 것이다. 이 간단한 과정은 내가 미나미소마에서 오래된 한국과 일본 간의 역사를 다시 되짚어보는 계기가 되기도 했다. 현재의 현상이 과거의 현상을 불러낸다면 현재와 과거는 마치 뫼비우스의 띠가 가진 구조처럼 시간의 앞뒤를 나누기가 어려워진다. 니시우치 선생이 내게 내민 환대의 향기는 내게로 들어와 다시 미나미소마로 갔다.

이튿날 아침부터 도쿄로 돌아가는 날 새벽까지 나는 니시우치 선생과 함께 움직였다. 오직 잠을 자는 시간만 홀로였을 뿐이다. 니시우치 선생은 이곳 미나미소마의 지리에 매우 밝을 뿐만 아니라, 사진에 대해서도 많은 지식을 가지고 계셨다. 따라서 내게 이곳에서 작업하는 데 있어서 좋은 뷰포인트(View Point)를 소개해주시고자 했다. 당연한 일이겠다. 이곳에서 나고 자란 분이니 오죽하랴. 하지만 단지 고향이어서 또는 잘 아는 곳이어서 이방인인 내게 안내를 자청하신 것이 아니라, 그 이방인이 좀 더 내밀한 곳을 더 자세하고 진지하게 들여다볼 수 있도록 배려하고자 하는 마음을 내비치신 것이라 짐작한다. 온종일 선생의 커다란 승용차로 내가 그동안 이곳을 여러 차례 방문하면서도 가보지 못한 곳을 잘 살펴볼 수 있었으며 어떤 곳이 여전히 전과 다름없이 제 모습을 가지고 있는지도 살펴볼 수 있었다.

4

일본 당국은 2013년부터 제1원전 주변의 10킬로미터 지점까지를 개방했다. 그동안은 제한구역이 20킬로미터 지점까지여서 들어갈 수 없었던 곳까지 출입이 허용된 것이다. 그중에서도 특히 선생이 내게 정성스레 소개한 곳은 오다카(小高) 지역이었다. 여전히 고즈넉한 모습의 아름다운 몇몇 신사를 방문할 수 있었고, 바다에 인접해 있는 부서진 어촌마을의 모습은 조금만 마음을 열고 들여다보면 예전의 평화로움을 느낄 수 있었다. 이제부터 조금씩 이곳에서 여전히 살아가고 있는 사람들의 모습을 촬영하고 싶다는 희망을 어렵사리 손짓과 몇 마디의 일본말로 말씀드렸다. 아직 이곳 오다카에는 사람의 모습이 거의 없다. 그러나 여기저기에서 정비하고 회복하려는 모습은 눈에 보인다. 어쩌면 이곳도 머지않아 새로운 모습으로 거듭날 것이다. 간간이 건물 벽이나 출입구 위로 보이는 "간바루(힘내라), 미나미소마!"라는 글귀가 그것을 증명이라도 하는 듯하다. 그러나 내 눈에 비치는 이곳의 모습에는 한 가지 보태야 할 것이 있다. 한국에는 "소 잃고 외양간 고친다."는 속담이 있다. 풀이하자면, 미리 준비하지 못하고 일이 벌어진 다음에야 놀라서 어떤 일에 대비하려고 애쓰는 것을 비웃는 말이다. 하지만 현실의 눈으로 본다면, 소를 잃었다면 당연히 외양간을 고쳐야 맞다. 만일 그렇지 않다면 다음에 다시 똑같은 실수를 범할 터이니 말이다. 하지만 이보다 더 중요한 일이 있지 않을까? 소를 잃고 외양간을 고치기 전 우선해서 해야 할 일은, 도대체 왜 소를 잃게 되었는지에 대한 원인을 잘 들여다보는 것일 터이다. 매우 아프고 힘든 일이지만, 자신의 문제나 실수를 직시하는 일은 매우 중요하다. 지금 여기 미나미소마가 그렇다. 2011년 3월 11일 오후에 일어난 쓰나미의 일은 과거의 '일회적 사건'이라 할 수 있으나, 그로 인해 발생한 방사능의 문제는 현재를 넘어 먼 미래까지 이어지는 '현재 진행'의 문제가 되었다. 서양식 시간의 관념으로 보자면 단지 지금으로부터 미래로 이어지는 직선의 문제이겠지만, 동양의 윤회적 시간관으로 보자면 미래와 현재는 얽혀있는 것이며, 따라서 '지금'은 끝없는 '지금'이며 이는 곧 '미래'이기도 하다. 또한, 미래에 닥쳐올 문제가 과거에서 출발해 이어지는 것이라면 과거는 끊임없이 미래에 모습을 드러낼 것이다.

다시, 지금의 미나미소마가 해야 할 일은 외양간을 고치는 일보다는, 차가운 마음으로, 더 깊게, 유출되고 있는 방사능의 속을 들여다보아야 하는 것이 먼저 아닐까? 그 안에 들어 있는 명사들 그러니까 정치, 권력, 지역, 돈, 욕망, 외면, 오만, 상실, 계층, 편견 등등을 직시하면서 무엇으로부터 연유한 사태인지를 확인하는 '일' 말이다. 어쩌면 니시우치

선생은 친구인 사사키 선생 '으로부터' 혹은 사사키 선생 '과 함께' 이 일
을 하고 계시는지 모르겠다. 아니 하고 계신 것이다.

5

사사키 선생은 니시우치 선생의 초등학교 친구다. 그러니까 죽마고우다.
두 분의 우정이 어느 만큼의 깊이를 가졌는지 나로서는 가늠하기 어렵
다. 그러나 사사키 선생의 책 『원전의 재앙 속에서 살다』를 보면 두 분의
오랜 우정이 매우 돈독함을 확인할 수 있다. 사사키 선생은 한집에서 3
대가 함께 산다. 그리고 그는 스페인사상가이면서 인류학자이다. 니시우
치 선생이 몸이라면 사사키 선생은 머리다. 사유가 깊고 정교하며 동시
에 굵은 직선을 예감케 한다. 내가 미나미소마에 도착한 이튿날 선생의
집으로 나와 니시우치 선생을 초대해 벌여준 저녁 만찬은, 그의 손녀 아
이(愛)짱이 내게 보여준 애정 어린 호의로 다 가늠되었다. 아들 부부와
아픈 아내와 눈에 넣어도 아프지 않을 손녀가 방사능의 자장 안에서 사
유의 무거운 중력을 이겨나가면서 공존하고 있는 것이다. 선생의 어머니
가 지으셨다는 집은 소박하면서 실용적으로 설계되어있고, 그에 덧대어
서 선생은 응접실을 자신의 서재로 삼고 그러나 애용하는 컴퓨터는 아
내가 누워 있는 침실 창문 곁에 두고 이곳 미나미소마의 '지금'을 전파
를 통해 세계로 알리고 있다.

　사사키 선생이 내게 준 깊은 인상은 그의 삶이 보여주는 지난한 어
려움과 고통이 아니라, 그 안에서 하루하루 일상을 보내면서도 전혀 고

통의 몸짓과 표정을 하지 않는다는 점이다. 그는 늘 그래왔던 것처럼, 혹은 앞으로도 늘 그럴 것처럼 변함 없는 모습으로 사람을 대한다. 그의 얼굴에 깃든 진지한 모습은 아마도 젊을 적부터 깊게 사유하던 버릇일 터이다. 결코, 이번 사태가 가져다준 고통의 결과가 아니다. 그가 '영혼의 중심'을 강조하며 재앙의 중심에 서서 밖을 향해 분노의 외침을 내보일 때조차 그의 표정은 한결같다. 니시우치 선생이 '바다'라면 사사키 선생은 '산'이다. 그가 어떻게 손녀 아이짱을 교육하는지 알지 못한다. 하지만 아이짱이 내게 보여준 의젓한 호의는 아마도 할아버지의 따스한 교육 덕분일 것이라 가늠할 수 있다. 게다가 며느리의 정성 담긴 요리와 아들의 점잖은 태도는 부끄럽게 방문한 이방인의 마음을 따스한 감동으로 흠뻑 적셨다. 이 또한 사사키 선생이 가족에게 행한 따스한 교육의 결과일 것이다. 니시우치 선생이 방문 선물로 가져간 큰 병의 사케는 이미 바닥을 드러내고 말았다. 절반 이상을 내가 마신 듯하다.

6

다음날은 사사키 선생과 함께 셋이서 '10킬로미터' 안쪽을 여행하였다. 전날 이미 니시우치 선생과 무선탑(無線塔)을 구경하였지만 다시 찾았다.

　무선탑. 새롭게 발견한 상징인 듯 몇 번에 걸쳐 사사키 선생의 설명이 있었다. 내가 이해하는 영어가 짧아 선생이 하시는 영어 설명을 모두 명확하게 알아듣지는 못했지만 적어도 탑이 가진 역사의 얼개는 알 수 있었다. 내게는 그가 설명해준 무선탑의 역사보다는 그의 어릴 적 이야

기가 가슴에 더 와닿았다. 무선탑의 실체를 잘 몰랐던 어릴 적에는 어딘
가 타지에 갔다가 돌아올 때 멀리서 무선탑이 보이면 "아, 이제 집에 돌
아왔구나."하고 안도하는 푸근한 마음이 들었다고 한다. 그것은 마치 내
어릴 적 기억과 매우 비슷하다. 내가 태어난 인천에는 유명한 공원이 있
었다. 자유공원이다. 나이가 들어 역사를 공부할 때까지 나는 그 공원의
이름에 한 번도 의문을 가진 적이 없다. 그저 '자유공원'이었다. 그리고
공원의 정점에는 맥아더 장군의 동상이 멋지게 서 있었고, 우리는 공원
에 가면 늘 동상 주변에서 놀곤 하였다. 게다가 멋진 장군의 모습에 흠
모의 마음을 가지기도 하였다. 하지만 한국 전쟁과 맥아더와 원자폭탄
과 북한군과 중공군과 유엔군과 미군과 이승만과 일본군과 아시아를 조
금씩 살펴가며 공부하게 되면서 어릴 적 추억이 차츰 일그러져가기 시
작했다. 그것은 사사키 선생이 무선탑에 대한 아련한 추억 안에 역사성
을 대입하는 순간과 같다. 당시에 200미터 높이의 무선탑을 건축하기
위해서는 많은 사람의 위험한 희생이 전제되었을 것임을 어릴 적에는 상
상하지 못했을 것이다. 허나 이제 역사 안으로 마음을 밀어넣으면서 알
게 된 진실은, 그 탑의 축조 과정에 사형수들과 조선에서 징용 온 사람
들이 다수 참여했다는 사실이다. 그것을 괴로운 심경으로 직시하는 선
생은 반성과 더불어 동아시아와 일본제국주의를 되짚어보면서 자신과
일본의 책무를 무겁게 느끼고, 동시에 연대의 손을 내밀고자 애쓰고 계
신다. 내 어릴 적 역사가 부재하였던 맥아더 동상과 지금의 나는 끝내
화해하지 못하고 있다.

7

사사키 선생은 내게 많은 것을 이야기해주셨다. 하지만 그중에서도 그가 자긍심을 가지고 강조하여 들려준 이야기는 이곳 출신의 문인들에 대한 것이었다. 이는 물론 지역의 향토 박물관에서도 확인할 수 있는 것이며, 또 관심 있는 사람이라면 누구나 알 수 있을 만큼 유명한 문인들이기도 하다. 뿐만 아니라 미나미소마 시내에 있는 중앙도서관에 가면 이들에 대한, 그리고 이들이 발표한 작품들이 빠짐없이 수집되어 있어서 누구나 쉽게 빌려볼 수 있다. 또 도서관 서쪽 복도 입구에는 이들의 초상사진과 약력 그리고 주요 작품들에 대한 정보를 커다란 보드에 붙여 상시 전시하고 있다. 그러나 내게 인상적인 것은 이처럼 잘 알려진 것을 선생께서 매우 신중하고 진지하게 설명하고 있다는 점이다. 이는 니시우치 선생도 마찬가지였다. 우리가 함께 오다카에 방문했을 때에는 그 문인 중 한 분의 묘소를 찾아가 잠시 동안 참배를 드리기도 했다. 이 방인인 나를 데리고 말이다. 두 분의 태도가 상징하는 바는 무엇일까? 왜 이분들은 지금 이곳 미나미소마가 처한 어려운 상황이나 혹은 나아가야 할 방향에 관한 이야기보다, 이곳 출신 문인과 학자들이 어떠한 태도와 작품들을 '이곳'에서 태동시켰는지를 이야기하는 것일까? 단지 과거의 찬란한 모습을 상기하는 것일까? 이분들이 원하는 것이 '단순한 자랑'이 아니라면 그것은 반드시 '뿌리'에 대한 열망일 것이다. 역사를 회귀하여 과거의 아름다움을 찬양하는 것이 아니라, 이곳이 지금의 어려움을 딛고 앞으로 나아가기 위해 필요한 것이 있다면, 그것은 '곧은 시선'을 유지할 수 있는 '사유의 자양분'임을 두 분은 잘 알고 계시기에 그런 것으로 생각한다. 자양분의 공급은 당연히 뿌리로부터 시작한다. 깊은 뿌리의 단단한 결속은 부는 바람과 눈보라에 직면해서도 흔들림이 없다. 그 뿌리를 찾고 확인하고 내 안에 이식하였을 때 '지금' '이곳에서' '미래'를 꿈꿀 수 있을 터이니 말이다. 아, 사사키 선생님, 니시우치 선생님!

원전=사진론: 사진가 정주하가 제기하는 핵 시대의 표상과 사고[●]

하야오 다카노리

도쿄전력 후쿠시마 제1원자력발전소 사고, 그리고 그에 따른 방사능 오염과 피폭 피해만큼 많은 논쟁과 분단 혹은 단절을 만들어내는 것은 없을 것이다. 사고는 건물만의 '폭발적 사상(事象)'이었는가, 원자로로부터의 '핵폭발'이었는가? 사고는 '수습'되고 있는가, 핵분열이 여전히 계속되고 있는가? 심각한 방사능 오염은 20킬로미터 권내 정도의 한정적인 것인가, 도호쿠 지방에서 간토 지방에 걸친 광대한 것인가? 건강에 대한 영향은 '지금까지도 현재도 장래에도 전혀 없는' 것인가, 건강 피해는 이미 대규모로 확산되고 있는 것인가? 사고발생으로부터 5년째가 되는데도 불구하고 우리 사회는 기본적인 공통 인식조차 가질 수 없이 과학자나 정치가부터 아마추어 시민에 이르기까지 논쟁적인 말을 계속 쏟아내며 그 간극이 깊어갈 뿐이다.

단적으로는 방사능이 인간의 지식을 뛰어넘는 제어불능이기 때문이고, 그 논의는 흡사 신학 논쟁처럼 끝도 없이 평행선을 달리고 있다. 더욱이 (기업이든 가계든) 경제적 이해관계가 크게 관련되는 경우도 있어서,

---

[●] 이 글은 도쿄케이자이대학에서 받은 2013년 개인연구조성비에 의한 연구성과의 일부이다.

서로 옳고 그름을 다투느라 말은 필요 이상으로 과잉되어 난무하고, 보다 엄격하고 격렬한 논쟁으로 치달아 말의 전쟁이 되어간다.

예술 작품, 아트는 이와는 이질적이다. 회화든 사진이든, 시가든 음악이든 '옳고 그름의 다툼'은 없다. 작가는 각자의 감성과 수법으로 표현하지만, 그 해석은 받아들이는 사람의 상상력에 맡겨지고, 거기서 환기되는 사고도 확장되고 이어져갈 수 있다.

그렇다고는 해도 다양한 표현 기법 중에서 '사진'은 '사실을 찍는다'고 여겨지기 때문에, 역시 논쟁을 불러일으키기 쉬운 것도 틀림없다. 물론 보도사진 같은 종류는 명확한 전달 내용과 목적이 있어서 거기에 따른 명증(明證)한 사진이, 특히 '그림이 되는 사진'이 선택되고, 그리고 거기에 보도의 언어(기사나 설명글)가 유일한 해석처럼 붙는다. 그 사진이 원전사고를 둘러싼 것이라면 역시 앞서 말한 것과 같은 논쟁을 낳는다.

그러나 기록으로서의 사진, 혹은 예술로서의 사진은 어떠한가. 여기서 후쿠시마 시의 미술교사인 아카기 슈지(赤城修司)가 원전 재해의 주변 기록을 촬영해서 트위터에 공표한 사진을 참조하고 싶다. 아카기는 선정적으로 받아들여지지 않기 위해 매우 신중하게 언어를 골라 짧은 코멘트만 붙여서 사진을 올렸다. 그중 하나로 큰 반향이 있었던 것이 2013년 6월 10일 것으로, 제염된 제염토를 흙주머니로 가린 장소에서 어린이들이 놀고 있는 사진이다.• 그 사진에 붙어있는 코멘트는 "내가 어느 사진을 찍을 때나 나의 발밑은 지면에 딱 달라붙어 있다."라는 지

• 아카기 슈지(赤城修司) 『후쿠시마의 흔적(Fukushima Traces), 2011~2013』(2015년), p.153.

극히 짧은 한마디다. 후에 아카기는 이 말을 선택한 이유로 "이 사진의 상황을 부정적으로도 낙관적으로도 만들고 싶지 않았다."고 말했다. 촬영자 자신이 지표의 방사성 물질을 자기 발로 밟지 않고는 촬영할 수 없다는 것은 단순한 사실이다. 그러나 결국 이 사진은 위험파와 안전파 쌍방으로부터 강한 반응을 불러일으켰다. 그 반응을 보고 아카기는 "이렇게도 사람의 해석에는 폭이 있는 것인가."라고 놀라며 "무릇 '올바른' 전달이란 존재하지 않는 것 같다."고 하며 3년분의 기록 사진을 모은 사진집에 '해제'의 제목도 이 말에서 골랐다.●

정주하의 사진 하나하나에는 해설은커녕 설명글조차 없다. 뿐만 아니라 촬영 날짜도 장소도 제시되지 않는다. 다만 예외적으로 사진전과 사진집에는 '빼앗긴 들에도 봄은 오는가'라는 제목이 붙었고,●● 전시 회장에서 "사진은 매우 보편적인 시각을 유지하려고 노력했고, 현장이 갖는 피해의 모습은 가능한 피하려고 노력했다."고 사진가 자신이 밝혔다.●●● 즉 폭발하고 붕괴된 원전이나, 무시무시한 방호복을 입고 사고 수습을 하는 작업원이나, 측정기에 대고 오염 조사를 당하는 피해자 등 전형적인 장면 사진은 찍지 않았다는 뜻이라고 쉽게 알 수 있다. '쉽게 알 수 있'는 것은, 그같은 이미지는 이미 원전사고의 스테레오타입으로서

● 아카기 슈지, 같은 책, p.161~166.
●● 『빼앗긴 들에도 봄은 오는가-정주하 사진집』. 이 타이틀을 둘러싸고는 이 책에서 논의되고 있는 것 외에, 서경식 『フクシマを歩いて―ディアスポラの眼から』(毎日新聞社, 2012年), 서경식, 한홍구, 다카하시 데쓰야 『후쿠시마 이후의 삶』, 도쿄경제대학 학술포럼 『「フクシマ」の問いにどう応えるか―東アジア現代史の中で』(『東京経済大学学術研究センター年報』第13号, 2013年)에서 깊이 검토되고 있다.
●●● 「빼앗긴 들에도 봄은 오는가」 팸플릿.

사회에 공유되고 있다는 것이고, 스테레오타입을 새삼스럽게 유통시키는 것은, 더 이상 아무것도 전달하지 않는 것과 동일한 행위가 된다.

그렇기 때문에 정주하는 고요한 풍경을 많이 촬영했다. 그것은 얼핏 보면 원전사고의 영향이 보이지 않는, 사고 이전과 변함없는 듯한 자연의 경치이기도 하다('보편적인 시각'). 그러나 역설적이게도 그것이야말로 보이지 않는 방사능 오염에 의해, 명확하게 알 수 없는 형태로 잠재적으로 잃어버린 것이다. 대체 어떤 범위로 오염이 확산되었는지, 대체 어느 정도의 기간 동안 오염이 지속되는지, 바로 그 보이지 않음이 상실의 크기이고, 그 상실의 크기를 명시하는 것이 불가능하다는 점이 정주하의 사진에서 전해온다. 그야말로 표상 불가능한 것의 표상이라고 할 수 있다.

그래서 이것과 비교하여 떠오르는 것이 전장(戰場) 사진이다. 부상자나 시체, 잔해나 포탄의 사진은 전쟁의 잔혹함을 알기 쉽게 전달하는 것이다. 그러나 사진 비평가 가사하라 미치코(笠原美智子)는 구 유고분쟁이나 동티모르분쟁을 촬영한 히라노 마사키(平野正樹)의 사진을 평하면서 다음과 같이 말했다.

히라노의 전쟁사진에는 전쟁이라고 알 수 있는 잔혹한 장면은 등장하지 않는다. 묘사되어 있는 것은 그곳에 사는 평범한 사람들이 매일 생활하고 눈으로 보는 일상 풍경이다. 그는 거기 사는 사람들의 시점에 자신을 두고 있다. 탄흔도 깨진 창문도, 싸움의 현장에 있지 않은 우리들에게는 먼 것이다. 그럼에도 불구하고 집의 벽이나 창문이 불탄 자리에 피어 있

는 고운 빛깔의 꽃이나 파릇파릇한 나무들이, 새파란 하늘 아래 쏟아져
내리는 눈부신 빛에 비춘 정적(靜寂)을 기리는 화면으로 묘사되면, 오히
려 그 배후에 있는 사람들의 불합리한 고통이 '나의' 것으로 가슴에 파
고든다.●

정주하의 사진도 바로 원전의 폭발 현장이나 피난소가 아니라, 보이지
않는 방사능이 쏟아져 내렸지만 변함없는 것처럼 보이는 일상이나 자연
이기 때문에, 더욱 보편성을 띠고 우리에게 다가온다고 생각한다. '불합
리한 고통'이란 원전사고로 고향을 빼앗긴 사람들에게, 또는 일상적으로
피폭을 당할 수밖에 없는 사람들에게 초래된 것에 다름 아니다.

　그런데 '유일한 피폭국'이라는 독선적인 자기규정을 즐기는 일본사
회에는 전쟁과 원전을 연결하는 사진작품의 전통이 있다. '원폭 버섯구
름' 사진에서 시작되어 수십 년 후 폭심지의 '지금'을 찍은 사진에 이르
기까지 '원폭사진'은 여러 종류이다. 제2차 세계대전의 최종 국면과 냉
전의 결정적인 개시 사이에 히로시마와 나가사키에 떨어진 2발의 원자
폭탄(핵무기)은, 전쟁을 깊이 각인함과 동시에 원자력=핵을 일상적으로
갖는 사회의 시작을 알렸다. 원전이 원폭=핵무기 개발과정에서 그것을
정당화하기 위해 고안된 부산물이라는 것은 더 이상 말할 필요도 없다.
원폭과 원전은 기술적으로 공통될 뿐 아니라, 원폭을 위해 원전이 존재
하는 것, 핵무기 보유를 위한 기지로서 원전을 보존, 유지하는 것은 일본

● 笠原美智子『写真、時代に抗するもの』(青弓社, 2002年) p.15.

의 역대 수상이 반복적으로 공언하는 바와 같다.

그러나 우리는, 그래서 원폭을 부인해 온 것이 아닌가. 여느 때처럼 피해자 의식의 표상으로서 '유일한 피폭국'과, 전화(戰禍)로부터의 '부흥'이라는 스테레오타입 이야기를 즐기고, 그런 내용을 되풀이하는 전시나 방송이 넘쳐났다. 그러나 그렇게 웅변을 함으로써 핵=방사능이 무엇이었는지, 그 표상 불가능성을 직시하지 않고 온 것이 아닌가. 이 문제를 사진가 스즈시로 가분(鈴城雅文)은 마르그리트 뒤라스(Marguerite Duras)의 『히로시마 나의 사랑』이 제기한 물음에 답하면서 『원폭=사진론』을 논했다. 즉 일본 패전 후에 히로시마에 온 프랑스인 여성과 히로시마에 있는 일본인 남성 두 사람의 등장인물 사이에서 뒤라스는 몇 번이고 "나는 모든 것을 보았다, 모든 것을."과 "너는 아무것도 보지 않았다, 아무것도."라는 대사를 반복하면서 "히로시마에 대해 이야기하는 것은 불가능하다, 할 수 있는 것은 단 하나, 히로시마에 대해 이야기하는 것의 불가능성에 대해 이야기하는 것이다."•라는 표상을 작품 속에서 실천해 보였다. 그리고 스즈시로는 그 물음을 축으로 원폭 사진의 표상 불가능성을, 즉 진부한 이야기로 회수되는 명증한 사진과, 역으로 거기서 일탈하는 사진을 논했다.

가령 '모든 것을 보았다.'는 여자를 '사진'이라고 한다면, '아무것도 보지 않았다.'는 남자의 목소리는 프레임에 의해 부재(不在)를 강요당한 외부

• マルグリット・デュラス『ヒロシマ・モナムール』(工藤庸子 訳 河出書房新社、2014年) p.8. 이 번역서는 3 ·11 이후를 의식해서 새롭게 번역 출판된 것이다.

가 '사진'으로 끊임없이 되돌리는 메아리라고 할 수 있을 것이다. 말할 것도 없이 이 목소리는 '모든 것을 보았다.'는 사진의 이야기적 완결에 액화를 재촉하고 있다.[*]

스즈시로는 이렇게 말하며, 뛰어난 원폭 사진은 이야기성이나 명증성을 거부하는 것이라는 점을 상세하게 분석한다.

이것은 フクシマ를 둘러싼 사진에도 잘 들어맞는다. 수많은, 아마 추어까지 포함하면 셀 수 없는 사진가가 '피해지역'에서 명증한 사진을 찍어서는 마치 모든 것을 보고 알았다는 듯이 설명글을 달아서 잡지나 인터넷에 발표했다. 흡사 후쿠시마 현 전역이 이제는 더 이상 사람이 살 수 없는 위험지역인 듯한 표상부터, 이제는 사고도 오염도 과거의 일이며 부흥 일변도에 있는 듯한 표상까지, 진폭은 있지만 '나는 모든 것을 보았다'는 자세는 공통적이다. 그리고 사진을 통해 오염을 말하든, 부흥을 말하든, 그 프레임 속에서 자기완결의 모습을 하고 있다.

정주하가 포착한 사고 후의 フクシマ의 무언의 사진들은 이러한 웅변에 조용히 저항하고 있는 듯이 보인다. 정주하의 사진은 그 철저한 적막함 때문에, 사람들에게 사진을 응시할 것을 요구하는데, 롤랑 바르트의 이제는 고전이 된 사진론에 따르면 사진의 과잉된 응시는 통상의 지각으로 얻을 수 있는 '현실'을 넘어 '광기의 진실에 도달한다.'[**] 바르트

● 鈴城雅文『原爆=写真論 ―「網膜の戦争」をめぐって』窓社、p.35.
●● ロラン・バルト『明るい部屋 ― 写真についての覚書』(花輪光訳 みすず書房、1985年)p.138~139. 바르트의 사진론에서의 광기와 진실의 문제에 관해서는 梅木達郎「現前という狂気―ロラン・バルト『明るい部屋』再読」青弓社編集部編『明るい部屋の秘密―ロラン・バルトの写真の彼方へ』(青弓社、2008年)을 참조.

에 따르면 사회는 사진에 분별(이야기)을 부여해 광기를 진정시키고, 사진을 길들이려고 하지만* 정주하의 사진은 그것을 거부한다. 바로 그것이 인간의 지식을 넘는 방사능 오염의 표상 불가능성을 표상하는 유효한 수법의 하나가 아닐까.

실제로 사고를 넓히고 연결하는 예술로서 정주하의 사진 작품은 이 책의 각 장(사진전에서의 좌담)에서 전개되고 있는 것처럼, 일본의 조선 식민지지배와 국내 식민지로서의 도호쿠 지방과 오키나와를 비교하고, 나아가 '본토'인 도호쿠의 가해와 피해의 이중성을 상기시키고, 또한 나가사키, 히로시마, 그리고 아우슈비츠로 많은 사람들의 사고를 자극하고 이어갔다. 또는 이상화, 프리모 레비, 하라 다미키, 사이토 미쓰구, 가와즈 기요에 등의 시를 통해 역시 명증한 언어를 넘어 최대한의 사고를 끌어냈다. 정주하의 고요하고 편안한 사진이 원전=핵시대를 사는 우리에게 가져다 준 성과와 과제는 더할 나위 없이 크다.

● 위의 책, p.142~146.

일본어판 편집 후기

발밑으로 이어질 지평선

유유자

"일본인은 기지를 가지고 일본으로 돌아가라!"라고 한 여성이 말했다. 오키나와의 좌담 후 간담회에서의 일이다. 그 여성은 나를 포함한 내 주위를 보고 있다. '나에게 하는 말인가, 아니면……'이라며 매우 당황했지만 그녀는 자신의 아픔을 외치고 있었다. 그녀는 아픈 것이다.

　　나는 고립된 동화 조선인이었다. 이 사진전과 만나 나의 입장을 부감(俯瞰)하고 보편화함으로써 고립에서 해방되는 감각을 얻은 것 같다. 그 감각을 가지고 간 오키나와에서 마주한 일이다.

　　나는 그때까지도 투명인간이 된 듯한 감각에 몇 번이고 빠졌었다. 상대방에게는 내가 보이지 않는다. 대부분의 일본인은 몇 대에 걸쳐 이곳에 함께 사는 타자를 모른다. 굳이 이 상황을 내 쪽에서 정중히 설명해봐도, 상황은 그 순간부터 기호화되고 의식적으로 배제되고, 살아 있는 나는 다른 형태로 보이지 않는 존재가 되는 일이 반복되었다.

　　오키나와의 그녀는 자신과 이어진 섬을 지키고자 '아프다'고 나에게도 외치고 있었다. 내 입장에서 보면 그녀야말로 일본인이라고도 할 수 있었다. 나에게 없는 일본 국적자의 권리를 그녀는 가지고 있기 때문이다. 그리고 그녀의 발밑에는 섬이 있고, 함께 서서 같은 곳을 바라보는 동료도 있다.

그녀의 외침은 투명인간처럼 나를 통과하여 발밑에는 섬조차 없이 언제나 뻥 뚫린 구멍을 내게 내밀었다. 그렇지 않아도 보이지 않는 존재로 취급되어온 나의 신체는 불안하고 초라하게 무릎부터 모래처럼 무너져내렸다. 나는 어디에 존재하는 것인가. 나는 무너져내리면서도 그때 거기에 분명히 있었던 그녀의 강한 아픔을 꽉 쥐었다.

그녀의 아픔이 나의 아픔이 될 때, 뻥 뚫린 나의 발밑에 무언가를 느낀다. 그 무엇인가가 그녀나, 사이타마의 좌담에서 '나는 전쟁고아다, 국가가 나를 빼앗았다!'고 외친 사람이나, 나가노의 무언관에 전시된 그림 앞에 분명히 있었던 그들의 발밑의 그것과 이어져간다. 정주하 선생 작품의 경치도 거기에 있다. 이 발밑으로 이어질 먼 지평선이 어렴풋이 보인다.

작은 스피커들의 큰 울림

형진의

내가 정주하 선생님의 후쿠시마 사진들을 처음 접한 것은 사진집 『빼앗긴 들에도 봄은 오는가』가 출간된 2012년 봄이었다. 처음 본 느낌은, 뭐랄까, 예상을 뛰어넘는 것이었다. 역시 보도사진에 익숙했던 탓에, '이럴 것이다' 하는 이미지가 머릿속에 있었는데, 그 이미지가 보기 좋게 무너진 것이다. 정지용의 시 「향수」가 떠오르는, 얼룩백이 황소가 게으른 울음을 울 것 같은 그런 사진이었다.

그리고 2012년 11월 중순 무렵, 서경식 선생님으로부터 사진전을 기획하고 계시다는 이야기를 들었다. 후쿠시마, 도쿄, 교토에서 전시회를 하게 되었는데, 정주하 선생님과 일본 전시관 측 실무자들과의 소통을 도와줄 수 있겠냐는 말씀이었다. 물론 기꺼이 함께 하겠다고 했고, 그렇게 해서 실행위원의 한 사람으로 6회에 걸친 전시회의 과정을 한국에서나마 함께 할 수 있었다.

나의 역할은 정해져 있었으니 그것만 충실히 수행하면 될 일이었지만, 내심 솔직히는 걱정도 들었다. 순수 자원봉사 형태만으로 이런 일이 어떻게 가능할 것이며, 굵직한 스폰서도 없는 것 같은데 재정적으로는 어떻게 할 것인가 하는 걱정들이었다.

그러나 일단 전시회가 시작되자 잔잔한 반향이 일었고, 사진에 대한, 문제의식에 대한 공감대(물론 격렬한 토론도 있었지만, 그 역시 이 사진에 대한 반응이라고 생각한다), 그런 반응들을 확인할 수 있었다. 지역의 미디어들이 많은 관심을 보였고 그 결과 3회 예정으로 시작한 전시회가 6회로 늘며 1년 반 가까운 대장정이 된 것이다.

작은 힘들의 연대가 이뤄낸 성과라고 생각했다. 그리고 그 기록인 이 책을 번역하며 다시 한 번 작은 힘, 작은 목소리의 진한 울림에서 조심스럽게 희망을 본다.

요즘 미국 대통령 선거에 공화당 후보로 나온 도널드 트럼프의 경우가 대표적인데, 큰 스피커를 가진 사람들의 도를 넘은 폭언과 그에 열광하는 대중으로 온 세상이 광풍에 휩싸인 듯하다. 나만 잘 먹고 잘 살면 된다는 식의 무책임과 몰염치가 도를 넘다 보니 최소한의 교과서적인 '선'과 '악'의 기준조차 모호해진 것 같다. 휩쓸리지 않고 분별력을 가지고 살아가기가 무척 힘들다.

그런데 사진전에 오신 다양한 시민들, 학생들, '보통의 주부'들이 다음 세대와 타자를 걱정하고, 타자의 고통에 대해 어떻게 공감하고 연대할 것인가를 고민하고, 그리고 예술의 힘에 대해 작은 스피커로 진지하게 이야기를 나누고 있다. 그들의 이야기를 들으며(=번역하며), 희망의 끈을 붙잡고 있어야 하는 이유를 느낀 것이다. 세상의 시선으로 봤을 때는 거의 들리지 않는 소리일 수도 있겠지만, 작은 스피커의 작은 소리들이 언젠가 큰 울림으로 퍼지리라 생각한다. 아니, 그렇게 믿고 싶다.

이런 의미있는 작업에 함께 할 수 있는 기회를 주신 서경식 선생님께 감사드린다. 그리고 번역 과정에서 세심한 배려를 아끼지 않으신 반비출판사에도 감사드린다.

다시 후쿠시마를 마주한다는 것

1판 1쇄 찍음 2016년 2월 24일
1판 1쇄 펴냄 2016년 3월 1일

지은이 서경식, 정주하 외
옮긴이 형진의
펴낸이 박상준
펴낸곳 반비

출판등록 1997. 3. 24.(제16-1444호)
(우)06027 서울시 강남구 신사동 506 강남출판문화센터
대표전화 515-2000, 팩시밀리 515-2007
편집부 517-4263, 팩시밀리 514-2329

ⓒ 사이언스북스, 2016. Printed in Seoul, Korea

ISBN 978-89-8371-775-7 03330

반비는 민음사출판그룹의 인문 · 교양 브랜드입니다.
블로그 http://banbibooks.naver.com
페이스북 http://www.facebook.com/Banbibooks
트위터 http://twitter.com/banbibooks